“暨南大学经济管理实验中心实验教材”
丛书编委会

经济管理国家实验教学示范中心
经济管理省级实验教学示范中心 共同资助

暨南大学经济管理实验中心实验教材

统计实验及R语言模拟

Statistical Experiment and Simulation with R Language

侯雅文　王斌会　编著

北京大学出版社 PEKING UNIVERSITY PRESS
中国·北京

暨南大学出版社 JINAN UNIVERSITY PRESS
中国·广州

图书在版编目（CIP）数据

统计实验及R语言模拟/侯雅文，王斌会编著．—广州：暨南大学出版社，2015.8
（暨南大学经济管理实验中心实验教材）
ISBN 978-7-5668-1552-1

Ⅰ.①统…　Ⅱ.①侯…②王…　Ⅲ.①统计学—实验②统计分析—程序语言—程序设计　Ⅳ.①C8-33②C819

中国版本图书馆CIP数据核字(2015)第155554号

出版发行：暨南大学出版社

地　址：中国广州暨南大学
电　话：总编室（8620）85221601
营销部（8620）85225284　85228291　85228292（邮购）
传　真：（8620）85221583（办公室）　85223774（营销部）
邮　编：510630
网　址：http://www.jnupress.com　http://press.jnu.edu.cn

排　版：广州市天河星辰文化发展部照排中心
印　刷：广东广州日报传媒股份有限公司印务分公司

开　本：787mm×1092mm　1/16
印　张：12
字　数：291千
版　次：2015年8月第1版
印　次：2015年8月第1次

定　价：28.00元

总 序

百年沧桑，弦歌不辍；巍巍暨南，展焕新颜。暨南大学自1906年创办以来，始终秉承“宏教泽而系侨情”的办学宗旨，注重以中华民族优秀的传统道德文化培养造就人才。“始有暨南，便有商科”，最初设立的商科便因兼具理论与实用的“暨南特色”而享誉海内外。经过一百多年的发展，商科已分化出经济管理学科中的许多门类，各门类分工明确而细化，又交叉融合，近年来屡屡在学科发展上有突破和创新，尤为可喜的是暨南大学经济管理实验教学中心于2012年荣获国家级实验教学示范中心项目。这是我校继2008年获批媒体实验教学中心之后，再次获得国家级实验教学示范中心项目，是教育部“质量工程”重要建设项目之一，也是质量工程中含金量较高、获批难度较大的一个项目。这些项目是高等学校实验教学研究和改革的基地，引领着全国高等学校实验教学改革的方向。

暨南大学经济管理实验教学中心（以下简称“中心”）依托产业经济学和金融学2个国家级重点学科，3个一级学科博士学位点，拥有一支以珠江学者、教学名师和知名专家带头人组成的优秀教学团队，其中“会计学教学团队”被评为国家级教学团队。中心包括金融模拟、会计模拟、ERP实验、电子商务模拟、行为分析、经济统计与分析、财税管理与分析、酒店管理等18个实验室。中心师资力量雄厚，副高级以上教师占总人数的75%，承担全校22个本科专业以及研究生、博士生相关课程的实验、实训、实习等教学任务。

中心继承和发扬暨南大学经济管理教育重视实际操作、强化能力培养的优良传统，紧贴经管发展的现实需求，全面开展“虚拟仿真实验+校企合作实践”模式的实践教学形式改革，注重能力培养与社会需求相结合的教学内容改革。实验是教学不可或缺的一个重要组成部分，作为理论教学的基础和延伸，中心始终坚持“强化基础、重视实践、个性培养与创新能力紧密结合”的实验教学理念，逐步构建理论教学、实验教学、课外实践等多维互动、整体提升的创新实验教学体系，以培养未来华商领袖为己任，着力培养具有创新能力的复合型经管专业人才，为建设成为“具有浓厚华人华侨特色，享誉海内外的‘高端、优质、创新’复合型经济管理人才培养基地”而努力。在中心全体教职工的共同努力下，中心工作取得了显著成效，比如，开设的“财务学原理”、“基础会计学”被评为国家级精品课程，工商管理类和经济学类专业被评为国家级特色专业，中心申报的教学成果项目于2010年获广东省教学成果奖一等奖等。

随着经济和科学技术的进步，尤其是计算机技术的飞速发展，数据、模型与实验对于当代科学乃至整个社会的影响和推动作用日益显著。“暨南大学经济管理实验中心实验教材”作为国家和广东省教学示范中心的资助教材，根据经济管理类专业、学科特点，实验教材中的数据、模型和例子全部选自经济、管理等方面的内容，形成了一个能反映经济管理类院校特色的“经济管理实验”系列教材。这一特色的形成，不仅对国内经济管理实验是一个突破与创新，而且对培养经济管理类院校的应用型、创新型、复合型人才，有着积极意义。

本系列教材在总结过去教材建设经验的基础上，结合应用型本科教育的特点，借鉴国内外的经验做法，在经济管理各专业的课程体系、课程内容，教学方法、教材编写等方面进行进一步探索和创新。

本系列教材具有五个方面的特点：第一，创新性。从培养学生的兴趣入手，以掌握方法论和创造性思维为主线，以知识、概念和理论为基石，进行总体设计，思路新颖，写作体例风格独特。第二，前瞻性。搜集了最新的数据资料和理论研究成果，使教材内容着力体现超前性、前沿性、动态性。第三，实践性。体现了实验型本科教学的专业特点，以提高学生竞争力、综合素质和社会适应能力为最终目标。第四，系统性。基础知识、学科理论和课程体系融为一体，注重基础理论与实际应用的结合。第五，可读性。突出“以学生为中心”的思想，强调学以致用，所用语言浅显易懂，并附有一定的案例分析。

“暨南大学经济管理实验中心实验教材”的建设，改变了传统课程那种仅仅依赖“一支笔，一张纸”，由教师单向传输知识的模式。它提高了学生在教学过程中的参与程度，学生的主观能动性在实验中能得到相当充分的发挥。好的实验会引起学生学习科学知识和方法的强烈兴趣，并激发他们自己去解决相关实际问题的欲望，有助于促进学生独立思考和创新意识的培养。

教材建设是课程体系和教学内容改革的核心，是进一步加强学生教学工作，深化教学改革，提高学生教育教学质量的重要措施。暨南大学经济管理实验教学中心精心组织教材编写，通过专家组评审，分批立项，每批近十种，覆盖金融模拟、会计模拟、ERP实验、电子商务模拟、行为分析、经济统计与分析、财税管理与分析、酒店管理等实验课程。这些教材符合教育改革发展趋势，反映了经济管理学科建设的新理论、新技术、新方法、新实践，在国内同类教材中较为先进。我们期望通过几年的努力，打造出一系列特色鲜明的经济管理实验教材。

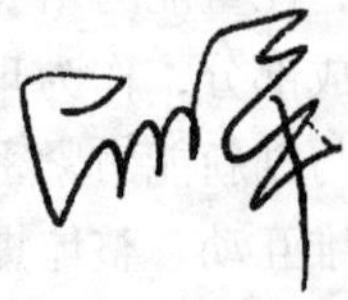

暨南大学校长、教授、博士生导师

国家重点学科产业经济学带头人

2014 年 6 月

前言

从 1777 年法国科学家 Buffon（蒲丰）邀请客人参与投针试验，得到关于 π 的估计，到第二次世界大战期间，美国科学家 Stanislaw Ulam（冯·诺依曼）和 John von Neumann（乌拉姆）为研究原子弹的裂变物质中子随机扩散问题，提出代号为“蒙特卡罗”模拟方法。由于模拟能够较为逼真地描述事物特点和真实实验过程，目前在经济、管理、金融、生物医学、物理学等诸多领域中都得到了应用和发展。

它与一般的数值计算方法有较大区别，是以概率统计为理论基础的研究方法。通常，根据问题建立概率统计模型，设定模型分布和参数，在一定精度要求下确立模拟量，依照建立抽样方法产生随机数，并计算模型的相关统计量结果作为模型估计。整个流程具体包括随机数产生、概率模型、统计量计算、模拟精度四大方面问题。

随机数是模拟的基石。本书第 1 章第 1.2 节详细介绍由一般均匀伪随机数产生，到运用逆变换方法、接受拒绝法、复合法和广义变换方法产生服从各种分布的随机数方法。因为随机数产生的随机性，所以并非每一次产生的随机数都符合随机性的要求。例如，按照二项分布 B（1，0.5）产生 0 和 1 两个随机数取值，若计算机产生了 5 个随机数分别为（0，0，0，0，0），这也是可能的，但不一定满足随机数均匀性、独立性和拟合效果要求。因而需通过增大随机数产生数量和第 1.3 节中提及的检验方法，尽可能产生符合要求的随机数。对于产生一些难度较大的随机数，本书第 4 章的第 4.1 ~ 4.2 节分别介绍利用构造马氏链，产生随机数的 Metropolis – Hastings 和 Gibbs 方法。另外，由于计算机的随机数起源是“伪”的，蒙特卡罗方法的创立者冯·诺依曼说“任何人如果相信计算机能够产生出真正的随机的数序组都是疯子”。

广义的概率模型具体包括四个方面的内容，分别为：①概率；②分布特征；③大数定律；④中心极限定理。本书第 2 章第 2.1 ~ 2.2 节运用大数定律、频率方法、期望方法给出关于积分蒙特卡罗模拟，并讨论精度与模拟量之间的关系。在第 2.4、4.3 节通过优化方法获得关于模型分布特征估计量，利用中心极限定理产生随机数、区间估计等，上述概率模型在系统模拟中产生重要作用。本书第 5 章通过 8 个模拟过程，分别展示概率实验（第 5.1、5.2、5.4 节）、仿真实验（第 5.3 节）、参数估计实验（第 5.5 节）和随机过程实验（第 5.6 ~ 5.8 节）。第 5 章内容是将实际问题转化为概率统计模型，根据已知信息，建立对实际问题的计算机模拟过程，最终获得问题模拟结果，从而为研究提供简便、快捷、可靠的结论。

提高模拟精度是针对模拟方法提出的根本要求。增大模拟量是有效改善精度的重要方法之一。模拟量在受到计算机运行效率的限制时，在有限样本容量条件下的抽样方法可以改善模拟精度。本书第 3 章详细介绍了对偶变量法、控制变量法、条件期望法、分层抽样法、重要抽样法共 5 种常用减小估计量变异抽样方法，通过蒙特卡罗模拟，比较各种抽样方法减少方差效率。同时第 4 章第 4.4 ~ 4.5 节分别介绍 Jackknife 和 Bootstrap 抽样方法，前者重点在于由抽样所决定构建估计量方法与一般估计量差异，后者则是通过重复抽样提高估计精度。

R 语言作为实现上述第 1 ~5 章模拟的计算机编程工具，具有举足轻重的作用。计算机编程也是蒙特卡罗模拟实现的首要条件。R 语言正如一个虚拟的实验员，运用计算机向研究者展示实验的全部过程。它的运用使理论推导与模拟达成统一。本书第 6 章介绍 R 语言基础内容，包括 R 语言的数据格式、循环和函数创建、数据基本统计量计算和图形、模型分析方法。R 语言编程与其他语言相比，属于真正意义上的统计编程语言。程序编写模式简单易懂，并且具有基于世界范围统计方法（各种统计包）的支撑。例如，常见的随机数产生仅需 R 语言中的一个命令即可实现（第 1.1 节），Bootstrap 方法可以通过一个包 boot 实现（第 4.5 节）。如果你已具备使用 R 语言和基本统计分析方法，可以忽略这一章。如果你对其他编程语言十分熟悉，也可以按照本书的要求，完成各章的模拟程序。

R 语言在创建和运行蒙特卡罗模拟方面有着卓越的表现，很多较为复杂的模拟程序仅需 10 行以内的代码就可以完成。这是因为 R 语言本身就善于生成和管控海量数据，也擅长处理大数据。随着当前的数据发展趋势呈现出规模（Volume）、速度（Velocity）和种类（Variety）的“3V”指数级发展，需要更为简单的分析工具来驾驭这些“数据洪流”，而技术世界目前的发展还无法为各行各业提供易用工具的庞大需求，巨量数据时代要求在数据管理和分析方面采用新的范式和实践。目前，Google、Twitter、Facebook、Oracle 等公司都在使用 R 语言完成对其大数据的建模和分析过程。与此同时，R 语言逐渐成为具有广泛适用性的全球通用程序语言，它所建立的这种模式也被其他软件学习和采纳。R 语言的具体优势表现为：①开放的源代码（自由且免费），可以在任何操作系统如 Windows、Linux、Mac OS X 上使用；②统计学家和前沿算法（6 797 个包，且持续增加），形成高质、广泛的统计分析与数据挖掘平台；③重复性分析工作自动生成报告，提高工作效率；④扩展与兼容性，统计软件如 SAS、SPSS、Statistica 可互相调用 R、Python、Java、C、C + + 等语言，以及强大的数据库接口。

此书即将出版，在这里真诚感谢出版社的朋友们，他们为本书出版进行反复沟通与论证；感谢统计学系的同仁；感谢尹居良老师、陈征老师为本书提出宝贵意见；感谢研究生吴贤坚、蔡磊和张旭的校对工作，感谢王恩丹等同学的相关案例分析。

侯雅文

2015 年 5 月于暨南园

目 录

1　随机数产生与检验

随机数作为模拟真实世界发生事件的基础，由于计算机性能的提高和方法的改善，随机数产生的质量也与真实程度更为接近。例如，根据客户索赔情况，模拟某项保险业务盈亏，需要产生关于索赔人数和索赔额的随机数。实际上，在制造业、交通业、服务业、金融业等诸多领域都在使用模拟方法进行预研，以期在现实状况中获得更精确的结果和更高的收益。

本章将介绍如何使用 R 语言产生随机数，并对各类随机数产生原理进行阐述，最后展示产生随机数优劣的检验方法及应用。

1.1　用 R 语言产生随机数

R 语言产生随机数有两种方式：一是将产生方法编写成 R 程序，获得随机数；二是直接利用 R 语言自带的函数产生随机数。本节将介绍后者的产生过程。通常，随机数依据分布来源可以分为两大类，即离散型和连续型，它们由分布形式和参数两部分构成。

1.1.1　离散型随机数产生

常用的离散型随机变量包括二项分布、几何分布、超几何分布、负二项分布和泊松分布等。用 R 函数直接产生离散型随机数的方法非常便捷。一般来说，产生随机数的 R 函数由 r + 分布英文缩写 + (参数) 三部分构成，例如，产生二项分布的 R 函数为 rbinom(*n*, size, prob)，其中 rbinom 为产生二项分布随机数的函数，括号内参数分别表示：*n*，产生随机数个数；size，二项分布试验总次数；prob，每次试验中所规定的某事件 A 发生的概率。

```
set.seed(1)                 #设定随机数种子,确保结果一致
x = rbinom(100,20,0.3)      #产生 100 个 n = 20,p = 0.3 服从二项分布随机数
x                           #显示随机数
```

```
[1] 5 5 6 9 4 9…
```

在 R 语言中，常用的离散型随机数都可以通过函数命令迅速产生，具体如表 1.1 所示，由于随机变量的分布表达形式是多样化的，因而 R 语言中离散型随机数的产生在参数含义与常见含义上可能稍有区别。例如，负二项分布在很多书籍、文献中，多用总试验次数表示随机变量 *X*，在 R 语言中，*X* 则表示在所有试验中，某事件 A 不发生的次数。

表 1.1 常用离散型随机数的 R 函数命令与分布

分布名称	函数命令	参数	分布表达式
二项分布 Binomial	rbinom (n, size, prob)	size = n，试验总次数 prob = p，每次试验 A 事件发生概率	$P(X=x)=c_n^x p^x(1-p)^{n-x}$ $x=0,1,\cdots,n$
几何分布 Geometric	rgeom (n, prob)	prob = p，每次试验 A 事件发生概率	$P(X=x)=(1-p)^x p$ $x=0,1,2,\cdots$ X 表示 A 事件首次出现前，A 事件不发生的试验次数
超几何分布 Hypergeometric	rhyper (nn, m, n, k)	m = 不合格数 n = 合格数 k = 抽取数	$P(X=x)=\frac{c_m^x c_n^{k-x}}{c_{m+n}^k}$ $x=0,1,\cdots,m$
负二项分布 Negative binomial	rnbinom (nn, size, prob)	size = n，A 事件发生的次数 prob = p，每次试验 A 事件发生概率	$P(X=x)=\frac{\Gamma(x+n)}{\Gamma(n)x!}p^n(1-p)^x = c_{x+n-1}^{n-1}p^n(1-p)^x$ $x=0,1,2,\cdots$ X 表示 n 次 A 事件发生时，所有试验中 A 事件不发生的试验次数
泊松分布 Poisson	rpois (n, lambda)	lambda = λ	$P(X=x)=\frac{\lambda^x e^{-\lambda}}{x!}$ $x=0,1,2,\cdots,\lambda\geqslant 0$
多项分布 Multinomial	rmultinom (n, size, prob)	size = N prob = c (p_1, p_2, …, p_k)	$P(X_1=x_1,X_2=x_2,\cdots,X_k=x_k) = \frac{N!}{x_1!x_2!\cdots x_k!}p_1^{x_1}p_2^{x_2}\cdots p_k^{x_k}$ $N=\sum_{i=1}^{k}x_i$

注：函数命令中第一个参数 n 或 nn 均表示随机数产生的数量。

【例 1.1】分别产生 $p=0.4$ 的几何分布随机数 10000 个，形成 100 * 100 的矩阵，并取行加和，形成 100 * 1 向量，作出直方图。同时，产生 $n=100$，$p=0.4$ 的负二项分布随机数 100 个，作出直方图，比较两者的相似性。

```
x = rgeom(10000,0.4)                              #产生 10000 个 p = 0.4 服从几何分布随机数
x = matrix(x,nrow = 100,ncol = 100,byrow = T)     #形成 100*100 矩阵
y1 = rowSums(x)                                   #按行求和
y1                                                #显示随机数
```

```
[1] 152 161 154 175 155 150…
```

```
y2 = rnbinom(100,100,0.4)                         #产生 100 个 n = 100,p = 0.4 服从负二项分布随机数
y2                                                #显示随机数
```

```
[1] 137 169 138 153 200 152…
```

```
par(mfcol = c(1,2))
hist(y1,xlim = c(80,220),breaks = 10,main = paste("几何分布加和"))
hist(y2,xlim = c(80,220),breaks = 10,main = paste("负二项分布"))
```

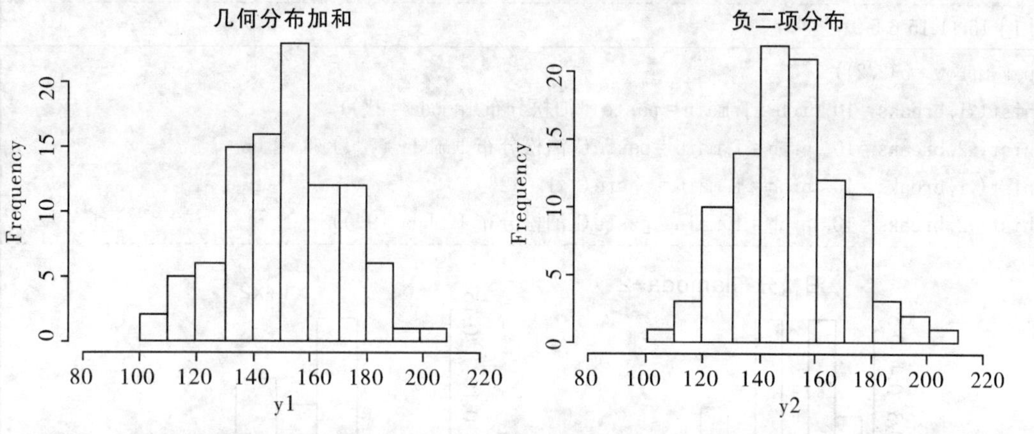

左侧直方图和右侧直方图有很大的相似性，右侧直方图为使用 R 函数产生的 100 个参数 $n=100$，$p=0.4$ 的负二项分布随机数，$n=100$ 意味着在试验中共有 100 次 A 事件的发生，每次 A 事件发生的概率为参数 $p=0.4$。若假设该参数条件下的负二项分布随机变量为 y_2，那么 y_2 可以看成是由 100 个服从参数为 $p=0.4$ 的几何分布随机变量（用 y_1 表示）加和构成，即 $y_2=\sum_{i=1}^{100} y_{1i}$。根据直方图中 y_1 的产生方法，首先产生 10000 个服从参数 $p=0.4$ 的几何分布随机数，转化为 $100*100$ 的矩阵，按照行取加和，每个加和可以看成是一个来自参数 $n=100$，$p=0.4$ 的负二项分布随机数，共 100 个。

由此，离散型分布随机数可以通过 R 语言自带函数产生，也可以利用 R 函数和分布之间的关系产生。

【例 1.2】分别产生参数 $\lambda=2$ 和 $\lambda=7$ 的泊松分布随机数各 100 个，取两两加和，形成 100 个数据。再产生参数 $\lambda=9$ 的随机数 100 个，与加和结果进行比较。

```
x1 = rpois(100,2)                #产生100个lambda=2服从泊松分布随机数
x1                               #显示随机数
```

```
[1] 2 2 1 1 4 2…
```

```
x2 = rpois(100,7)                #产生100个lambda=7服从泊松分布随机数
x2                               #显示随机数
```

```
[1] 5 5 7 7 3 6…
```

```
y1 = x1 + x2
y1                               #显示随机数
```

```
[1] 7 7 8 8 7 8…
```

```
y2 = rpois(100,9)                #产生100个lambda=9服从泊松分布随机数
y2                               #显示随机数
```

```
[1] 15 11 15 6 5 9…
```

```
par(mfrow = c(2,2))
hist(x1, breaks = 10, prob = T, main = paste("泊松分布 lambda = 2"))
hist(x2, breaks = 10, prob = T, main = paste("泊松分布 lambda = 7"))
hist(y1, breaks = 10, prob = T, main = paste("x1 + x2"))
hist(y2, breaks = 10, prob = T, main = paste("泊松分布 lambda = 9"))
```

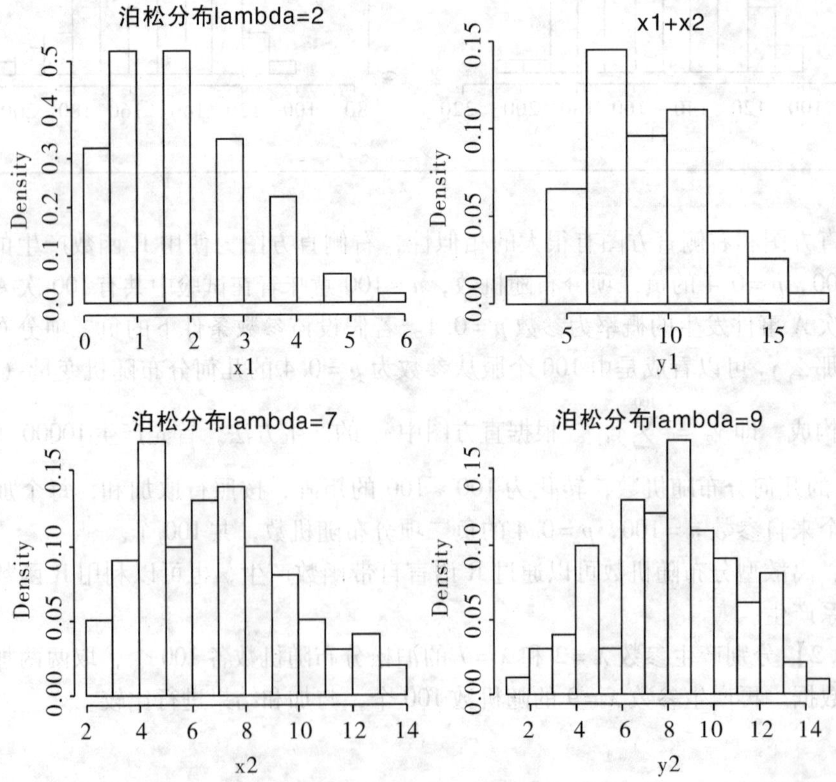

根据泊松分布的可加性，如果随机变量 X 服从 $P(\lambda_1)$，Y 服从 $P(\lambda_2)$，都为泊松分布时，其加和 $X+Y$ 为泊松分布，且参数为 $\lambda_1+\lambda_2$。由 x_1+x_2 所形成的100个数据直方图（右上图），和 $\lambda=9$ 的100个泊松分布随机数直方图（右下图）比较，两者表现出分布相近性。

1.1.2　连续型随机数产生

连续型随机数产生的R函数命令和密度表达式如表1.2所示，由于连续型随机变量密度函数随参数变化而发生改变，各种不同连续分布之间存在关联。例如，正态分布和 t 分布，在 t 分布参数 df 为30及以上时，t 分布接近于正态分布。

表1.2　常用连续型随机数的R函数命令与分布

分布名称	函数命令	参数	密度函数表达式
贝塔分布 Beta	rbeta (n, shape1, shape2)	shape1 = a shape2 = b	$f(x)=\frac{\Gamma(a+b)}{\Gamma(a)\Gamma(b)}x^{a-1}(1-x)^{b-1}$ $a>0,b>0,0\leqslant x\leqslant 1$
柯西分布 Cauchy	rcauchy (n, location, scale)	location = l scale = s	$f(x)=\frac{1}{\pi s(1+(\frac{x-l}{s})^2)}$
卡方分布 Chi – squared	rchisq (n, df, ncp)	df = n ncp = λ	$f(x,n)=\frac{1}{2^{n/2}\Gamma(n/2)}x^{(\frac{n}{2}-1)}e^{-\frac{x}{2}}$ $g(x,n,\lambda)=e^{-\frac{\lambda}{2}}\sum_{r=0}^{\infty}\frac{(\lambda/2)^r}{r!}f(x,n+2r)$（非中心化）
指数分布 Exponential	rexp (n, rate)	rate = λ	$f(x)=\lambda e^{-\lambda x},x\geqslant 0$
F 分布 F	rf (n, df1, df2)	df1 = n_1 df2 = n_2	$f(x)=\frac{\Gamma(\frac{n_1+n_2}{2})}{\Gamma(\frac{n_1}{2})\Gamma(\frac{n_2}{2})}(\frac{n_1}{n_2})^{n_1/2}x^{\frac{n_1}{2}-1}(1+\frac{n_1}{n_2}x)^{-\frac{n_1+n_2}{2}}$ $x>0$
伽马分布 Gamma	rgamma (n, shape, rate, scale = 1/rate)	shape = a rate = λ scale = $1/\lambda$	$f(x)=\frac{\lambda^a}{\Gamma(a)}x^{a-1}e^{-\lambda x},x\geqslant 0,a>0,\lambda>0$
对数正态分布 Lognormal	rlnorm (n, meanlog, sdlog)	meanlog = μ sdlog = σ	$f(x)=\frac{1}{\sqrt{2\pi}\sigma x}e^{-\frac{(\log x-\mu)^2}{2\sigma^2}},x>0$
逻辑斯特分布 Logistic	rlogis (n, location, scale)	location = m scale = s	$f(x)=\frac{1}{s}e^{\frac{x-m}{s}}(1+e^{\frac{x-m}{s}})^{-2}$

（续上表）

分布名称	函数命令	参数	密度函数表达式
正态分布 Normal	rnorm （n，mean，sd）	mean $=\mu$ sd $=\sigma$	$f(x)=\frac{1}{\sqrt{2\pi}\sigma}e^{-\frac{(x-\mu)2}{2\sigma^2}}$
t 分布 t	rt （n，df）	df $=n$	$f(x)=\frac{\Gamma(\frac{n+1}{2})}{\sqrt{n\pi}\Gamma(n/2)}(1+\frac{x^2}{n})^{-\frac{n+1}{2}}$
均匀分布 Uniform	runif （n，min，max）	min max	$f(x)=\frac{1}{\max-\min},\min\leqslant x\leqslant\max$
威尔科克森符号秩分布 Wilcoxon Signed Rank	rsignrank （nn，n）	n	随机数：来自一组数据经过绝对值排序取秩后，将所有数据值为正对应的秩求和结果。 n：随机数取值范围在 0 到$\frac{n(n+1)}{2}$
威布尔分布 Weibull	rweibull （n，shape，scale）	shape $=a$ scale $=b$	$f(x)=\frac{a}{b}(\frac{x}{b})^{a-1}e^{-(\frac{x}{b})^a},x>0$
威尔科克森秩和分布 Wilcoxon Rank Sum	rwilcox （nn，m，n）	m n	随机数：来自样本量分别为 m 和 n 的随机、独立数据 X 和 Y，计算所有满足 $X_i\geqslant Y_j$ 的个数结果。 随机数取值范围：0 到 mn
多元正态分布 Multivariate Normal	mvrnorm （n，mu，Sigma）	mu $=\mu$ Sigma $=\Sigma$	$f(x)=\frac{1}{(2\pi)^{\frac{n}{2}}\left\|\Sigma\right\|^{\frac{1}{2}}}e^{\{-\frac{1}{2}(x-\mu)'\Sigma^{-1}(x-\mu)\}}$

注：mvrnorm 函数需调用 MASS 包，函数命令中第一参数 n 或 nn 均表示随机数产生数量。

【例 1.3】分别产生标准正态分布随机数 100 个，$df=2$，10，30 的 t 分布随机数各 100 个。作出随机数直方图和密度函数曲线，进行比较。

```
options(digits = 3)
x = rnorm(100)                  #产生 100 个 mean = 0,sd = 1 服从标准正态分布随机数
x                               #显示随机数
-------------------------------------------------------------
[1]  1.020  0.788  0.418  1.611 -0.828  0.351…
y1 = rt(100,2)                  #产生 100 个 df = 2 服从 t 分布随机数
y1                              #显示随机数
-------------------------------------------------------------
[1]  0.00847  0.46177  1.17985 -0.42883 -1.03086  4.13947…
y2 = rt(100,10)                 #产生 100 个 df = 10 服从 t 分布随机数
y2                              #显示随机数
-------------------------------------------------------------
[1]  0.657  1.267  1.294  1.747 -1.333  1.015…
```

```
y3 = rt(100,30)                 #产生 100 个 df = 30 服从 t 分布随机数
y3                              #显示随机数
```

```
[1] -0.2384 -0.5865 -1.5909  2.0114 -1.5195  0.0616…
```

```
par(mfcol = c(2,2))
hist(x,breaks = 10,prob = T,main = paste("标准正态分布"))
lines(density(x),col = "red",lwd = 2)
hist(y1,breaks = 10,prob = T,main = paste("t 分布,df = 2"))
lines(density(y1),col = "red",lwd = 2)
hist(y2,breaks = 10,prob = T,main = paste("t 分布,df = 10"))
lines(density(y2),col = "red",lwd = 2)
hist(y3,breaks = 10,prob = T,main = paste("t 分布,df = 30"))
lines(density(y3),col = "red",lwd = 2)
```

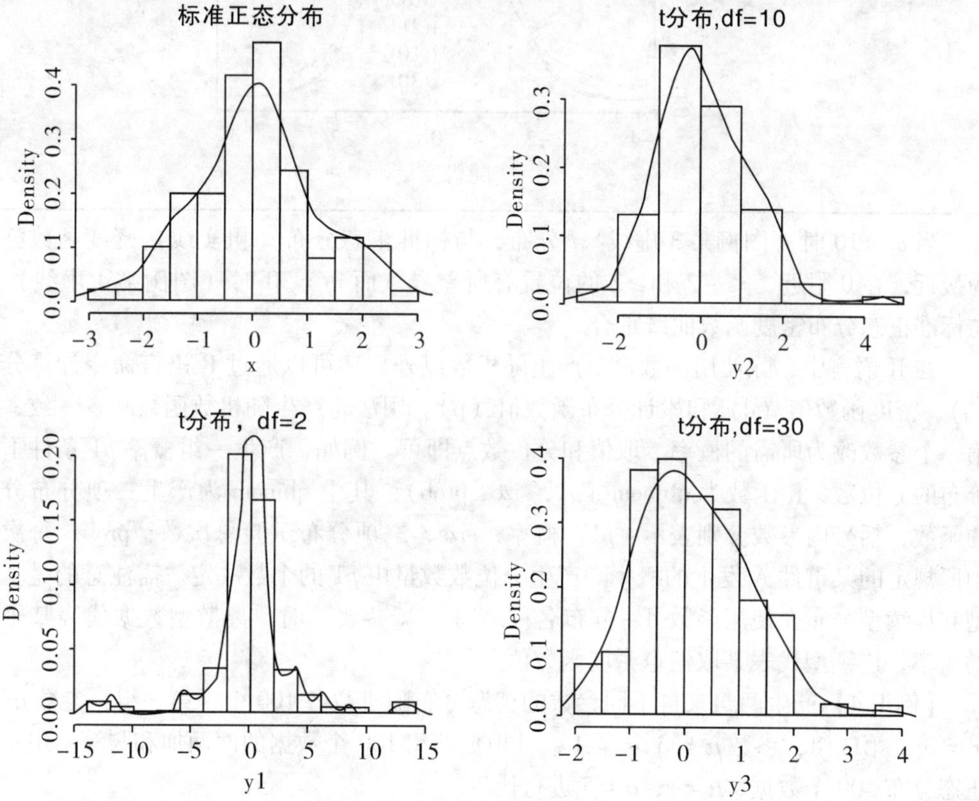

$df=2$ 时（左下图），呈现 t 分布典型的厚尾分布特征，随着 df 的增加，$df=10$ 时（右上图），横轴取值范围缩小到［-3，3］之间，稍有厚尾，$df=30$ 时（右下图），厚尾进一步减小，密度函数特征（实线）与标准正态分布（左上图）更为接近。

实际上，上述直方图和密度函数是基于随机数而产生的，图形结果都会有所差异。下面以各分布的理论密度作出密度函数曲线图进行比较。

```
z = seq(-4,4,.01)
plot(z,dnorm(z),type = "l", xlab = "随机变量 X",ylab = "密度函数",lty = 1,col = 1,lwd = 2)
points(z,dt(z,df = 2),type = "l",lty = 2,col = 2)
points(z,dt(z,df = 10),type = "l",lty = 3,col = 3)
points(z,dt(z,df = 30),type = "l",lty = 4,col = 4)
legend(-1,0.15,c("N(0,1)","t(2)","t(10)","t(30)"),lty = 1:4,col = 1:4,bty = "n")
```

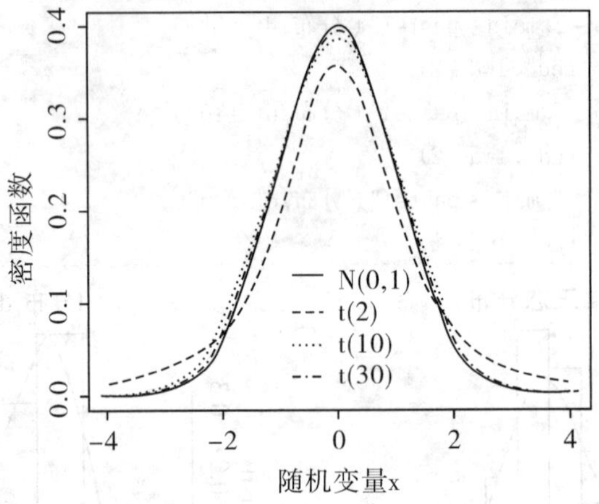

当 $df=10$ 时（图例第 3 虚线）t 分布，与标准正态分布（粗实线）密度函数已经较为接近，在 0 附近，≤ -2 和≥2 的位置有所差异。而 $df=30$ 时（图例第 4 虚线）几乎与标准正态分布密度函数曲线重合。

在 R 语言中，除使用函数命令产生随机数以外，还可以通过 R 语言命令计算分位数（q）、密度函数值（d）和累计分布函数值（p）。用法与产生随机数函数基本一致，仅将第一个参数改为所需的概率、取值和分位数点即可。例如，产生一组概率 $p1$ 条件下二项分布的分位数，R 函数为 qbinom（$p1$，size，prob），其中 qbinom 为产生二项分布分位数的函数，括号内参数分别表示：$p1$，概率；size，二项分布试验总次数；prob，每次试验中所规定的某事件 A 发生的概率。产生分位数数量由 $p1$ 的个数决定。需注意的是，离散型和连续型分布在使用函数 d + 分布名称缩写 + （参数）时，离散型数据代表某个取值的概率，连续型代表某取值点密度函数值。

【例 1.4】产生两组来自不同参数的正态分布随机数各 100 个，第一组：参数 $\mu=1$，$\sigma=3$，第二组：参数 $\mu=3, \sigma=4$，并根据两组 100 个数据的两两加和与第三组：来自正态分布 100 个数据，$\mu=4$，$\sigma=5$ 进行比较。

```
options(digits = 3)
x1 = rnorm(100,1,3)                #产生 100 个 mean = 1,sd = 3 服从正态分布随机数
x1                                 #显示随机数
```

```
[1]  5.88 -1.92  2.37 -1.61  2.13 -1.03…
```

```
x2 = rnorm(100,3,4)                #产生 100 个 mean = 3,sd = 4 服从正态分布随机数
x2                                 #显示随机数
```

```
[1] 2.065  0.909  1.749  1.052  9.981  8.268…
```

```
y1 = x1+x2
y1                                     #显示随机数
```

```
[1]  7.950  -1.007  4.122  -0.558  12.107  7.234…
```

```
y2 = rnorm(100,4,5)                    #产生 100 个 mean = 4,sd = 5 服从正态分布随机数
y2                                     #显示随机数
```

```
[1]  5.78  7.55  -8.96  5.57  8.28  13.43…
```

```
par(mfrow = c(2,2))
hist(x1,breaks = 10,prob = T,main = paste("正态分布 mu = 1,sigma = 3"))
lines(density(x1),col = "red",lwd = 2)
hist(x2,breaks = 10,prob = T,main = paste("正态分布 mu = 3,sigma = 4"))
lines(density(x2),col = "red",lwd = 2)
hist(y1,breaks = 10,prob = T,main = paste("x1 + x2 "))
lines(density(y1),col = "red",lwd = 2)
hist(y2,breaks = 10,prob = T,main = paste("正态分布 mu = 4,sigma = 5"))
lines(density(y2),col = "red",lwd = 2)
```

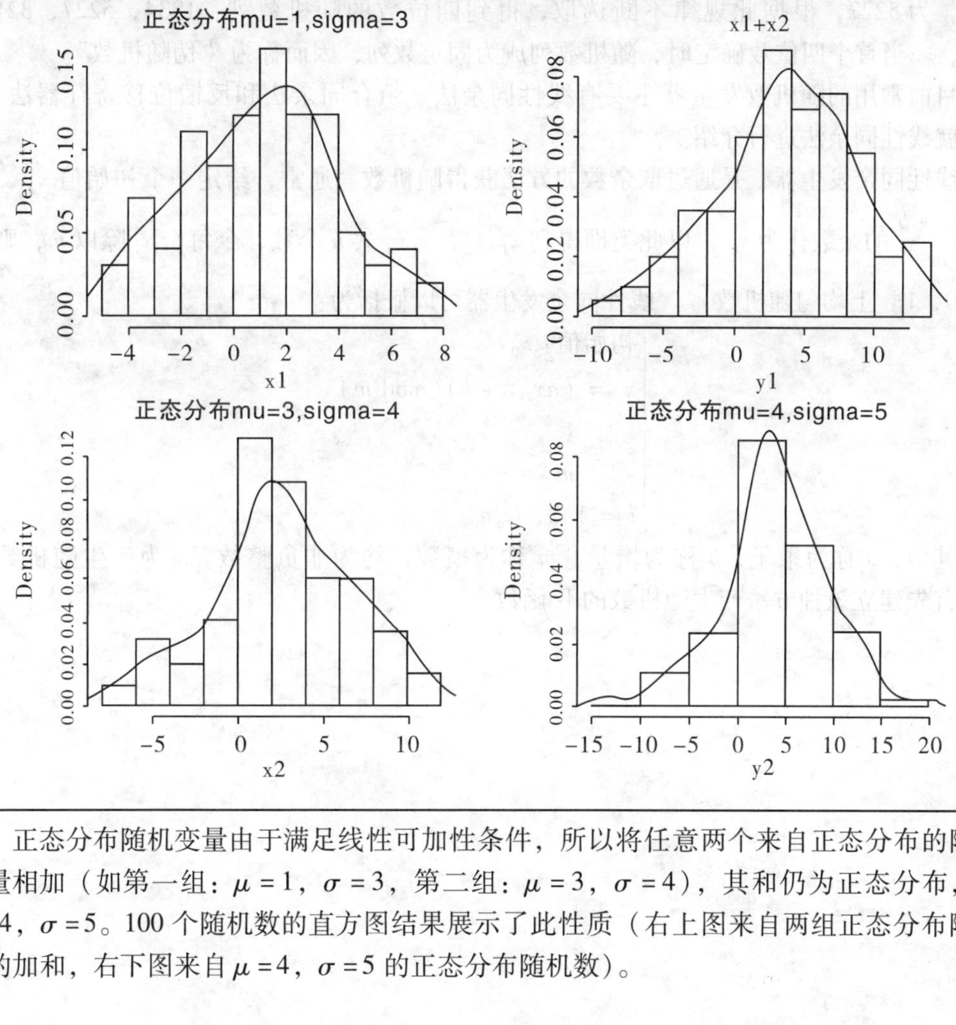

正态分布随机变量由于满足线性可加性条件，所以将任意两个来自正态分布的随机变量相加（如第一组：$\mu=1$，$\sigma=3$，第二组：$\mu=3$，$\sigma=4$），其和仍为正态分布，且 $\mu=4$，$\sigma=5$。100 个随机数的直方图结果展示了此性质（右上图来自两组正态分布随机数的加和，右下图来自 $\mu=4$，$\sigma=5$ 的正态分布随机数）。

1.2 产生随机数的理论方法

随机数最早来源于手工方法，比如抛硬币、掷骰子和抽签等，目前仍在使用的如抽奖中的摇号过程。该方法简便易行，但当需要大量的随机数时，效率较低。如目前大城市的车牌摇号系统，由于备选对象和抽中数量相对较大，采用传统的手工方法产生随机数过于费时，摇号系统实际上融合了数学和计算机技术而能够迅速产生随机数，这也是目前最为广泛使用的产生随机数方法，本章主要介绍该方法内容。此外，还可以通过物理方法，如放射性物质的放射粒子数产生随机数，但该方法成本较高。

1.2.1 伪随机数产生的一般方法

目前的随机数发生器产生的随机数，又被称为“伪随机数”。之所以称之为“伪”，原因在于随机数的产生是依据某种规律，而在手工方法中，却无法预料到有哪些随机数会产生出来。例如，平方取中法：首先任意选择一个 4 位数，不妨假设为 1234，将其取平方，为 1522756，四位数平方后最大值为 8 位数，对该数用 01522756 补齐，取最中间四位，为 5227，根据此规律不断选取，得到四位数的随机数列：1234，5227，3215，3362，…当首个四位数确定时，随机数列成为固定数列，因而称为“伪随机数”。

目前常用的随机数发生器主要有线性同余法、组合同余法和反馈位移寄存器法等，下面就线性同余法进行介绍。

线性同余发生器，是通过取余数的方法获得随机数。通常，给定一个初始值 x_0，计算 $\dfrac{ax_0+b}{m}$ 的余数作为 x_1，以此类推得到 $x_1,x_2,\cdots,x_n$ 共 n 个数，令每个 x_i 除以 m，则获得［0，1］上均匀随机数 r_i。线性同余发生器可以概括为：

$$
\begin{cases}
\text{初始值：} x_0 \\
x_i = (ax_{i-1}+b)(\bmod m) \\
r_i = \dfrac{x_i}{m} \\
i = 1,2,\cdots,n
\end{cases}
$$

其中，a 称为乘子，b 称为增量，m 称为模数，均为非负整数。n 为产生随机数个数。首先建立该种方法产生随机数的 R 函数。

```
#线性同余发生器
lcg <- function(n,x0,a,b,m){
  x=c()
  x[1]=(a*x0 + b)%%m
  for(i in 2:n){
  x[i]=(a*x[i-1] +b)%%m
  }
  result=list("xi"=x,"ri"=x/m)
  result
}
```

根据上述函数，给定 $x_0=3$，$a=5$，$b=0$，$m=10$ 和 $n=10$，随机数结果为：

```
lcg(10,3,5,0,10)
-------------------------------------
$xi
  [1] 5 5 5 5 5 5 5 5 5 5
$ri
  [1] 0.5 0.5 0.5 0.5 0.5 0.5 0.5 0.5 0.5 0.5
```

随机数产生失败，数列 $\{x_i\}$ 的周期 $T=1$（数列重复数之间最短长度），原因在于参数的选择，m 值选择尽可能大一些，可以减少随机数重复周期过小的问题发生，a、b 和 x_0 的取值需配合 m，使得周期 T 尽可能大，并使获得随机数具有良好的随机均匀等统计性质。

通常，取 $m=2^{31}-1$，$a=7^5$，以此产生随机数，通过结果发现随机数周期增大，同时也可以通过直方图、假设检验等方法判断产生随机数的优劣（第 1.3 节）。

```
x=lcg(100,3,7^5,0,2^31-1)
x$ri
-------------------------------------
2.35e-05 3.95e-01 2.67e-01 3.76e-01 5.98e-01 6.57e-01…
```

周期尽可能长，使得数列的产生尽可能满足随机性要求，是随机数的目标。但随机数发生器仍然产生“伪随机数”。在 R 语言中，采用 set. seed 函数即可以使产生的随机数是固定的一组数列。

1.2.2 逆变换方法

均匀随机数是随机数通向其他分布随机数的桥梁。一旦均匀随机数产生，其他分布随机数均可以通过下述定理保证实现。

定理：

设 U 是（0，1）上均匀分布随机变量，对于任一连续分布函数 F，随机变量 $X=F^{-1}(U)$ 的分布函数为 F。

证明：令 F_X 为 $X=F^{-1}(U)$ 的分布函数，则 $F_X(x)=P(X\leqslant x)=P(F^{-1}(U)\leqslant x)$。由于 F 为分布函数,从而单调递增，事件$\{a\leqslant b\}$ 等价于$\{F(a)\leqslant F(b)\}$。

根据上式，有

$$F_X(x)=P[F^{-1}(U)\leqslant x]=P\{F[F^{-1}(U)]\leqslant F(x)\}=P[U\leqslant F(x)]$$

对于 U 为(0,1) 均匀分布而言,上式 $P(U\leqslant F(x))=\dfrac{F(x)-0}{1-0}=F(x)$,即 $F_X(x)=F(x)$

证毕。

该定理使得任意连续分布的随机数都可以通过均匀随机数作关于分布函数的逆变换而实现，该方法称为逆变换方法。逆变换产生随机数步骤归纳如下所示：

逆变换产生连续型随机数步骤：

1. 产生（0，1）均匀分布随机数。
2. 计算模拟分布函数 F 的反函数 F^{-1} 表达式。
3. 将 1 中产生均匀分布随机数代入 2 中反函数表达式 $X = F^{-1}(U)$，从而获得目标随机数 X。

【例 1.5】使用逆变换方法产生 100 个服从参数 $\lambda=2$ 的指数分布随机数。

1. 产生（0，1）均匀分布随机数 100 个，用 U 表示。

2. 根据指数分布函数 F 的表达式 $F(x) = 1 - e^{-2x}$ 计算逆函数 $X = -\frac{1}{2}\log(1-U)$。

3. 将 1 中产生均匀分布随机数 U 代入 2 中反函数表达式，从而获得目标随机数。

R 程序如下：

```
U=runif(100)                         #产生(0,1)均匀分布随机数 100 个
U
[1] 0.568 0.150 0.829 0.956 0.185 0.085…
X=(-1/2)*log(1-U)                    #逆变换产生参数 lambda=2 指数分布随机数 100 个
X
[1] 0.4201 0.0815 0.8837 1.5631 0.1022 0.0444…
par(mfcol=c(1,2))
hist(X,breaks=20,prob=T,main=paste("逆变换指数分布 lambda=2"))
lines(density(X),col="red",lwd=2)
Y=rexp(100,2)                        #产生参数 lambda=2 的指数分布随机数 100 个
hist(Y,breaks=20,prob=T,main=paste("指数分布 lambda=2"))
lines(density(Y),col="red",lwd=2)
```

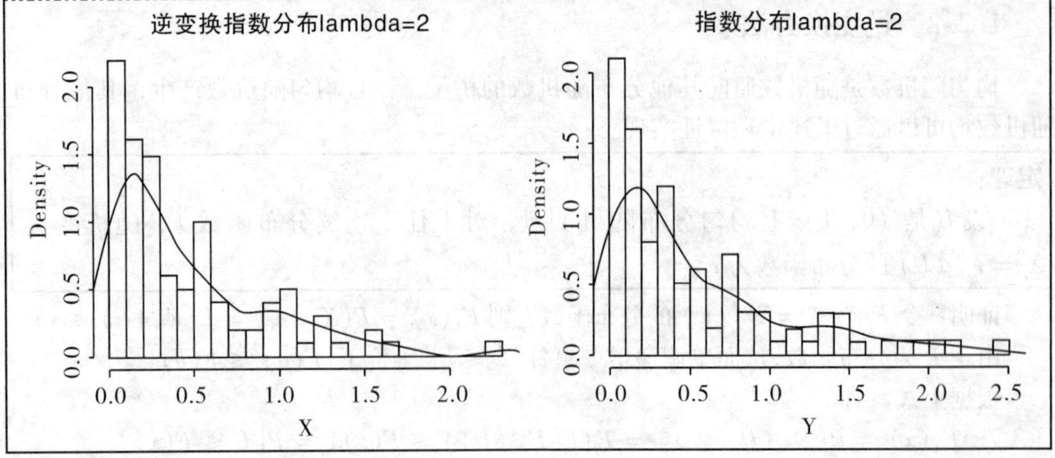

通常，在使用逆变换方法产生指数分布随机数时，采用逆函数 $X = -\frac{1}{\lambda}\log(U)$，因

为 U 和 $1-U$ 均服从（0，1）均匀分布，直接使用 U 减少计算量。编写逆变换产生指数分布随机数函数如下所示。

```
InvTF.Exp <- function(n, lambda){
    U=runif(n)
    X=-log(U)/lambda
    X
}
```

【例 1.6】运用逆变换方法产生 100 个来自参数 $n=10$ 的卡方分布随机数。

卡方分布的分布函数较为复杂，直接写出逆函数比较困难，在所有的连续分布中，指数分布函数的逆函数相对简单，利用指数分布与卡方分布之间的关系，产生卡方分布，这个方法易行。

指数分布与卡方分布同属于伽马分布的特殊形式。根据它们之间的关系（参照本章习题），首先产生 100＊5 的参数为 0.5 的指数分布随机数矩阵 Y，按行加和。

$$\chi^2(10)=Ga(\frac{10}{2},\frac{1}{2})=Ga(5,\frac{1}{2})=Exp(\frac{1}{2})+Exp(\frac{1}{2})+Exp(\frac{1}{2})+Exp(\frac{1}{2})+Exp(\frac{1}{2})$$

从而获得 100 个来自参数为 10 的卡方分布随机数 Z。R 程序如下：

```
X=InvTF.Exp(500,0.5)                      #逆变换产生参数 lambda=0.5 指数分布随机数 500 个
Y=matrix(X,nrow=100,ncol=5,byrow=T)       #形成 100*5 指数分布随机数矩阵
Z=apply(Y,1,sum)                          #矩阵按行加和
Z
```

```
[1] 10.90 29.40  8.60 10.10  4.74  7.71…
```

```
par(mfcol=c(1,2))
hist(Z,breaks=20,prob=T,main=paste("逆变换卡方分布 n=10"))
lines(density(Z),col="red",lwd=2)
Chi=rchisq(100,10)                        #产生参数 n=10 的卡方分布随机数 100 个
hist(Chi,breaks=20,prob=T,main=paste("卡方分布 n=10"))
lines(density(Chi),col="red",lwd=2)
```

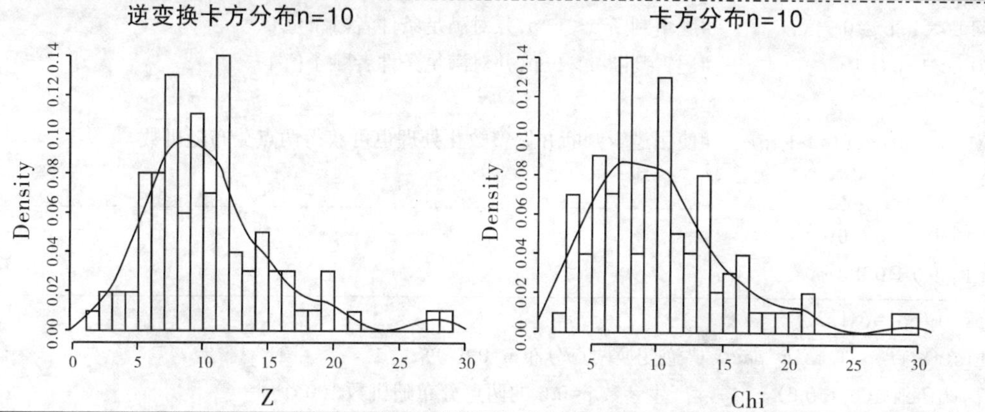

根据各种分布之间的关系，逆变换方法能够产生较好的连续分布随机数。事实上，对于离散型随机变量，上述定理仍然成立。此时，反函数表达式为：

$$F^{-1}(u) = \inf_x \{x : F(x) \geqslant u\}$$

因而，对于一个 $P(X = x_i) = p_i, i = 1,2,\cdots, \sum_i p_i = 1$ 离散型分布，随机数 X 为：

$$X = \begin{cases} x_1, \text{若 } U \leqslant p_1 \\ x_2, \text{若 } p_1 < U \leqslant p_1 + p_2 \\ \vdots \\ x_i, \text{若 } \sum_{j=1}^{i-1} p_j < U \leqslant \sum_{j=1}^{i} p_j \\ \vdots \end{cases}$$

逆变换产生离散型随机数步骤：

1. 产生（0，1）均匀分布随机数 U；
2. 判断 U 所在的概率区间；
3. 如果 $U \leqslant p_1, X = x_1$，如果 $\sum_{j=1}^{i-1} p_j < U \leqslant \sum_{j=1}^{i} p_j, X = x_i$，从而获得目标随机数 X。

【例 1.7】采用逆变换方法产生两点分布随机数 100 个，其中参数 $p = 0.6$。

两点分布为：

x_i	0	1
p_i	0.4	0.6

对应的逆变化公式为：

$$X = \begin{cases} 0, U \leqslant 0.4 \\ 1, U > 0.4 \end{cases}$$

```
U=runif(100)                #产生(0,1)均匀分布随机数 100 个
p=0.6;X=c()
X[U<=1-p]=0                 #逻辑判断 u≤1-p,并对满足条件者赋予值 0
X[U>1-p]=1                  #逻辑判断 u>1-p,并对满足条件者赋予值 1
X
X1=as.integer(u>1-p)        #使用逻辑判断并做整数化处理也可获得两点分布随机数
X1
```

```
[1] 1 0 1 0 0 0…
[1] 1 0 1 0 0 0…
```

```
par(mfcol=c(1,2))
hist(X,freq=T,main=paste("逆变换两点分布 p=0.6"))
Y=rbinom(100,1,0.6)         #产生参数 p=0.6 的两点分布随机数 100 个
hist(Y,freq=T,main=paste("两点分布 p=0.6"))
```

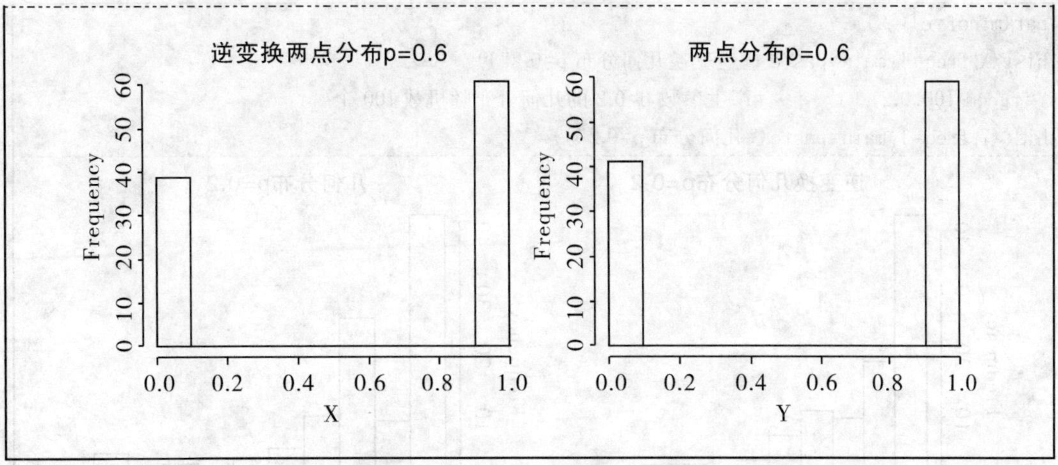

【例 1.8】根据逆变换方法产生服从参数 $p=0.2$ 的几何分布随机数 100 个。

与两点分布相比，几何分布的反函数表达式更为复杂，首先推导几何分布反函数与均匀分布之间的关系。

$$P(X=i)=pq^{i-1}, i=1,2,\cdots, \sum_i pq^{i-1}=1, p+q=1$$

$$X=i, \text{当} \sum_{j=1}^{i-1} pq^{j-1} < U \leqslant \sum_{j=1}^{i} pq^{j-1}$$

$$\sum_{j=1}^{i-1} pq^{j-1}=1-P(X>i-1)=1-q^{i-1}$$

$$\sum_{j=1}^{i} pq^{j-1}=1-P(X>i)=1-q^{i}$$

$$\begin{aligned} P(X=i) &= pq^{i-1}=P\left(\sum_{j=1}^{i-1} pq^{j-1} < U \leqslant \sum_{j=1}^{i} pq^{j-1}\right) \\ &= P(1-q^{i-1} < U \leqslant 1-q^{i}) \\ &= P(q^{i} \leqslant 1-U < q^{i-1}) \\ &= P\left(i-1 < \frac{\ln(1-U)}{\ln(q)} \leqslant i\right) \end{aligned}$$

在模拟中，为使计算简便，对于 $1-U$ 的模拟也可以直接用 U 的模拟来代替，因为两者均服从（0，1）均匀分布，根据模拟理论，几何分布具体模拟步骤为：

1. 生成 n 个服从（0，1）均匀分布随机数 U；

2. 计算 $\frac{\ln(U)}{\ln(1-p)}$，取上整，令 $X=\left\lceil \frac{\ln(U)}{\ln(1-p)} \right\rceil$。

```
U=runif(100)                          #产生(0,1)均匀分布随机数 100 个
p=0.2
X=ceiling(log(U)/log(1-p))
X
```

```
[1]  5  4  34  5  25  2…
```

```
par(mfcol=c(1,2))
hist(X,freq=T,main=paste("逆变换几何分布 p=0.2"))
Y=rgeom(100,0.2)+1        #产生参数 p=0.2 的几何分布随机数 100 个
hist(Y,freq=T,main=paste("几何分布 p=0.2"))
```

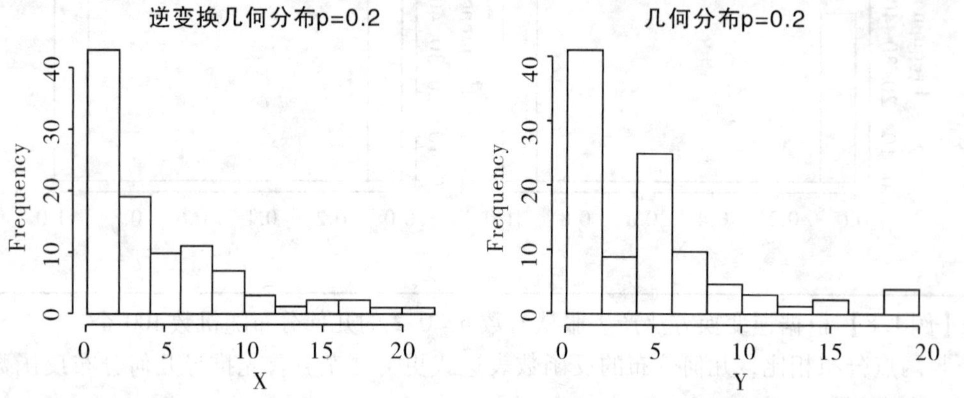

注：根据表 1.1，R 语言中 rgeom 产生几何分布随机数需 +1，才与证明中几何分布随机数保持含义一致。

1.2.3 接受拒绝法

当给出（0，1）均匀分布随机数时，如何用其产生（0，1/2）上的均匀分布随机数？一个直观的想法是将（0，1）均匀分布随机数 U 中满足 $U<0.5$ 的随机数取出，其可以看成来自（0，1/2）上的均匀分布随机数。这个想法是否成立，下面通过模拟的方式进行观察。

```
U=runif(500)                  #产生来自(0,1)均匀分布随机数 500 个
U1=U[which(U<0.5)]            #提取 U 中满足 U<0.5 的随机数
U
U1
```

```
[1] 0.989 0.493 0.641 0.413 0.736 0.893…
[1] 0.493 0.413 0.486 0.340 0.146 0.143…
```

```
par(mfcol=c(2,2))
plot(U)
points(which(U<0.5),U[which(U<0.5)],col=2,pch=20)
abline(h=0.5,col=3,lty=2,lwd=2)
plot(U1,ylim=c(0,1),col=2,pch=20)
abline(h=0.5,col=3,lty=2,lwd=2)
hist(U,prob=T,main="0-1 均匀分布随机数")
lines(density(U),col="red",lwd=2)
hist(U1,prob=T,main="0-1 均匀分布随机数(U<0.5)")
lines(density(U1),col="red",lwd=2)
```

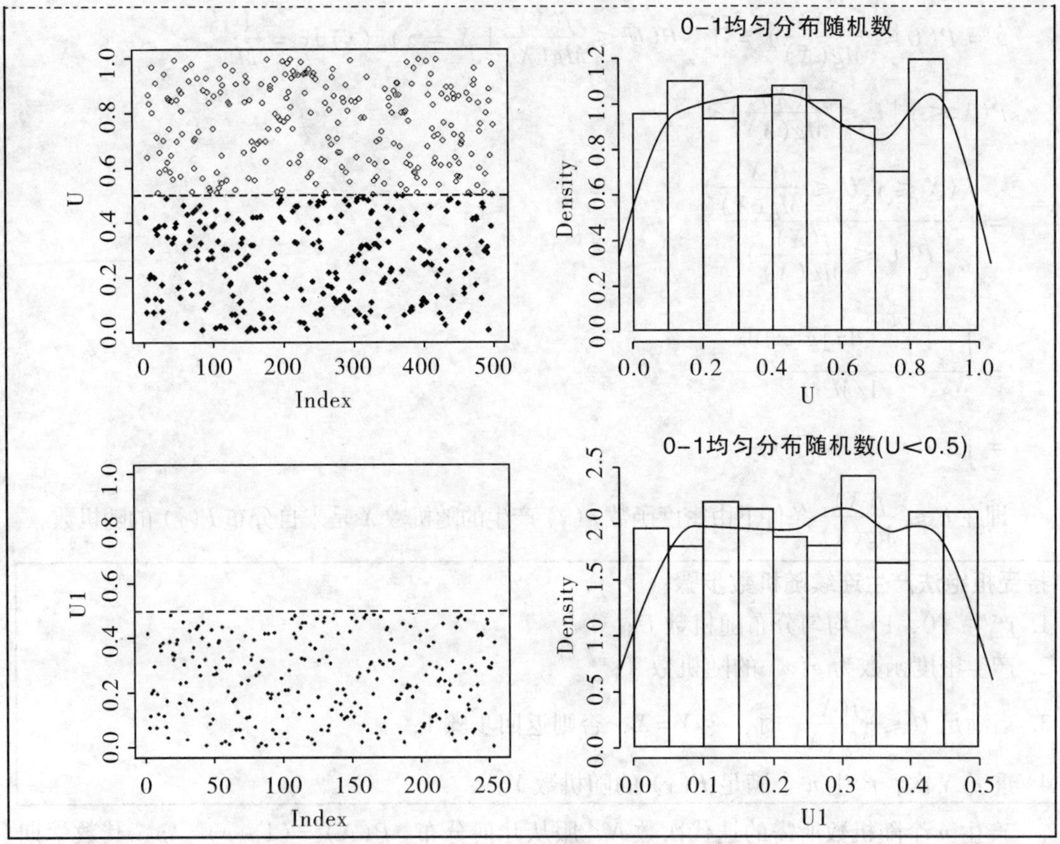

根据（0，1）均匀分布随机数500个（左上图），通过条件 $U<0.5$ 筛选，图中虚线下方的点被选中（左下图），分别作出两组随机数的直方图，显然，（0，1）均匀分布随机数直方图（右上图）呈现出密度函数在（0，1）上为1的趋势，而第二组筛选过的随机数密度函数曲线在（0，1/2）上接近于2。实际上，均匀分布满足：

$$U \sim U(0,1)\text{，密度函数为}$$

$$g(u) = \begin{cases} 1, 0 < u < 1 \\ 0, \text{其他} \end{cases}$$

$$U_1 \sim U(0,1/2)\text{，密度函数为}$$

$$f(u_1) = \begin{cases} 2, 0 < u_1 < 1/2 \\ 0, \text{其他} \end{cases}$$

图中筛选后的随机数直方图（右下图）更像是一组来自（0，1/2）上均匀分布的随机数。

这类由一种分布中的随机数经过筛选、提取而得到另外一种分布的随机数方法称为接受拒绝法，又称筛选法。该方法可行性由下述证明来保证。

令 $g(x)$，$G(X)$ 为某个较易模拟的随机数密度函数与分布函数，$f(y)$，$F(Y)$ 为待模拟随机数的密度函数与分布函数，M 为 $\max\{f/g\}$，U 为（0，1）均匀分布的随机变量。那么，

$$P\left(U \leqslant \frac{f(X)}{Mg(X)} \mid X = x\right) = P\left(U \leqslant \frac{f(x)}{Mg(x)}\right) = \frac{f(x)}{Mg(x)}$$

$$p = P(U \leqslant \frac{f(X)}{Mg(X)}) = \int_{-\infty}^{+\infty} P(U \leqslant \frac{f(X)}{Mg(X)} \mid X = x) g(x) \mathrm{d}x = \frac{1}{M}$$

$$P(X \leqslant y \mid U \leqslant \frac{f(X)}{Mg(X)})$$

$$= \frac{P(X \leqslant y, U \leqslant \frac{f(X)}{Mg(X)})}{P(U \leqslant \frac{f(X)}{Mg(X)})}$$

$$= \frac{\int_{-\infty}^{y} [\int_{0}^{\frac{f(x)}{Mg(x)}} \mathrm{d}u] g(x) \mathrm{d}x}{1/M}$$

$$= \int_{-\infty}^{y} f(x) \mathrm{d}x = F(y)$$

即在 $U \leqslant \frac{f(X)}{Mg(X)}$ 条件下由密度函数 $g(x)$ 产生的随机数 X 是来自分布 $F(y)$ 的随机数。

接受拒绝法产生连续随机数步骤：

1. 产生（0，1）均匀分布随机数 U；
2. 产生密度函数为 $g(x)$ 的随机数 X；
3. 当满足 $U \leqslant \frac{f(X)}{Mg(X)}$ 时，令 $Y = X$，否则返回步骤 1；
4. 重复 N 次，产生 n 个满足 $F(y)$ 的随机数 Y。

产生 n 个随机数所需的迭代次数 N，服从几何分布。$P(N) = (1-p)^{N-1}p$，其数学期望 $\mathrm{E}(N) = 1/p$，而在上面的证明中，$p = P(U \leqslant \frac{f(X)}{Mg(X)}) = \frac{1}{M}$，$\mathrm{E}(N) = M$，意味着平均产生一个服从密度函数为 $f(y)$ 的随机数，需迭代 M 次。

同理，对于离散型随机数，使用接受拒绝方法产生随机数步骤如下。

接受拒绝法产生离散随机数步骤：

1. 产生（0，1）均匀分布随机数 U；
2. 产生来自分布函数为 $Q(X)$ 的随机数 X；
3. 当满足 $U \leqslant \frac{P(X)}{MQ(X)}$ 时，令 $Y = X$，否则返回步骤 1；
4. 重复 N 次，产生 n 个满足 $P(Y)$ 的随机数 Y。

其中需产生的随机数分布为 $P_y(Y) = P(Y=y)$，候选随机数分布 $P_x(X) = Q(X=x)$，M 为 $\max(P/Q)$。

【例 1.9】产生来自密度函数 $f(y) = \frac{2}{\sqrt{2\pi}} \mathrm{e}^{-\frac{y^2}{2}}, y \geqslant 0$ 随机数 100 个。

寻找到合适的 $g(x)$ 是保证产生随机数的速度和质量的重要依据，首先作出 $f(y)$ 图像，与指数分布的密度函数图像类似，使用 $g(x) = \mathrm{e}^{-x}, x > 0$ 作为候选密度函数，则 $M = \max(f/g) = \max(\sqrt{\frac{2}{\pi}} \mathrm{e}^{x-\frac{x^2}{2}}) = \sqrt{\frac{2\mathrm{e}}{\pi}}$，$f/Mg = \mathrm{e}^{-\frac{(x-1)^2}{2}}$，图中上方虚线 $M * g(x)$ 覆盖了所有 $f(x)$。具体程序结果如下：

```
x=seq(0,6,0.01)
plot(x,2/sqrt(2*pi)*exp(-x^2/2),ylim=c(0,sqrt(2*exp(1)/pi)),ylab="f(x)",
type="l",col=1,lty=1,lwd=2)
lines(x,exp(-x),col=4,lty=2,lwd=2)
lines(x,sqrt(2*exp(1)/pi)*exp(-x),col=2,lty=3,lwd=2)
legend(5,1.2,c("f(x)","g(x)","M*g(x)"),col=c(1,4,2),lty=c(1,2,3),lwd=c(2,2,2))
```

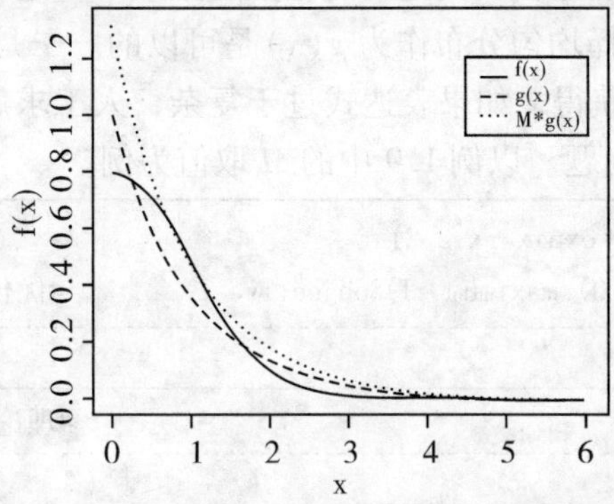


```
n=100;s=0;k=0;Y=c()
while(k<n){
    U=runif(1)
    s=s+1
    X=rexp(1)
    if(exp(-(X-1)^2/2)>U){
    k=k+1
    Y[k]=X
    }
}
s          #产生 n 个随机数需要产生来自密度函数 g(x)随机数 s 个
```

```
[1] 130
```

```
hist(Y,prob=T)
lines(density(Y),col="red",lwd=2)
```

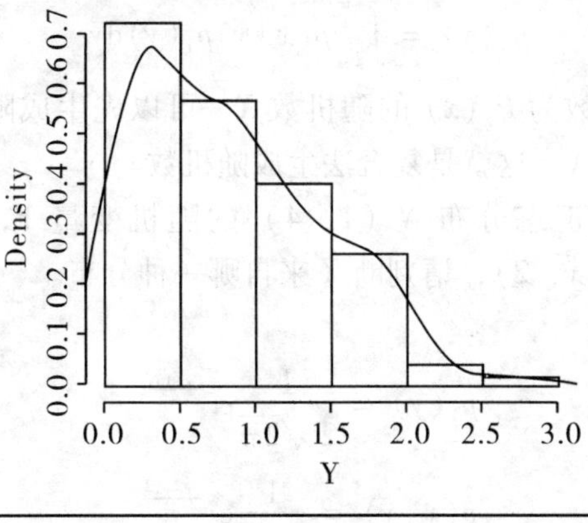

根据接受拒绝方法理论推导，平均产生一个服从密度函数为$f(y)$的随机数，需迭代$M=\sqrt{\frac{2e}{\pi}}$次。产生$n=100$个随机数，则平均需要迭代$M\cdot n\approx132$次。在本次模拟中，共迭代$s=130$次。

在产生服从密度函数为$f(y)$的随机数过程中，有两个重要的环节。一是候选函数$g(x)$的选择，它与$f(y)$的接近程度决定了随机数产生效果和速率。在实际问题中，如果很难确定合适的$g(x)$，选择均匀分布作为$g(x)$是可以的。二是M值的确定，它需要通过求解P/Q表达式最大值获得，如果表达式过于复杂，人工求解较为困难，可以采用R语言中的优化函数解决此问题。以例1.9中的M取值为例。

```
M0 <- function(x)sqrt(2/pi)*exp(x - x^2/2)
optimize(M0,interval = c(0,10),maximum = T)$objective            #优化得到 f/g 最大值
[1]1.315489
sqrt(2*exp(1)/pi)                                                 #理论推导得到的 M 值
[1] 1.315489
```

采用优化函数和理论推导结果，均得到相同的M值。优化函数对于复杂的P/Q函数而言将有很大帮助。

另外，在例1.9中，满足密度函数$g(x)$的随机数是利用rexp函数产生，通过前述章节已知，通过$X=-\log(U)$的方式也可以获得指数分布随机数，那么，请思考能否将接受拒绝方法产生随机数的前两个步骤改为：①产生(0，1)均匀分布随机数U；②根据$X=-\log(U)$产生来自密度函数为$g(x)$的随机数X？换言之，即能否将步骤1的随机数U应用到产生满足密度函数为$g(x)$的随机数上？

1.2.4 复合法

根据条件密度函数的定义，对与两个随机变量X和Y联合的密度函数$p(x,y)$而言，对一切使$P_Y(y)>0$的y，在给定$Y=y$的条件下，X的条件密度函数表达式为：

$$p(x\mid y)=\frac{p(x,y)}{p_Y(y)}$$

那么，根据全概率公式和边际密度函数定义，有

$$p_X(x)=\int_{-\infty}^{+\infty}p(x\mid y)p_Y(y)\mathrm{d}y$$

为了生成服从密度函数为$P_X(x)$的随机数X，可以先生成随机数Y，再根据条件密度函数关系，生成随机数X。这就是复合法生成随机数。

【例1.10】现有来自正态分布$N(1,4)$的随机变量Y，且在$Y=y$的条件下，$X\mid Y=y$服从正态分布$N(y,2)$，请判断X来自哪一种分布。

根据题意，

$$p_Y(y)=\frac{1}{2\sqrt{2\pi}}e^{-\frac{(y-1)^2}{8}}$$

$$p(x\mid y)=\frac{1}{2\sqrt{\pi}}e^{-\frac{(x-y)^2}{4}}$$

根据上述关系式，

$$
\begin{aligned}
p_X(x) &= \int_{-\infty}^{+\infty} p(x \mid y) p_Y(y) \mathrm{d}y \\
&= \int_{-\infty}^{+\infty} \frac{1}{2\sqrt{\pi}} \mathrm{e}^{-\frac{(x-y)^2}{4}} \frac{1}{2\sqrt{2\pi}} \mathrm{e}^{-\frac{(y-1)^2}{8}} \mathrm{d}y \\
&= \frac{1}{4\sqrt{2}\pi} \int_{-\infty}^{+\infty} \mathrm{e}^{-\frac{1}{2}\left\{\left(\frac{1}{2}+\frac{1}{4}\right)y^2-\left(x+\frac{1}{2}\right)y+\left(\frac{1}{2}x^2+\frac{1}{4}\right)\right\}} \mathrm{d}y \\
&= \frac{1}{\sqrt{12\pi}} \mathrm{e}^{-\frac{(x-1)^2}{12}}
\end{aligned}
$$

即 X 服从正态分布 N（1，6）。

通过证明发现，若随机变量 Y 服从正态分布 N（μ，σ_1^2），且在 $Y=y$ 的条件下，$X \mid Y=y$ 服从正态分布 N（y，σ_2^2），则随机变量 X 服从正态分布 N（μ，$\sigma_1^2+\sigma_2^2$）。

上述过程仅是针对 X 和 Y 均为连续型分布作出的推导，实际上，X，Y 可以是连续的，也可以是离散的。据此方法形成随机数步骤为：

（1）离散情况。首先生成服从分布的随机数 $Y, P(Y=i)=p_i$，再生成服从分布的随机数 $X, P(x \mid i)$。其中 X 服从分布 $P_X(x) = \sum_{i \in Y} p_i P(x \mid i)$

（2）连续情况。首先生成服从分布的随机数 $Y, p_Y(y)$，然后生成服从分布的随机数 $X, p(x \mid y)$。其中 X 服从分布 $p_X(x) = \int_{-\infty}^{+\infty} p(x \mid y) p_Y(y) \mathrm{d}y$。

【例 1.11】能否利用 R 产生的伽马分布与泊松分布随机数，根据复合法产生服从负二项分布的随机数。

伽马分布是连续型分布，泊松分布和负二项分布属于离散型分布。为了了解它们之间的关系，令 $X \sim Gamma(\alpha,\lambda)$，$p(x) = \frac{\lambda^a}{\Gamma(a)} x^{a-1} \mathrm{e}^{-\lambda x}, x \geqslant 0, a > 0, \lambda > 0$。而 $Y \mid X \sim Poisson(X)$，为了获得 Y 的密度函数，根据复合法公式，有

$$
\begin{aligned}
p(y) &= \int_0^{+\infty} P(y \mid x) p(x) \mathrm{d}x = \int_0^{+\infty} \frac{x^y \mathrm{e}^{-x}}{y!} \frac{\lambda^\alpha}{\Gamma(\alpha)} x^{\alpha-1} \mathrm{e}^{-\lambda x} \mathrm{d}x \\
&= \frac{\lambda^\alpha}{y!\Gamma(\alpha)} \int_0^{+\infty} x^{y+\alpha-1} \mathrm{e}^{-x(1+\lambda)} \mathrm{d}x = \frac{\lambda^\alpha}{y!\Gamma(\alpha)} \frac{\Gamma(y+\alpha)}{(1+\lambda)^{y+\alpha}} \\
&= C_{y+\alpha-1}^{y} \left(\frac{\lambda}{\lambda+1}\right)^\alpha \left(1-\frac{\lambda}{\lambda+1}\right)^y = C_{y+\alpha-1}^{\alpha-1} \left(\frac{\lambda}{\lambda+1}\right)^\alpha \left(1-\frac{\lambda}{\lambda+1}\right)^y
\end{aligned}
$$

对应于 R 语言中负二项分布表达式 $P(Z=z) = C_{z+n-1}^{n-1} p^n (1-p)^z$，$Y$ 服从负二项分布，且参数 $n=\alpha$，$p=\frac{\lambda}{\lambda+1}$。据此，首先生成伽马分布随机数 X，其参数为 $Gamma(\alpha, \lambda)$，其中 $\alpha = n$，$\lambda = \frac{p}{1-p}$，再以 X 为泊松分布参数，生成 Y，其中 Y 满足 $Y \mid X \sim Poisson(X)$。

```
N=100                                    #产生随机数个数
n=20                                     #负二项分布参数 n
p=0.4                                    #负二项分布参数 p
x=rgamma(N,n,p/(1-p))                    #产生参数为 20,2/3 的伽马分布随机数 100 个
y=rpois(N,x)                             #产生参数为 x 的泊松分布随机数 100 个
z=rnbinom(N,n,p)                         #产生参数 n=20,p=0.4 的负二项分布随机数 100 个
y                                        #复合法随机数结果
[1] 22 29 34 23 14 48…
z                                        #直接生成负二项分布随机数结果
[1] 35 56 31 38 20 45…
par(mfcol=c(1,2))
hist(y,freq=F,main=paste("复合法负二项分布 n=20,p=0.4"))
lines(density(y),col="red",lwd=2)
hist(z,freq=F,main=paste("负二项分布 n=20,p=0.4"))
lines(density(z),col="red",lwd=2)
```

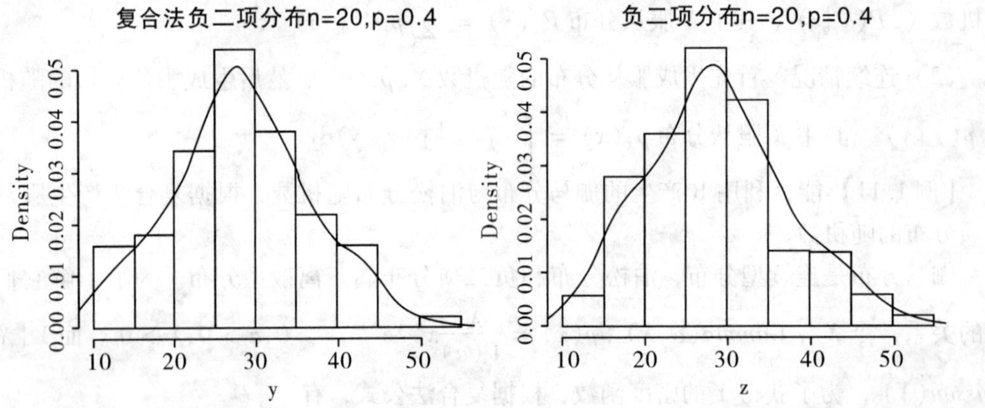

1.2.5 广义变换方法

在逆变换中，采用均匀分布与其他分布之间的关系，产生随机数。而分布之间的关系是多样化的，如 1.2.4 节的复合法，使用条件分布之间的关系，产生随机数。根据分布之间的关系产生随机数的方法称为广义变换方法。

在例 1.6 中利用指数分布、卡方分布和伽马分布之间的关系，产生某种分布的随机数。下面将分布之间的关系总结如下：

离散分布之间的关系：

1. 独立随机变量 X_i 服从几何分布 $Ge(p)$，$Y=\sum_{i=1}^{n}X_i$ 服从负二项分布 $Nb(n,p)$。

2. 独立随机变量 X_i 服从二项分布 $B(n_i,p)$，$Y=\sum_{i=1}^{k}X_i$ 服从二项分布 $B(\sum_{i=1}^{k}n_i,p)$。

3. 独立随机变量 X_i 服从泊松分布 $P(\lambda_i)$，$Y=\sum_{i=1}^{k}X_i$ 服从泊松分布 $P(\sum_{i=1}^{k}\lambda_i)$。

连续分布之间的关系：

1. 独立随机变量 X_i 服从正态分布 $N(\mu_i,\sigma_i^2)$，$Y=\sum_{i=1}^{k}a_iX_i$ 服从正态分布 $N(\sum_{i=1}^{k}a_i\mu_i,\sum_{i=1}^{k}a_i^2\sigma_i^2)$。

2. 独立随机变量 X_i 服从伽马分布 $Ga(\alpha_i,\lambda)$，$Y=\sum_{i=1}^{k}X_i$ 服从伽马分布 $Ga(\sum_{i=1}^{k}\alpha_i,\lambda)$。

3. 独立随机变量 X_i 服从标准正态分布 $N(0,1)$，$Y=\sum_{i=1}^{k}X_i^2$ 服从卡方分布 $\chi^2(k)$。

【例 1.12】请根据伽马分布随机数产生贝塔分布 *Beta*（2，3）随机数 100 个。

首先，根据伽马分布与贝塔分布的密度函数，推导它们之间的关系。

假定随机变量 $X\sim Gamma(\alpha,1)$，$Y\sim Gamma(\beta,1)$ 相互独立，那么 X 和 Y 的联合密度函数为：$f(x,y)=\frac{1}{\Gamma(\alpha)}x^{\alpha-1}e^{-x}\frac{1}{\Gamma(\beta)}y^{\beta-1}e^{-y}$。

令 $U=\frac{X}{X+Y},V=X+Y$，则 $X=UV,Y=V(1-U)$，雅克比行列式为 V。

则 $f(u,v)$ 密度函数为：

$$\begin{aligned}f(u,v)&=\frac{1}{\Gamma(\alpha)}\frac{1}{\Gamma(\beta)}(uv)^{\alpha-1}[v(1-u)]^{\beta-1}e^{-v}v\\&=\frac{1}{\Gamma(\alpha+\beta)}v^{\alpha+\beta-1}e^{-v}\frac{\Gamma(\alpha+\beta)}{\Gamma(\alpha)\Gamma(\beta)}u^{\alpha-1}(1-u)^{\beta-1}\\&=f_{G(\alpha+\beta,1)}(v)f_{B(\alpha,\beta)}(u)\end{aligned}$$

即 U 服从分布 $Beta(\alpha,\beta)$。

由伽马分布产生贝塔分布的 R 程序如下。

```
x=rgamma(100,2,1)          #产生参数 alpha=2,lambda=1 的伽马分布随机数 100 个
y=rgamma(100,3,1)          #产生参数 alpha=3,lambda=1 的伽马分布随机数 100 个
u=x/(x + y)                #伽马变换法贝塔分布随机数
z=rbeta(100,2,3)           #产生参数 a=2,b=3 的贝塔分布随机数 100 个
u                          #伽马变换法贝塔分布随机数结果
```

```
[1] 0.5444 0.4164 0.2288 0.3144 0.3973 0.5651…
```

```
z                          #直接生成贝塔分布随机数结果
```

```
[1] 0.4717 0.1474 0.1642 0.0610 0.4487 0.1401…
```

```
par(mfcol=c(1,2))
hist(u,freq=F,main=paste("伽马变换法贝塔分布 a=2,b=3"))
lines(density(u),col="red",lwd=2)
hist(z,freq=F,main=paste("贝塔分布 a=2,b=3"))
lines(density(z),col="red",lwd=2)
```

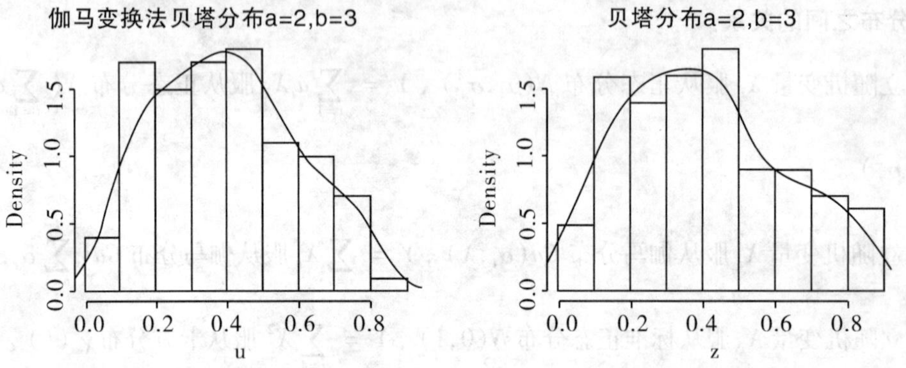

例1.12是根据二元随机变量及变量变换，得到目标分布的随机数。其中有一种变量变换，称为极坐标变换，而根据此变换得到两组独立标准正态分布随机数的方法称为Box－Muller算法。

对于标准正态分布随机变量而言，如果是两个独立的标准正态分布随机变量 X 和 Y，那么它们的联合密度函数为：

$$f(x,y)=\frac{1}{\sqrt{2\pi}}e^{-x^2/2}\frac{1}{\sqrt{2\pi}}e^{-y^2/2}=\frac{1}{2\pi}e^{-\frac{x^2+y^2}{2}}$$

令 $d=x^2+y^2,\theta=\arctan\left(\frac{y}{x}\right)$，则 $x=R\cos\theta,y=R\sin\theta,R^2=d$，密度函数变为

$$f(d,\theta)=\frac{1}{2}e^{-\frac{d}{2}}\frac{1}{2\pi},0<d<\infty,0<\theta<2\pi$$

上式第一部分 $\frac{1}{2}e^{-\frac{d}{2}}$，可以作为 d 来自分布 $Exp(\frac{1}{2})$，第二部分 $\frac{1}{2\pi}$，可以看作 θ 来自分布 $U(0,2\pi)$。根据指数分布和均匀分布可以产生标准正态分布随机数。

Box－Muller 算法步骤：

1. 分别产生 n 个来自均匀分布 $U(0,1)$ 随机数 U_1 和 U_2；
2. 采用逆变换方法，根据随机数 U_1 产生满足 $Exp\left(\frac{1}{2}\right)$ 分布的随机数 d；
3. 通过 $2\pi U_2$ 产生（0，2π）均匀分布随机数 θ；
4. 通过 $x=\sqrt{d}\cos\theta,y=\sqrt{d}\sin\theta$ 产生独立标准正态分布随机数 X 和 Y。

Box - Muller 算法的 R 程序如下所示。

```
U1=runif(100)                 #产生参数 a=0,b=1 的均匀分布随机数 100 个
U2=runif(100)                 #产生参数 a=0,b=1 的均匀分布随机数 100 个
d= -2*log(U1)                 #逆变换产生参数 lambda=0.5 指数分布随机数 100 个
theta=2*pi*U2                 #产生参数 a=0,b=2*pi 的均匀分布随机数 100 个
X=sqrt(d)*cos(theta)
Y=sqrt(d)*sin(theta)
X                             #标准正态分布随机数 X 结果
```

```
[1]  1.3052  0.6877  -1.7760  0.7478  -0.7035  0.1543…
```

```
Y                             #标准正态分布随机数 Y 结果
```

```
[1]  2.1854  -1.8800  -0.6739  0.9161  -0.0442  -1.6437…
```

```
par(mfcol=c(2,2))
hist(X,freq=F,main=paste("Box - Muller 标准正态分布"))
lines(density(X),col="red",lwd=2)
hist(Y,freq=F,main=paste("Box - Muller 标准正态分布"))
lines(density(Y),col="red",lwd=2)
qqnorm(X,ylab="Sample X Quantiles")
qqline(X)
qqnorm(Y,ylab="Sample Y Quantiles")
qqline(Y)
```

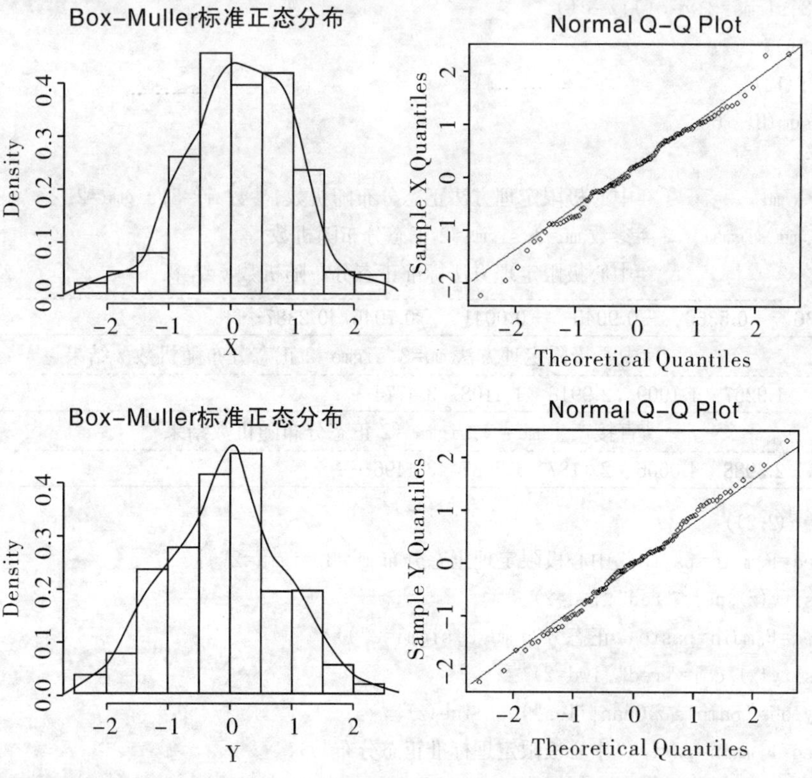

在变换中，中心极限定理是由一个一般分布到正态分布变换的近似过程。根据林德贝格—勒维中心极限定理，可以由均匀分布随机数产生正态分布随机数。

林德贝格—勒维中心极限定理：

设 $\{X_i\}$ 是独立同分布的随机变量序列，且 $E(X_i) = \mu, Var(X_i) = \sigma^2, i = 1,2,\cdots,n$，计 $Y_n^* = \frac{X_1 + X_1 + \cdots + X_n - n\mu}{\sigma\sqrt{n}}$，则对任意实数 y 有

$$\lim_{n\to+\infty} P(Y_n^* \leqslant y) = \Phi(y)$$

根据林德贝格—勒维中心极限定理产生一般正态分布方法步骤为：

林德贝格—勒维中心极限定理正态分布随机数产生步骤：

1. 产生 m 个（0，1）均匀分布，其数学期望为1/2，方差为1/12。
2. 对上述数据做变换为 $y = \frac{\sum_{i=1}^{m} x_i - \frac{1}{2}m}{\sqrt{m}\sqrt{\frac{1}{12}}}$，则 y 为标准正态分布随机数。通常令 $m=12$，使得分母为1。
3. 对 y 做变换 $z = \sigma y + \mu$，则 z 为一般正态分布 $N(\mu,\sigma^2)$ 的随机数。
4. 重复步骤1~3共 n 次，则产生 n 个随机数。

由林德贝格—勒维中心极限定理产生正态分布随机数R程序如下所示。

```
n=100;mu=3;sigma=2;y=c();z=c()
for (i in 1:n){
    U=runif(12)
    y[i]=sum(U)-6
}
z=sigma*y+mu              #中心极限定理方法正态分布随机数,参数 mu=3,sigma=2
x=rnorm(n,mu,sigma)       #参数 mu=3,sigma=2 正态分布随机数
y                         #中心极限定理方法标准正态分布随机数 y 结果
```

```
[1]  0.2636  -0.5366  -0.9045  -0.0041  -0.7946  0.2387…
```

```
z                         #中心极限定理方法 mu=3,sigma=2 正态分布随机数 z 结果
```

```
[1] 3.5271  1.9267  1.1909  2.9918  1.4108  3.4774…
```

```
x                         #直接产生 mu=3,sigma=2 正态分布随机数结果
```

```
[1] 3.6822  2.3988  4.0006  2.1187  1.7687  3.4496…
```

```
par(mfcol=c(2,2))
hist(z,freq=F,main=paste("中心极限定理正态分布 mu=3,sigma=2"))
lines(density(z),col="red",lwd=2)
hist(x,freq=F,main=paste("正态分布 mu=3,sigma=2"))
lines(density(x),col="red",lwd=2)
qqnorm(z,ylab="Sample z Quantiles");qqline(z)
hist(y,freq=F,main=paste("中心极限定理标准正态分布"))
lines(density(y),col="red",lwd=2)
```

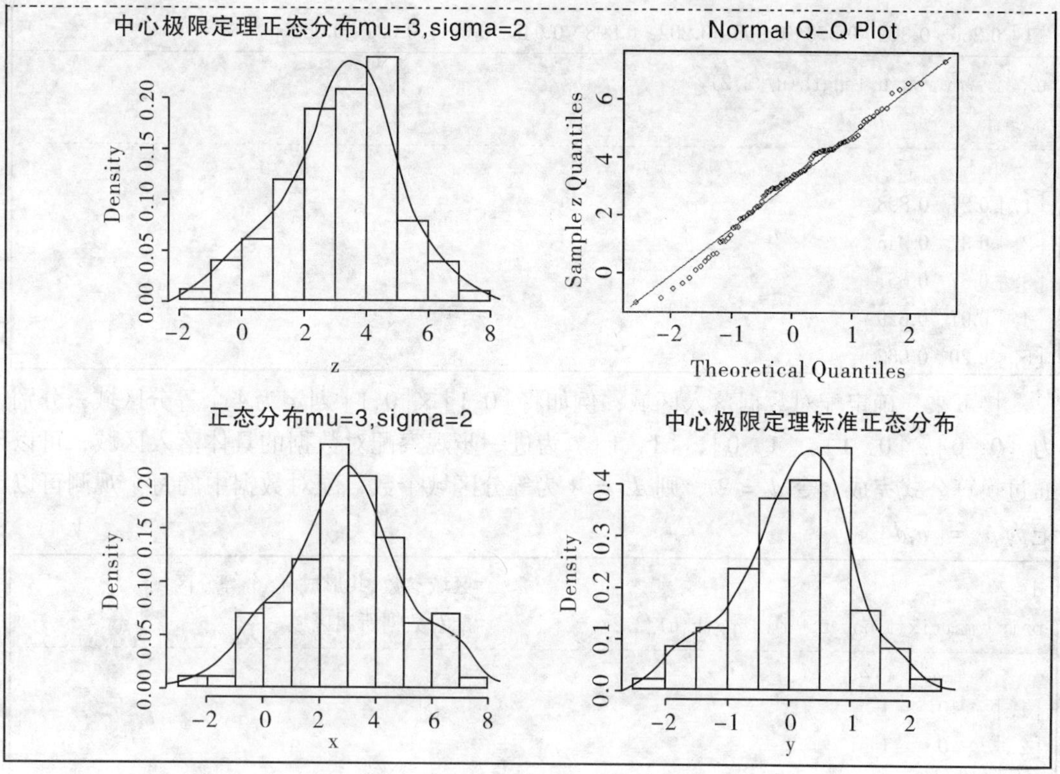

1.3 随机数检验

对于产生的一般随机数，通常会要求它满足独立同分布，所以在检验中，针对数据的独立性、拟合优度以及均匀性往往是检验重点。1.3.1～1.3.3 节将分别介绍三种检验的具体方法和 R 操作。

1.3.1 均匀性检验

序列检验是检验均匀分布随机数是否均匀的常用方法，它通过将一维随机数配对成为二维随机数，利用二维随机数落在不同区域的频数与理论频数相比较，采用卡方统计量，检验随机数是否均匀。

首先，假设随机数序列用 $\{X_i\}$ 表示，随机数样本容量为 N，其中要求 N 为偶数。随机数序列配对的方法有多种，在此，采用 $\{x_1, x_{N/2+1}\}$，$\{x_2, x_{N/2+2}\}$，…，$\{x_{N/2}, x_N\}$ 方法配对，共 $\frac{N}{2}$ 组配对数据，即可以看成 $\frac{N}{2}$ 个二维随机数。其次，确定落入区域的划分，即将 $[0,1]\times[0,1]$ 划定等分区域个数，一般区域最小划分为 4 个。接下来计算落在各区域的配对数据频数，及满足均匀性的理论频数。最后，建立卡方统计量，确定数据是否满足均匀性。以 10 个来自标准均匀分布的随机数为例，首先产生随机数及配对数据。

```
set.seed(1)
u=runif(10)
u
```

```
[1] 0.266  0.372  0.573  0.908  0.202  0.898  0.945  0.661  0.629  0.062
```

```
u.pair=matrix(u,length(u)/2,2)
u.pair
```

```
     [,1]  [,2]
[1,] 0.27  0.898
[2,] 0.37  0.945
[3,] 0.57  0.661
[4,] 0.91  0.629
[5,] 0.20  0.062
```

接下来，确定配对数据落入区域，例如将 $[0,1]\times[0,1]$ 划定为4个等分区域，分别为 [0, 0]，[0, 1]，[1, 0]，[1, 1]。为进一步观察配对数据的具体落入区域，可以通过换算公式完成。令 $d = 2$，则 $d^2 = 4$ 为等分区域个数，配对数据中的每个观测可以记为 $p_i = \lfloor u_i d \rfloor$。

```
d = 2                                          #区域参数,共形成 d² 个等分区域
pair = matrix(floor(u * d), length(u)/2, 2)    #配对数据所属区域
```

```
     [,1] [,2]
[1,]   0    1
[2,]   0    1
[3,]   1    1
[4,]   1    1
[5,]   0    0
```

5个配对的二维数据落在4个等分区域的实际频数分别为：

$$n_{[0,0]} = 1, n_{[0,1]} = 2, n_{[1,0]} = 0, n_{[1,1]} = 2$$

为方便标记 $n_{[0,0]}, n_{[0,1]}, n_{[1,0]}, n_{[1,1]}$ 分别记为 $n_j, j = 0,1,2,3$。对应的卡方统计量为：

$$S = \sum_{j=0}^{d^2-1}\left[\frac{n_j - \frac{N/2}{d^2}}{\sqrt{\frac{N/2}{d^2}}}\right]^2$$

$$= \left[\frac{1-1.25}{\sqrt{1.25}}\right]^2 + \left[\frac{2-1.25}{\sqrt{1.25}}\right]^2 + \left[\frac{0-1.25}{\sqrt{1.25}}\right]^2 + \left[\frac{2-1.25}{\sqrt{1.25}}\right]^2 = 2.2$$

其中理论频数为 $\frac{N/2}{d^2} = \frac{10/2}{2^2} = 1.25$，$S \sim \chi^2(d^2-1) = \chi^2(3)$

```
poly=pair[, 1] * d+pair[, 2]
obsnum=sapply(0:(d^2-1), function(x) sum(poly==x))          #实际频数
expnum=length(u)/(2 * d^2)                                  #理论频数
obsnum
```

```
[1] 1 2 0 2
```

```
expnum
```

```
[1] 1.25
```

```
residu=(obsnum - expnum)/sqrt(expnum)
stat=sum(residu^2)                                        #卡方统计量
pvalue=pchisq(stat, d^2-1, lower.tail=FALSE)              #p 值
stat
```

```
[1] 2.2
```

```
pvalue
```

```
[1] 0.53
```

在 R 语言中，randtoolbox 包的函数 serial. test 可以完成均匀性检验，其中需要输入随机数序列和区域设定参数。

```
install.packages("randtoolbox",dependencies=TRUE)
library(randtoolbox)
serial.test(u,d=2)
```

```
                    Serial test
   chisq stat=2.2, df=3, p-value=0.53
                   (sample size : 10)
         observed number  1 2 0 2
         expected number  1.25
```

```
serial.test(u,d=5)                         #要求随机数序列 u 的长度为 d 的倍数
```

```
                   Serial test
   chisq stat=30, df=24, p-value=0.18
                   (sample size : 10)
         observed number  0 0 0 0 0 1 0 0 0 2 0 0 0 1 0 0 0 0 0 0 0 0 0 1 0
         expected number  0.2
```

由于该检验使用的卡方统计量是对于理论频数和实际频数之间建立的统计量，所以它间接检验了随机数序列 $\{X_i\}$ 的独立性。

1.3.2 独立性检验

除 1.3.1 节中针对均匀性检验同样可以用于随机数序列检验独立性外，较为常用的独立性检验方法是依靠随机数的自相关系数检验完成。该方法通过建立原始数据和滞后 k 阶数据的相关系数等于 0 为原假设，检验数据的自相关情况。在 R 语言中，使用函数 acf 完成检验，并获得检验结果。具体如下所示。

```
set.seed(1)
u=runif(10)
coef=acf(u)
```

```
   Autocorrelations of series 'u', by lag
    0       1       2       3       4      5       6       7      8      9
   1.000  -0.046  -0.085  -0.106  -0.125  0.035  -0.340  -0.062  0.073  0.156
```

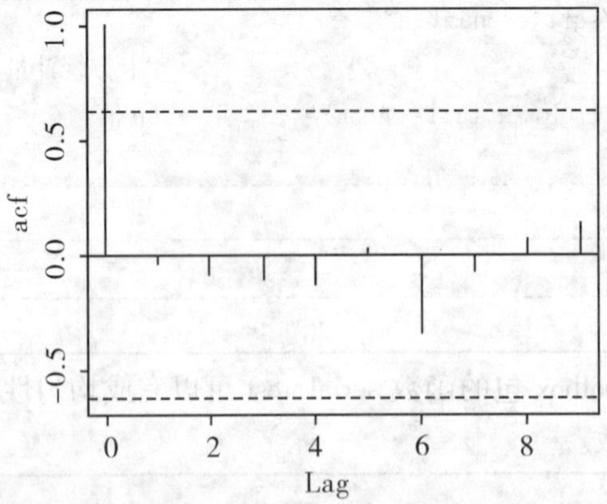

通过 acf 函数，给出滞后 9 阶的自相关系数结果，除随机数和本身的相关系数等于 1 外，其他滞后 k 阶的相关系数绝对值小于 0.4，acf 图形中，相关系数的竖线都在上下两行虚线之内，表示随机数本身不存在自相关。同时，自相关检验的阶数设定值为 $\min\{10\log_{10}^{N}, N-1\}$ 。

1.3.3 拟合优度检验

拟合优度检验是为了检测产生的随机数是否与要求分布一致的方法，其中 kolmogorov - smirnov 检验（简称 ks 检验）最为常用。它通过建立经验分布和要求分布的累计分布函数关系，计算统计量和显著性检验结果。ks 检验的统计量为：

$$K_n = \sqrt{n}\ \sup_{x\in \mathbf{R}} \left| F_n(x) - F(x) \right|$$

在 R 语言中，可以通过函数 ks. test 完成该检验。以产生 10 个标准正态分布随机数为例。R 程序为：

```
set.seed(1)
x=rnorm(10)
ks.test(x, pnorm)                              #检验随机数是否满足标准正态分布
```

```
        One-sample Kolmogorov-Smirnov test

data:  x
D=0.2, p-value=0.74
alternative hypothesis: two-sided
```

```
ks.test(x, pexp)                               #检验随机数是否满足参数为 1 的指数分布
```

```
        One-sample Kolmogorov-Smirnov test

data:  x
D=0.4, p-value=0.05899
alternative hypothesis: two-sided
```

```
set.seed(1)
y=rexp(10)                          #产生参数为 1 的指数分布随机数 10 个
par(mfcol=c(1,2))
hist(x,xlim=c(-1,3),ylim=c(0,4), main=paste("标准正态分布随机数 n=10"))
hist(y,xlim=c(-1,3),ylim=c(0,4), main=paste("指数分布随机数 n=10,lambda=1"))
```

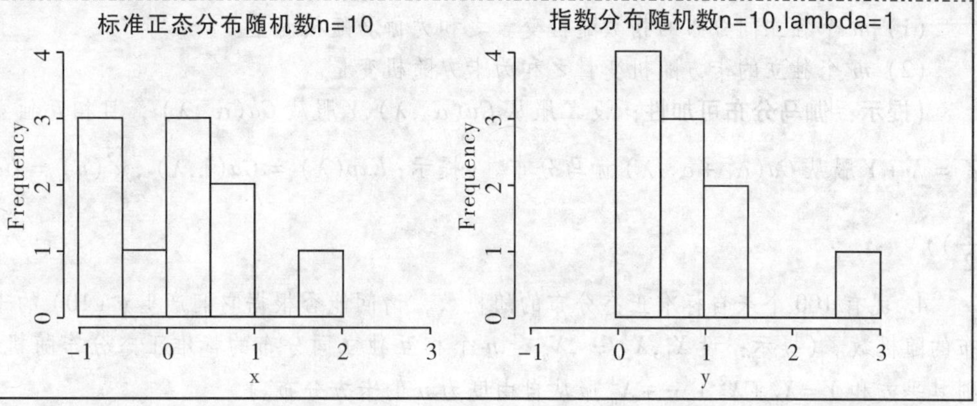

ks. test 检验函数第一个参数为待检验的数据 x，第二个参数为要求分布，检验结果显示，对于随机数是否满足标准正态分布的 ks 检验，p 值为 0.74，在 0.05 的显著性水平下，表明随机数和要求分布保持一致。同时，将这一组随机数做是否满足参数为 1 的指数分布 ks 检验，结果显示，p 值为 0.059，若在 0.05 的显著性水平下，也不能拒绝这组随机数来自指数分布的原假设。实际上，对比图中分别来自标准正态分布和指数分布的随机数直方图，发现两者有比较明显的区别。这一方面说明了 ks 检验的效率问题，另一方面在使用该检验时，如果不明确随机数与哪种具体分布进行对比，需要通过与多种分布进行 ks 检验以确定拟合效果。

除 1.3.1 ~ 1.3.3 节叙述的方法外，还有其他方法对上述问题进行检验，如拟合优度的 AD 检验，以及针对数据数字规律性的 Poker 检验等。R 的 randtoolbox 包中，还有 freq. test，poker. test，order. test 和 gap. test 函数可供使用。

习题

1. 通过泊松定理、超几何分布与二项分布的近似关系，了解离散分布之间的关系，并使用 R 语言中自带的 rbinom、rhyper 和 rpois 函数产生随机数进行验证。

（**提示：泊松定理：**在 n 重伯努利试验中，记事件 A 在一次试验中发生的概率为 p_n（与试验次数 n 有关），如果 $n \to +\infty$ 时，有 $np_n \to \lambda$，则

$$\lim_{n\to+\infty} C_n^x p_n^x (1-p_n)^{n-x} = \frac{\lambda^x}{x!}e^{-\lambda}$$

超几何分布与二项分布近似：

$$\frac{C_m^x C_n^{k-x}}{C_{m+n}^k} \cong C_k^x p^x (1-p)^{k-x}, \text{其中 } p = \frac{m}{m+n}, k \ll m+n)$$

2. 使用 R 语言中自带的 rbinom 函数分别产生两组来自二项分布的随机数各 1000 个，其中参数 p 相等，$p=0.2$，第一组参数 $n=50$，第二组参数 $n=100$，并将两组数据两两相加，作直方图。再产生 1000 个来自参数为 $n=150$，$p=0.2$ 的二项分布随机数，通过

直方图比较两者的关系。

（提示：二项分布可加性：设 $X \sim b(n,p), Y \sim b(m,p)$，且相互独立，则 $Z = X + Y$ 服从 $b(n+m,p)$ 二项分布。）

3. 使用 R 语言中自带的指数分布随机数 rexp 函数、卡方分布随机数 rchisq 函数和伽马分布随机数 rgamma 函数，验证三种分布存在的随机变量关系。

（1）m 个独立同分布的指数随机变量之和为伽马随机变量。

（2）m 个独立的卡方随机变量之和为卡方随机变量。

（提示：伽马分布可加性：设 X 服从 $Ga(\alpha_1,\lambda)$，Y 服从 $Ga(\alpha_2,\lambda)$，且相互独立，则 $Z = X + Y$ 服从 $Ga(\alpha_1+\alpha_2,\lambda)$ 伽马分布。（提示：$Exp(\lambda) = Ga(1,\lambda)$，$\chi^2(n) = Ga(\frac{n}{2},\frac{1}{2})$））

4. 现有 100 个来自标准正态分布的随机数，请问能否根据它们产生 $\chi^2(10)$ 的卡方分布的随机数。（提示：设 $X_1, X_2, \cdots, X_n$ 是 n 个相互独立同分布的标准正态分布随机变量，则其平方和 $Y = X_1^2 + X_2^2 + \cdots + X_n^2$ 服从自由度为 n 的卡方分布。）

5. 使用逆变换方法产生参数 $n=50$，$p=0.3$ 的二项分布随机数 100 个。

6. 使用逆变换方法产生参数 $\lambda=2$ 的泊松分布随机数 100 个。

7. 使用逆变换方法产生 $a=2$，$b=3$ 的贝塔分布随机数 100 个。

8. 使用接受拒绝方法产生 $a=2$，$b=5$ 的贝塔分布随机数 100 个。（提示：候选函数可以使用均匀分布。）

9. 使用接受拒绝方法产生标准正态分布随机数 100 个，并说明产生随机数的效果。（提示：候选函数可以使用柯西分布。）

2 积分模拟与优化方法

提到积分，最先想到的计算方法可能是“数值积分”，它是传统积分用法，针对被积函数较为复杂或无法写为初等函数表达式的积分过程使用。例如，对于被积函数 $f(x) = x, x \in [0,1]$ 这样的形式，容易获得一个简单的被积函数表达式 $f(x) = \frac{x^2}{2} + C$，$x \in [0,1]$。而对于被积函数 $f(x) = e^{-x^2}, x \in (-\infty, +\infty)$，写出原函数则较为困难。通常，会采用将一般积分值的问题转化为被积函数值的计算，如积分转化为加和等，以计算出积分结果的近似值。

目前，在 R 语言中使用函数 integrate 即可获得积分结果。以被积函数 $f(x) = e^{-x^2}$ 为例，在 $(-\infty, +\infty)$ 上，数值方法积分结果 $\int_{-\infty}^{+\infty} e^{-x^2} dx \approx 1.77$，并给出绝对值误差小于 4.3e-06 的积分值。当积分结果需要用到其他运算中，可以通过提取积分值完成。R 程序如下所示，其中函数 integrate（）的第一个参数为被积函数，第二个和第三个参数分别为积分下限与积分上限。

```
f <- function(x){exp(-x^2)}
I = integrate(f,-Inf,Inf)          #数值积分
I
```

```
1.772454 with absolute error<4.3e-06
```

```
I[1]$value                         #提取积分值
```

```
[1] 1.772454
```

除使用数值积分方法外，采用概率和数学期望所形成的大数定律方法也逐渐应用到积分计算过程中，称为蒙特卡罗积分方法。下面对伯努利大数定律和辛钦大数定律形成的积分方法进行介绍。

2.1 大数定律积分法

大数定律是描述随机变量序列 $\{X_i\}$ 的平均值与数学期望依概率收敛的过程。它具体表示为，对于任意的 $\varepsilon > 0$，有

$$\lim_{n\to+\infty} P\left\{ \left| \frac{1}{n}\sum_{i=1}^{n} X_i - \frac{1}{n}\sum_{i=1}^{n} E(X_i) \right| < \varepsilon \right\} = 1$$

大数定律正是通过这种依概率收敛关系的存在，利用随机变量序列平均值与数学期望平均值之间接近程度，给出积分的近似结果。

2.1.1 伯努利大数定律积分模拟

大数定律有多种形式，其中伯努利大数定律是较为常用的一种，它解释了关于频率依概率收敛到概率的问题。

伯努利大数定律：

设μ_n为n重伯努利实验中事件A发生的次数，p为A在每次实验中发生的概率，则对任意给定的实数$\varepsilon > 0$，有下式成立：

$$\lim_{n \to +\infty} P\left\{ \left| \frac{\mu_n}{n} - p \right| < \varepsilon \right\} = 1$$

对于任意函数$g(x)$，在一个简单的积分区域［0，1］上积分，它的结果如何通过伯努利大数定律进行近似呢？这里介绍由伯努利大数定律为理论基础的随机投点积分方法。

假设X,Y为$[0,1] \times [0,1]$区域上的二维均匀分布随机变量。由其概率性质，则X,Y均为$[0,1]$上的均匀分布，且X,Y相互独立。X,Y的联合分布为：

$$f(x,y) = \begin{cases} 1, 0 \leqslant x \leqslant 1, 0 \leqslant y \leqslant 1 \\ 0, \quad \text{其他} \end{cases}$$

若令事件A为$\{Y \leqslant g(x)\}$，那么

$$P(A) = P(Y \leqslant g(X)) = \iint_{y \leqslant g(x)} f(x,y)\,\mathrm{d}x\mathrm{d}y = \int_0^1 \mathrm{d}x \int_0^{g(x)} \mathrm{d}y = \int_0^1 g(x)\,\mathrm{d}x$$

根据伯努利大数定律，可以用事件A发生的频率作为$\int_0^1 g(x)\,\mathrm{d}x$积分值近似结果。其中，被积函数$0 \leqslant g(x) \leqslant 1$。方法如下：

随机投点法计算积分步骤：

1. 产生［0，1］上的均匀分布随机数X和Y各n个，保证X与Y独立；
2. 计算每个$g(X)$结果，与对应Y值比较大小；
3. 统计产生的n个Y和$g(X)$数据中，$Y \leqslant g(X)$的个数μ_n，即事件A发生的频数；
4. 根据伯努利大数定律，将频率$\frac{\mu_n}{n}$作为$P(A) = \int_0^1 g(x)\,\mathrm{d}x$的近似值。

【例2.1】使用随机投点法计算积分$\int_0^1 x\mathrm{d}x$结果。

```
n=1000                  #模拟数
x=runif(n)              #产生n个均匀分布
y=runif(n)              #产生n个均匀分布
g <- function(x){x}
mun=sum(y <=g(x))       #计算频数
fre=mun/n               #计算频率
fre
```

```
[1]0.491
```

```
plot(x,y,pch=8,col=c((y <=g(x)) +1))          #作x,y散点图
lines(x,g(x),col="blue",lwd=2)                #作g(x)
```

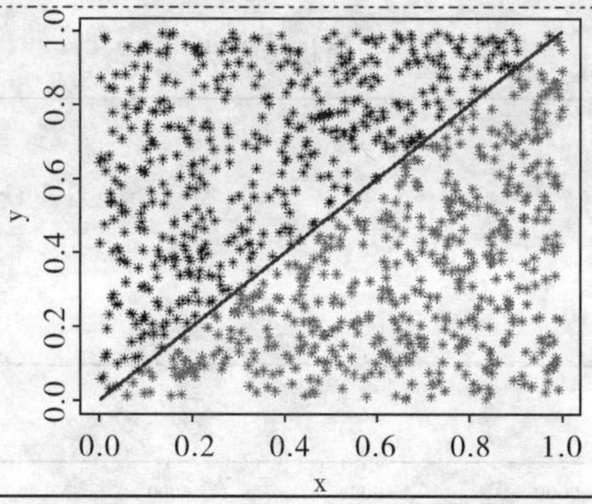

模拟1000个均匀分布结果显示，处于 $y = x$（图形中实线）下方的点满足条件 $Y \leqslant g(X)$，积分近似结果为0.491，即1000个点中，有491个点位于 $y = x$ 的下方。实际上，对于上述积分，$\int_0^1 x\mathrm{d}x = \frac{1}{2}x^2 \Big|_0^1 = 0.5$，真实值为0.5。接下来继续增大模拟数据量。当模拟数据个数从1000增加到10000时，积分结果为0.4989，更加接近0.5。

```
n=10000                                  #模拟数
x=runif(n)                               #产生 n 个均匀分布
y=runif(n)                               #产生 n 个均匀分布
g=function(x){x}
mun=sum(y <=g(x))                        #计算频数
fre=mun/n                                #计算频率
fre
```

```
[1] 0.4989
```

随着模拟量的增加，随机投点法的近似结果与积分真值之间越来越接近。通过计算累计频率作出随模拟量增加的随机投点法近似结果。显示在模拟量为1600时趋于平稳（图中实线），但结果略高于真实值0.5（图中虚线），随着模拟量增大，结果与真实值保持稳定一致。

```
n=10000                                  #模拟数
x=runif(n)                               #产生 n 个均匀分布
y=runif(n)                               #产生 n 个均匀分布
g=function(x){x}
fre=cumsum(y <=g(x))/(1:10^4)            #计算频率
plot(fre,type="l",xlab="模拟量",ylab="频率",main="随机投点法")
abline(h=0.5,lty=2,col=2)
text(8000,0.7,expression(paste(integral(x*dx,0,1))))
```

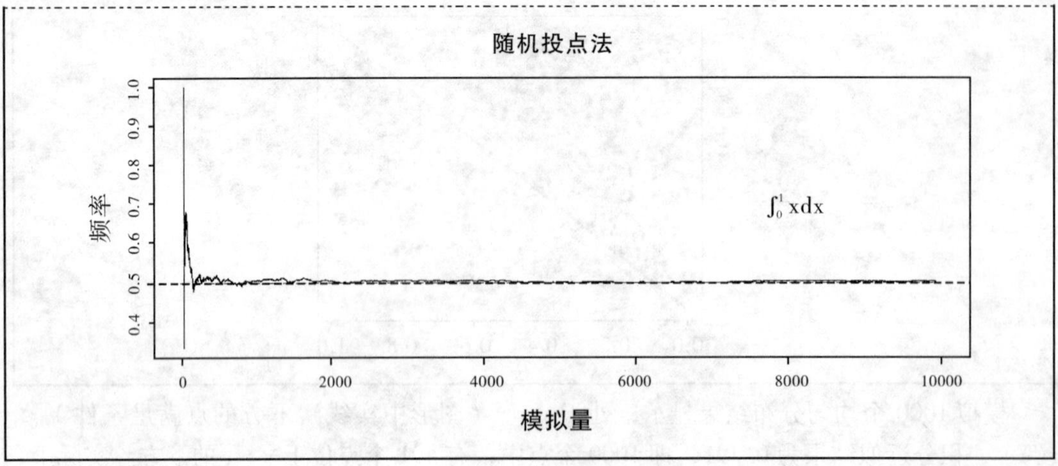

在使用随机投点法获得积分近似结果时，需注意模拟量导致的波动，选择 10^4 以上模拟量以获得较好的近似效果。

$\int_0^1 g(x)\mathrm{d}x$ 中被积区域是 [0, 1] 这样的特殊情况，如果被积函数 $g(x)$ 的被积区域为 $[a, b]$，为求积分 $\int_a^b g(x)\mathrm{d}x$ 值。令 $z = \frac{x-a}{b-a}$，则

$$\int_a^b g(x)\mathrm{d}x = \int_0^1 g[a+(b-a)z](b-a)\mathrm{d}z$$

通过变换被积区域，积分限为 [0, 1]。进一步假定被积函数 $g(x)$ 的值域为 $[c, d]$，则有被积函数

$$g[a+(b-a)z](b-a) = \frac{g[a+(b-a)z]}{d-c}(b-a)(d-c)$$

$$= \frac{g[a+(b-a)z]-c}{d-c}(b-a)(d-c)+c(b-a)$$

令 $\frac{g[a+(b-a)z]-c}{d-c} = h(z)$，上式被积函数变为：

$$(b-a)(d-c)h(z)+c(b-a), 0 \leqslant h(z) \leqslant 1$$

从而积分转化为：

$$\int_a^b g(x)\mathrm{d}x = \int_0^1 g[a+(b-a)z](b-a)\mathrm{d}z$$

$$= (b-a)(d-c)\int_0^1 h(z)\mathrm{d}z + c(b-a)$$

此时，使用随机投点法的关键在于获得函数 $g(x)$ 的极值。

【例 2.2】使用随机投点法计算积分 $\int_2^3 x^2\mathrm{d}x$ 结果。

被积函数 $g(x)$ 满足 $x \in [2,3], g(x) \in [4,9]$，即 $a=2$，$b=3$，$c=4$，$d=9$，根据上述公式，积分 $\int_2^3 x^2\mathrm{d}x = \int_0^1 (2+z)^2\mathrm{d}z = 5\int_0^1 \frac{(2+z)^2-4}{5}\mathrm{d}z + 4$，从而对被积函数 $h(z)$ 使用随机投点法模拟。其中 $h(z) = \frac{(2+z)^2-4}{5}$，R 程序如下：

```
n=10000                              #模拟数
z=runif(n)                           #产生 n 个均匀分布
y=runif(n)                           #产生 n 个均匀分布
h <- function(z){((2 + z)^2 - 4)/5}
fre=sum(y <=h(z))/n                  #计算频率 h(z)积分值
```

```
[1] 0.4677
```

```
5*fre + 4                            #g(x)积分值
```

```
[1] 6.3385
```

首先根据随机投点法，获得 $h(z)$ 积分近似值，为 0.4677，根据积分公式，最终获得 $g(x) = x^2$ 在 [2, 3] 上的积分近似值结果为 6.3385，对比该积分的实际值 $\int_2^3 x^2 \mathrm{d}x = \frac{1}{3}x^3 |_2^3 = 6.3333$ 。

随机投点法需要已知被积函数在被积区域的最大值与最小值，对于复杂的被积函数，可以通过 R 语言中的优化方法获得极值。以下为一般函数 g 随机投点法计算积分的 R 函数。

```
Dartpoint.Randomly.Method <- function(g,A,B,n){
    D=optimize(g,interval=c(A,B),maximum=T)$objective
    C=optimize(g,interval=c(A,B))$objective
    z=runif(n)
    hz=(g(A + (B - A)*z) - C)/(D - C)
    U=runif(n)
    fre=sum(U <=hz)/n
    I.V=(B - A)*(D - C)*fre + C*(B - A)
    list("Integral Value"=I.V)
}
```

2.1.2 辛钦大数定律积分模拟

辛钦大数定律：

设 $\{X_n\}$ 为独立同分布的随机变量序列，若 X_i 的数学期望存在，设为 μ ，则对任意给定的实数 $\varepsilon > 0$ ，有下式成立。

$$\lim_{n \to +\infty} P\left\{ \left| \frac{1}{n}\sum_{i=1}^{n} X_i - \mu \right| < \varepsilon \right\} = 1$$

辛钦大数定律表明随机变量的数学期望可以用样本均值近似表示。对于任意函数 $y = g(x)$，y 的数学期望根据性质可以表示为：

$$\mathrm{E}(y) = \mathrm{E}[g(x)] = \int_{-\infty}^{+\infty} g(x)p(x)\mathrm{d}x$$

其中 $p(x)$ 为 x 的密度函数。

若 x 服从（0，1）均匀分布，y 的数学期望为：

$$E(y) = E[g(x)] = \int_{-\infty}^{+\infty} g(x)p(x)\mathrm{d}x = \int_0^1 g(x)\mathrm{d}x$$

其中 $p(x) = \begin{cases} 1, 0 < x < 1 \\ 0, \text{其他} \end{cases}$。

根据辛钦大数定律，y 的数学期望 $E(y)$ 可以用样本均值 $\frac{1}{n}\sum_{i=1}^{n} g(x_i)$ 近似。

$$\lim_{n\to+\infty} P\left\{ \left| \frac{1}{n}\sum_{i=1}^{n} y_i - E(y) \right| < \varepsilon \right\} = \lim_{n\to+\infty} P\left\{ \left| \frac{1}{n}\sum_{i=1}^{n} g(x_i) - E[g(x)] \right| < \varepsilon \right\} = 1$$

同时，y 的数学期望可以表示为 $E(y) = \int_0^1 g(x)\mathrm{d}x, x \sim U(0,1)$，因此，对于一个在[0，1] 上的被积函数 $g(x)$，积分值可以由被积函数均值近似地表示为：

$$\int_0^1 g(x)\mathrm{d}x \approx \frac{1}{n}\sum_{i=1}^{n} g(x_i), x_i \sim U(0,1)$$

这种方法称为平均值法。

平均值法计算积分步骤：

1. 产生（0，1）上的均匀分布随机数 X，共 n 个；
2. 计算每个 $g(x_i)$ 结果，$i = 1,2,\cdots,n$；
3. 计算所有 $g(x_i)$ 均值 $\frac{1}{n}\sum_{i=1}^{n} g(x_i)$；
4. 根据辛钦大数定律，将均值 $\frac{1}{n}\sum_{i=1}^{n} g(x_i)$ 作为积分 $\int_0^1 g(x)\mathrm{d}x$ 的近似值。

如果被积函数 $g(x)$ 的被积区域为［a，b］，为求积分 $\int_a^b g(x)\mathrm{d}x$ 值。令 $y = \frac{x-a}{b-a}$，根据 2.1.2 节推导，有 $\int_a^b g(x)\mathrm{d}x = \int_0^1 g(a+(b-a)y)(b-a)\mathrm{d}y$ 成立。令 $k(y) = g(a+(b-a)y)(b-a)$，积分变为 $\int_a^b g(x)\mathrm{d}x = \int_0^1 k(y)\mathrm{d}y$，可以直接通过平均值法获得积分近似值。以下为一般函数 g 平均值法计算积分的 R 函数。

```
Mean.Method <-function(g,A,B,n){
    y=runif(n)
    ky=g(A+(B-A)*y)*(B-A)
    I.V=mean(ky)
    list("Integral Value"=I.V)
}
```

【例 2.3】使用平均值法计算积分 $\int_2^3 x^2\mathrm{d}x$ 结果。

被积函数 $g(x)$ 满足 $x \in [2,3]$，即 $a=2$，$b=3$。由例 2.2 可知，积分可以写为如下形式：$\int_2^3 x^2\mathrm{d}x = \int_0^1 (2+y)^2\mathrm{d}y$，从而对被积函数 $k(y)$ 使用平均值法模拟。其中 $k(y) = (2+y)^2$，R 程序如下。

```
n=10000            #模拟数
y=runif(n)         #产生 n 个均匀分布
k=(2+y)^2          #计算 n 个 k(y)值
fre=mean(k)        #计算 n 个 k(y)均值作为积分近似值
```

```
[1] 6.3392
```

使用平均值法得到积分近似值为 6.3392，在上例 2.2 中随机投点法积分近似值为 6.3385，而该积分实际值为 6.3333。两种方法的结果都与实际值有 0.005 以上的差距。这是否是由于偶然的抽样结果所导致的？为了进一步获得更为精确的结果，考虑对随机投点法和平均值法采用多次抽样，求平均值的方式再次获得关于积分结果的近似。R 函数如下所示。

```
Dartpoint.Randomly.Method.S <- function(g,A,B,n,m){
I.V=c()
for(i in 1:m){
    I.V[i]=Dartpoint.Randomly.Method(g,A,B,n)$"Integral Value"
  }
  I.V.M=mean(I.V)
  print(I.V.M)
}
g <-function(x)x^2
Dartpoint.Randomly.Method.S(g,2,3,10000,100)
```

```
[1] 6.3357
```

```
Mean.Method.S <-function(g,A,B,n,m){
I.V=c()
for(i in 1:m){
    I.V[i]=Mean.Method (g,A,B,n)$"Integral Value"
  }
  I.V.M=mean(I.V)
  print(I.V.M)
}
Mean.Method.S (g,2,3,10000,100)
```

```
[1] 6.3316
```

通过 100 次的模拟，采用平均值作为积分近似结果。其中随机投点法积分近似值为 6.3357，使用平均值法得到积分近似值为 6.3316，与该积分实际值 6.3333 距离缩小至 0.002 附近。其中 Dartpoint. Randomly. Method. S( ) 建立随机投点法 R 函数，Mean. Method. S( ) 建立平均值法 R 函数。n 为每次抽样的样本容量，m 为抽样次数。

2.2 积分的精度

大数定律通过积分与被积函数均值之间的依概率收敛关系，作为积分近似值。在例2.3中的模拟显示，每次模拟的结果不尽相同。作为积分的估计值，它服从什么分布？能否由此构造关于积分结果的置信区间？

中心极限定理可以保证获得关于积分的置信区间。根据1.2.5节林德贝格—勒维中心极限定理，如果 $\{X_i\}$ 是独立同分布的随机变量序列，且满足如下的均值和方差。$\mathrm{E}(X_i)=\mu,\mathrm{Var}(X_i)=\sigma^2,i=1,2,\cdots,n$，那么对于 $Y_n^*=\dfrac{X_1+X_1+\cdots+X_n-n\mu}{\sigma\sqrt{n}}$，对任意实数 y，有 $\lim\limits_{n\to+\infty}P(Y_n^*\leqslant y)=\Phi(y)$ 成立。对 Y_n^* 做进一步整理得

$$Y_n^*=\frac{\frac{1}{n}\sum_{i=1}^{n}X_i-\mu}{\sigma/\sqrt{n}}\sim N(0,1)$$

对照2.1.2节大数定律积分近似结果，代入上式有

$$\frac{\frac{1}{n}\sum_{i=1}^{n}g(x_i)-\int_0^1 g(x)\,\mathrm{d}x}{\sigma_g/\sqrt{n}}\sim N(0,1)$$

其中 σ_g 表示随机变量 $g(x_i)$ 的标准差。

由此，当 σ_g 已知时，即可用上述中心极限定理获得关于 $\int_0^1 g(x)\,\mathrm{d}x$ 的置信区间。在实际的模拟中，σ_g 往往是未知的，可以通过用样本标准差 s_g 代替 σ_g。为了得到 σ_g 未知时相对精确的置信区间，也可以通过下述性质完成关于 $\frac{1}{n}\sum_{i=1}^{n}g(x_i)$ 分布的推导。

正态总体样本均值与样本方差性质：

设 $x_1,x_2,\cdots,x_n$ 为来自正态总体 $N(\mu,\sigma^2)$ 的样本。样本均值和样本方差分别为：

$$\bar{x}=\frac{1}{n}\sum_{i=1}^{n}x_i\,,\quad s^2=\frac{1}{n-1}\sum_{i=1}^{n}(x_i-\bar{x})^2$$

则有

1. $\bar{x}$ 与 s^2 相互独立；
2. $\bar{x}\sim N(\mu,\sigma^2/n)$；
3. $\dfrac{(n-1)s^2}{\sigma^2}\sim\chi^2(n-1)$。

***t* 分布性质：**

随机变量 X_1 和 X_2 独立，且 $X_1\sim N(0,1)$，$X_2\sim\chi^2(n)$，则 $\dfrac{X_1}{\sqrt{X_2/n}}\sim t(n)$。

根据中心极限定理的结果，$\frac{1}{n}\sum_{i=1}^{n} g(x_i) \sim N\left(\int_0^1 g(x)\,\mathrm{d}x, \sigma_g^2/n\right)$，利用正态分布样本方差性质，$\frac{(n-1)s_g^2}{\sigma_g^2} \sim \chi^2(n-1)$，其中 $s_g^2 = \frac{1}{n-1}\sum_{i=1}^{n}\left[g(x_i) - \frac{1}{n}\sum_{i=1}^{n} g(x_i)\right]^2$，再利用 t 分布的性质，假设，$X_1 = \frac{\frac{1}{n}\sum_{i=1}^{n} g(x_i) - \int_0^1 g(x)\,\mathrm{d}x}{\sigma_g/\sqrt{n}}$，$X_2 = \frac{(n-1)\ s_g^2}{\sigma_g^2}$，那么

$$\frac{X_1}{\sqrt{X_2/(n-1)}} = \frac{\dfrac{\frac{1}{n}\sum_{i=1}^{n} g(x_i) - \int_0^1 g(x)\,\mathrm{d}x}{\sigma_g/\sqrt{n}}}{\sqrt{\dfrac{(n-1)s_g^2}{\sigma_g^2}/(n-1)}} = \frac{\frac{1}{n}\sum_{i=1}^{n} g(x_i) - \int_0^1 g(x)\,\mathrm{d}x}{s_g/\sqrt{n}} \sim t(n-1)$$

从而，关于积分 $\int_0^1 g(x)\,\mathrm{d}x$ 在 $1-\alpha$ 置信水平下双侧置信区间为：

σ_g 已知：$\left[\frac{1}{n}\sum_{i=1}^{n} g(x_i) - z_{1-\alpha/2}\frac{\sigma_g}{\sqrt{n}}, \frac{1}{n}\sum_{i=1}^{n} g(x_i) + z_{1-\alpha/2}\frac{\sigma_g}{\sqrt{n}}\right]$

σ_g 未知：$\left[\frac{1}{n}\sum_{i=1}^{n} g(x_i) - t_{1-\alpha/2}(n-1)\frac{s_g}{\sqrt{n}}, \frac{1}{n}\sum_{i=1}^{n} g(x_i) + t_{1-\alpha/2}(n-1)\frac{s_g}{\sqrt{n}}\right]$

其中 $z_{1-\alpha/2}$ 为标准正态分布分位数，$t_{1-\alpha/2}(n-1)$ 为自由度 $df = n-1$ 的 t 分布分位数。

【例 2.4】通过模拟的方法给出积分 $\int_0^1 x^2\mathrm{d}x$ 置信区间。

对于被积函数 $g(x) = x^2$，σ_g 未知，采用 t 分布的置信区间构造方法，置信水平为 $1-\alpha = 0.95$，R 程序如下所示。

```
n=10000                                                          #模拟数
alpha=0.05
set.seed(1)
x=runif(n)                                                       #产生n个均匀分布
g=function(x){x^2}
Sg=sqrt((cumsum(g(x)^2) - (cumsum(g(x)))^2/(1:n))/((1:n) - 1))#g(x)样本标准差
fre=cumsum(g(x))/(1:n)                                           #计算频率
CLL=fre - c(Inf,qt(1 - alpha/2,1:(n - 1)))*Sg/sqrt(1:n)          #置信下限
CUL=fre + fre - c(Inf,qt(1 - alpha/2,1:(n - 1)))*Sg/sqrt(1:n)    #置信上限
plot(fre,type="l",ylim=c(0.2,0.5),xlab="模拟量",ylab="频率",main="大数定律积分置信区间")
lines(CLL,type="l", ylim=c(0.2,0.5),col=2)
lines(CUL,type="l", ylim=c(0.2,0.5),col=2)
abline(h=1/3,lty=2,col=3)
text(8000,0.45,expression(paste(integral(x^2*dx,0,1))))
```

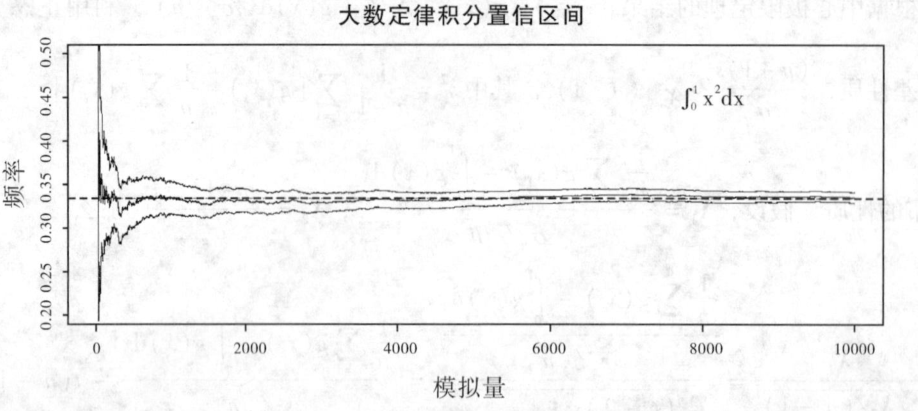


```
fre[10000]                    #模拟量10000时积分估计值
[1] 0.3349
CLL[10000]                    #模拟量10000时积分置信下限
[1] 0.3290
CUL[10000]                    #模拟量10000时积分置信上限
[1] 0.3408
```

随着模拟量增大，采用辛钦大数定律获得关于积分的近似值（图中中间实线）与积分真值 $\int_0^1 x^2 \mathrm{d}x = \frac{1}{3}$（图中中间虚线）误差在 0.002 左右，且置信上限和置信下限（图中两侧实线）随模拟量增大逐渐收窄。模拟量为 10000 时，置信区间为［0.3290，0.3408］。

上述结果表明，当一个积分值不容易获得时，可以通过平均值法和中心极限定理，获得关于积分值的置信区间。置信区间随模拟量的增加与真值越来越靠近。模拟量与置信区间存在的这种关系是明显的。但多大的模拟量是合适的？这可以通过对精度的具体要求而获得关于模拟量的信息。由中心极限定理，对任意的常数 C 有：

$$P\left(\left|\frac{\frac{1}{n}\sum_{i=1}^{n} g(x_i) - \int_0^1 g(x)\mathrm{d}x}{\sigma_g/\sqrt{n}}\right| \geqslant C\right) \approx 2(1-\Phi(C))$$

若取 $C = 1.96, \Phi(C) = 0.975$，根据上述概率关系，$\frac{1}{n}\sum_{i=1}^{n} g(x_i)$ 与 $\int_0^1 g(x)\mathrm{d}x$ 之间偏差超过 $\frac{1.96\sigma_g}{\sqrt{n}}$ 的概率约为 0.05。当为估计的标准差 $\sigma_g/\sqrt{n}$ 选择一个可接受数值 d_0 时，为了保证 $\frac{1}{n}\sum_{i=1}^{n} g(x_i)$ 偏离 $\int_0^1 g(x)\mathrm{d}x$ 不超过 $1.96\sigma_g/\sqrt{n}$ 的概率在 95%，产生数据量 n，直到满足 $\sigma_g/\sqrt{n} < d_0$ 为止。其中 σ_g 常用样本标准差 s_g 代替，或者采用上述关于 t 分布的公式获得数据量结果。其中 F_t 为 $n-1$ 自由度 t 分布的分布函数。

$$P\left(\left|\frac{\frac{1}{n}\sum_{i=1}^{n} g(x_i) - \int_0^1 g(x)\mathrm{d}x}{s_g/\sqrt{n}}\right| \geqslant C\right) \approx 2(1-F_t(C))$$

在实际应用中，常用中心极限定理关于标准正态分布的结果获得置信区间和相关精度条件下模拟量的计算。因为 1.1.2 节中关于 t 分布与正态分布对比显示，在 $n \geqslant 30$ 时，两种分布几乎相同。

2.3 重要抽样法积分

在随机投点法和平均值法求积分的过程中，是将一般积分 $\int_a^b g(x)\mathrm{d}x$ 转化为（0，1）上的积分而通过模拟完成的。实际上，在平均值法中采用辛钦大数定律看，对于一个任意的积分 $\int_a^b g(x)\mathrm{d}x$，也可以写为：

$$\int_a^b g(x)\mathrm{d}x = \int_a^b \frac{g(x)}{p(x)}p(x)\mathrm{d}x = \mathrm{E}_p[\frac{g(x)}{p(x)}] \approx \frac{1}{n}\sum_{i=1}^{n}\frac{g(x_i)}{p(x_i)}$$

其中 $p(x)$ 为［a，b］上的一个密度函数。特别当 $p(x)$ 在［a，b］上均匀分布时，上述结果与 2.1.2 节完全一致。

$p(x)$ 是否一定要选择均匀分布的密度函数？当 $p(x)$ 在［a，b］上均匀分布时，积分的近似表达式为：

$$\int_a^b g(x)\mathrm{d}x = \frac{1}{n}\sum_{i=1}^{n}\frac{g(x_i)}{p(x_i)} = \frac{b-a}{n}\sum_{i=1}^{n}g(x_i)$$

这一结果与积分的加和方法不谋而合，$\frac{b-a}{n}$ 是将［a，b］区域等分 n 份后，代表每个区域的宽度，每一个 $g(x_i)$ 代表一个区域的高度，$\frac{b-a}{n}g(x_i)$ 则代表了一个区域的面积，所有区域的面积加和结果构成了积分值。若产生的随机数越多，区域划分越多，获得积分值结果将与真值越接近。

这是否能说明只有均匀分布才是一个合适的密度函数选择呢？一个好的估计值需要满足相合性、无偏性和有效性。下面是关于一个点估计这三种评价方法的具体表示。

点估计评价标准：

设 θ 是一个未知参数，$\hat{\theta}_n = \hat{\theta}_n(x_1, x_2, \cdots, x_n)$ 是 θ 的一个估计量，n 是样本容量。

1. 对任意的 $\varepsilon > 0$，有 $\lim\limits_{n\to\infty}P(|\hat{\theta}_n - \theta| \geqslant \varepsilon) = 0$，称 $\hat{\theta}_n$ 是 θ 的相合估计；

2. 对任意估计量 θ 满足 $E(\hat{\theta}_n) = \theta$，称 $\hat{\theta}_n$ 是 θ 的无偏估计；

3. 若估计量 $\hat{\theta}_1$ 和 $\hat{\theta}_2$ 是 θ 的两个无偏估计，且 $\mathrm{Var}(\hat{\theta}_1) \leqslant \mathrm{Var}(\hat{\theta}_2)$，称 $\hat{\theta}_1$ 比 $\hat{\theta}_2$ 有效。

显然，对于 $\frac{1}{n}\sum_{i=1}^{n}\frac{g(x_i)}{p(x_i)}$ 作为积分的估计值是满足大数定律的，则满足相合性要求，即

$$\lim_{n\to+\infty}P\{\left|\frac{1}{n}\sum_{i=1}^{n}\frac{g(x_i)}{p(x_i)} - \mathrm{E}_p[\frac{g(x)}{p(x)}]\right| > \varepsilon\} = 0$$

其次，计算估计值的数学期望为：

$$E\left[\frac{1}{n}\sum_{i=1}^{n}\frac{g(x_i)}{p(x_i)}\right]=E\left[\frac{g(x_1)}{p(x_1)}\right]=\int_a^b\frac{g(x_1)}{p(x_1)}p(x_1)\mathrm{d}x_1=\int_a^b g(x_1)\mathrm{d}x_1$$

其中 x_1 是在不失一般性所选择的 $x_1,x_2,\cdots,x_n$ 中任意一个随机变量。等式证明积分估计值满足无偏性要求。

$\frac{1}{n}\sum_{i=1}^{n}\frac{g(x_i)}{p(x_i)}$ 的估计值结果随着 $p(x)$ 的选择而发生变化，估计值方差为：

$$\begin{aligned}
\mathrm{Var}\left[\frac{1}{n}\sum_{i=1}^{n}\frac{g(x_i)}{p(x_i)}\right] &= \frac{1}{n}\mathrm{Var}\left[\frac{g(x_1)}{p(x_1)}\right]\\
&= \frac{1}{n}\int_a^b\left[\frac{g(x_1)}{p(x_1)}-I\right]^2 p(x_1)\mathrm{d}x_1\\
&= \frac{1}{n}\int_a^b\left[\frac{g^2(x_1)}{p(x_1)}-2Ig(x_1)+I^2p(x_1)\right]\mathrm{d}x_1\\
&= \frac{1}{n}\left[\int_a^b\frac{g^2(x_1)}{p(x_1)}\mathrm{d}x_1-2I\int_a^b g(x_1)\mathrm{d}x_1+I^2\int_a^b p(x_1)\mathrm{d}x_1\right]\\
&= \frac{1}{n}\int_a^b\frac{g^2(x_1)}{p(x_1)}\mathrm{d}x_1-\frac{I^2}{n}
\end{aligned}$$

其中 x_1 与上类同。使得上述方差最小的 $p(x)$ 对应的估计值是较优的。选择 $p(x)$ 使得估计值方差减小的方法称为重要抽样方法。

进一步发现，如果能够使函数 $\frac{g(x_1)}{p(x_1)}=I$，那么估计值的方差为：

$$\mathrm{Var}\left[\frac{1}{n}\sum_{i=1}^{n}\frac{g(x_i)}{p(x_i)}\right]=\frac{1}{n}\int_a^b Ig(x_1)\mathrm{d}x_1-\frac{I^2}{n}=0$$

实际上，$\frac{g(x_1)}{p(x_1)}=I$ 是一种理想情况，因为 I 的具体数值是未知的。但显然，对于平均值法中采用统一的 $p(x)$ 为均匀分布，是不能够完全满足不同的 $g(x)$ 以达到缩减方法的目的。

【例 2.5】通过平均值法和重要抽样法给出积分 $\int_0^1\frac{\sin[x(1-x)]}{1+x+\sqrt{x}}\mathrm{d}x$ 值，并比较两个估计的方差。

```
g <- function(x)sin(x*(1-x))/(1+x+sqrt(x))
I=integrate(g,0,1)
```

```
0.07852747 with absolute error < 9.2e-06
```

```
n=10000
u=runif(n)
smm=mean(g(u))                                    #平均值法积分估计值
smm
```

```
[1] 0.07887678
```

```
var.smm=var(g(u))/n                        #平均值法积分估计量方差
var.smm
```

```
[1] 1.202261e-07
```

```
z=rbeta(n,2,2.5)
ism=mean(g(z)/dbeta(z,2,2.5))              #重要抽样法积分估计值
ism
```

```
[1] 0.07872126
```

```
var.ism=var(g(z)/dbeta(z,2,2.5))/n         #重要抽样法积分估计量方差
var.ism
```

```
[1] 1.489685e-08
```

```
var.smm/var.ism                            #方差比
```

```
[1] 8.070573
```

首先使用数值积分获得积分值为 0.07853，接下来使用平均值法，得到积分估计值为 0.07888，在 R 语言中用对象 smm 表示。另外，根据平均值法估计量的方差计算方法，得到方差结果为 1.2e-07，在 R 语言中用对象 var. smm 表示。同时，选择参数分别为 2 和 2.5 的贝塔分布作为 $p(x)$，根据重要性抽样方法，得到积分估计值为 0.07872，对应的估计量方差为 1.5e-08。分别用 R 语言中 ism 和 var. ism 两个对象表示。结果表明，平均值法估计量方差是重要性抽样估计量方差的 8 倍。由于使用贝塔分布作为 $p(x)$，比以往平均值法中采用均匀分布作为 $p(x)$，在方差上有较大的缩减。这一结果也将在给出积分的区间估计上有更好的效果。

另外，为何要选择参数为 2 和 2.5 的贝塔分布作为 $p(x)$？图中虚线是参数为 2 和 2.5 的贝塔分布密度函数曲线乘以 $k=0.07$ 的结果。显示与被积函数曲线 $g(x)$（图中实线）非常接近。即 $g(x)/p(x)\approx k$（常数）。这也是选择 $p(x)$ 的一个方法。

```
k=g(0.5)/dbeta(.5,2,2.5)              #g(x)/p(x)为近似常数0.07
x=seq(0,1,0.01)
plot(x,g(x),type="l",main="被积函数曲线与k倍贝塔分布密度函数曲线")
lines(x,k*dbeta(x,2,2.5),lty=2,col=2)
legend("topright",inset=0.01,c(expression(paste(over(sin(x(1-x)),1+x+sqrt(x)))),"k*
dbeta(x,2,2.5)"),lty=c(1,2),col=c(1,2),bty="n")
```

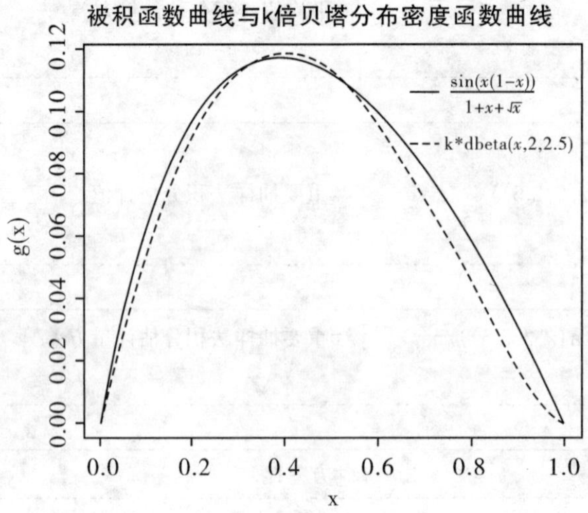

根据重要抽样法积分理论及具体的计算过程，由此获得积分估计值的具体步骤如下所示。

重要抽样法计算积分步骤：

1. 产生 n 个来自 $[a,b]$ 上的密度函数 $p(x)$ 随机数 $x_i, i=1,2,\cdots,n$；
2. 计算 $\frac{1}{n}\sum_{i=1}^{n}\frac{g(x_i)}{p(x_i)}$；
3. 将 $\frac{1}{n}\sum_{i=1}^{n}\frac{g(x_i)}{p(x_i)}$ 作为积分 $\int_a^b g(x)\mathrm{d}x$ 估计值。

【例 2.6】通过重要性抽样方法模拟给出积分 $\int_0^1 x^2\mathrm{d}x$ 置信区间。

首先选择参数为 3 和 1 的贝塔分布作为 $p(x)$，即

$$p(x)=\begin{cases}\frac{\Gamma(a+b)}{\Gamma(a)\Gamma(b)}x^{a-1}(1-x)^{b-1}, & 0<x<1\\ 0, & \text{其他}\end{cases}$$

其中 $a=3$，$b=1$，且 $g(x)/p(x)=\frac{\Gamma(3)\Gamma(1)}{\Gamma(4)}=\frac{1}{3}$ 为常数。而 $I=\int_0^1 x^2\mathrm{d}x=\frac{1}{3}$，即满足 $\frac{g(x_1)}{p(x_1)}=I$ 这种理想情况，那么该估计量的方差为0。从而置信上限和置信下限均与估计值重合，对应的估计值为 $\frac{1}{n}\sum_{i=1}^{n}\frac{g(x_i)}{p(x_i)}=\frac{1}{3}=I, x_i\sim Beta(3,1)$。

```
n=10000                                                    #模拟数
alpha=0.05
set.seed(1)
a=3;b=1
x=rbeta(n,a,b)                                             #产生 n 个参数为 a 和 b 的贝塔分布
g <- function(x){x^2}
p=dbeta(x,a,b)                                             #p(x)值
g.p=g(x)/p                                                 #g(x)/p(x)值
k=gamma(a+b)/(gamma(a)*gamma(b))                           #g/p 为固定值 1/3
Sg.smm=sqrt((cumsum(g.p^2) - (cumsum(g.p))^2/(1:n))/((1:n) - 1)) #g/p 样本方差
fre=cumsum(g.p)/(1:n)                                      #计算频率
Sg=Sg.smm/sqrt(1:n)                                        #估计量方差
plot(fre,type="l",xlab="模拟量",ylab="频率",main="重要抽样法积分")
text(8000,0.335,expression(paste(integral(x^2*dx,0,1))))
```

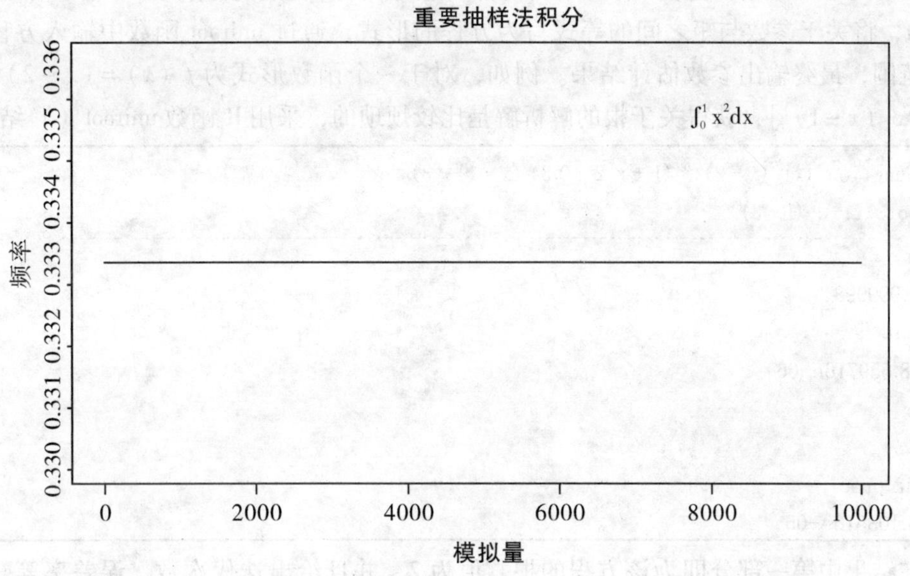


```
Sg
[1]
0.000000e+000.000000e+000.000000e+000.000000e+000.000000e+000.000000e+00…
```

在选择贝塔分布作为 $p(x)$ 后，R 语言中的积分估计值对象 fre 等于1/3，图中实线所示，Sg 表示估计量的方差，均为 0。这与理论结果保持一致。与例 2.4 对比，重要抽样法结果的无偏性和有效性都得到增强，其中选择合适的 $p(x)$ 是一个难点。

2.4 优化

使用蒙特卡罗模拟的方法获得积分值实质是参数估计过程。通过产生随机数、计算估计量，作为积分的近似结果。在统计中，最为常用的估计是用在根据已知样本，对于

某个分布的位置、尺度参数的估计。矩法估计与极大似然估计是点估计的常用方法。

2.4.1 矩估计中的优化

数学期望与方差的矩估计：

1. 总体数学期望 E(X) 的矩估计是样本均值 $\overline{X}$；
2. 总体方差 Var(X) 的矩估计是 $\frac{1}{n}\sum_{i=1}^{n}(x_i-\overline{x})^2$；
3. 矩估计直观、简便，估计总体均值和总体方差时不必知道总体的分布；
4. 矩估计需要总体的原点矩存在。

分布的数学期望或方差往往是该分布的参数的表达式。例如总体 $X \sim P(\lambda)$，那么 $E(X)=\lambda$，为了获得 λ 的估计值，根据矩估计方法，$\hat{\lambda}=\overline{X}$。这种方法对于简单的单参数矩估计表达式是合适的。而对于复杂的表达式，需要通过迭代的方法获得关于参数的估计值。对于单参数而言，最简单的是采用方程求根函数完成，在 R 语言中函数为 uniroot，将关于参数与矩之间的等式写为方程的形式，通过 uniroot 函数中输入方程参数估计范围，最终输出参数估计结果。例如，对于一个函数形式为 $f(x)=(x-2)[1+x^2-0.3(x-1)^3]$，获得关于根的解析解是比较烦琐的，采用 R 函数 uniroot（）结果为：

```
f <- function (x) (x-2) *(1+x^2-0.3*(x-1) ^3)
uniroot (f, c (1, 3))
```

```
$root
[1] 1.999998
$f.root
[1]-8.559716e-06
$iter
[1] 7
$estim.prec
[1] 6.103516e-05
```

在结果中第一部分即为该方程的根，值为 2，并且给出迭代次数、误差率等。这是获得单参数值的一种方法，而在大量分布中，参数都是两个或两个以上的，此时根据矩估计方法，将获得关于参数的方程组。常用的方程组数值解方法是 Newton - Raphson 方法，简称牛顿迭代法。它针对如下方程组：

$$\begin{cases} f_1(x_1,\cdots,x_n)=0 \\ \quad\vdots \\ f_n(x_1,\cdots,x_n)=0 \end{cases}$$

将方程组写为 $F(x)=0$，假定该方程有一个近似根，为 $x^{(k)}=(x_1^{(k)},x_2^{(k)},\cdots,x_n^{(k)})'$。方程左端在该处用多元泰勒公式展开，并取其线性部分。则

$$F(x)\approx F(x^{(k)})+F'(x^{(k)})(x-x^{(k)})$$

整理得 $(x-x^{(k)})=-(F'(x^{(k)}))^{-1}F(x^{(k)})$，迭代公式写为如下形式：

$$x^{(k+1)} = x^{(k)} - (F'(x^{(k)}))^{-1}F(x^{(k)})$$

其中 $F'(x) = \begin{bmatrix} \frac{\partial f_1}{\partial x_1} & \cdots & \frac{\partial f_1}{\partial x_n} \\ \vdots & & \vdots \\ \frac{\partial f_n}{\partial x_1} & \cdots & \frac{\partial f_n}{\partial x_n} \end{bmatrix}$

该过程的 R 程序为：

```
NR <- function(fun,x,ep=1e-5,itmax=300){
  index=0
  k=1
  while(k <=itmax)
  {
  x1=x
  ob=fun(x)
  x=x-solve(ob$j,ob$f)
  no=sqrt((x-x1)%*%(x-x1))
    if(no<ep)
    {
    index=1
    break
    }
    k=k + 1
  }
ob=fun(x)
list(root=x,it=k,index=index,funval=ob$f)
}
```

【例 2.7】假设总体 x 服从二项分布 $b(n,p)$，其中 n，p 为未知参数，$x_1,x_2,\cdots,x_n$ 为总体 x 的一个样本。求参数 n，p 的矩法估计。

首先通过矩估计给出关于数学期望和方差的表达式及对应的矩估计等式结果。

$$\begin{cases} np = \bar{x} \\ np(1-p) = \frac{1}{n}\sum_{i=1}^{n}(x_i - \bar{x})^2 \end{cases}，即方程 F(n,\ p) = \begin{cases} np - \bar{x} = 0 \\ np(1-p) - \frac{1}{n}\sum_{i=1}^{n}(x_i - \bar{x})^2 = 0 \end{cases}$$

该方程左侧求导的结果为：

$$F'(x) = \begin{bmatrix} p & n \\ p(1-p) & n-2np \end{bmatrix}$$

应用上面建立的牛顿迭代法 R 函数 NR 求解 n 和 p 的结果，对应 R 程序如下所示：

```
bifun <- function(pa){                    #建立包含参数的方程组
f=c(pa[1]*pa[2]-mean(x), pa[1]*pa[2]*(1-pa[2])-sum((x-mean(x)) ^2) /length(x))  #方程组
j=matrix(c(pa[2], pa[1], pa[2]-pa[2]^2, pa[1]-2*pa[1]*pa[2]),nrow=2,byrow=T)    #求导矩阵
list(f=f, j=j)
}
set.seed(1)
x=rbinom(1000,20,0.7)                     #产生来自 n=20,p=0.7 二项分布随机数 1000 个
NR(bifun,c(10,0.5))                       #牛顿迭代法解方程组
```

```
$root
[1] 19.8735377  0.7032467
$it
[1] 6
$index
[1] 1
$funval
[1] 0 0
```

R 语言中的结果显示，经过 6 次迭代，已经达到误差要求，得到关于二项分布两个参数数值解分别为 $n=19.87$，$p=0.7032$，由于二项分布中 n 要求为整数，则 $n\approx 20$。这个结果与二项分布参数真值 $n=20$，$p=0.7$ 非常接近，达到优化的目的。

除上述两种方法外，还有一些优化方法如二分法、正割法、逆二次差值等可以获得关于方程根的结果。

2.4.2 极大似然估计中的优化

参数点估计另外一种常用的方法是极大似然估计。假设总体的密度函数为 $p(x,\theta)$，其中 θ 为未知参数向量，$x_1,x_2,\cdots,x_n$ 是来自该总体的样本，对应的似然函数为 $L(\theta)=p(x_1,\theta)p(x_2,\theta)\cdots p(x_n,\theta)$，极大似然估计是获得满足如下条件的 $\hat{\theta}$ 估计结果。

$$L(\hat{\theta}) = \max\{p(x_1,\theta)p(x_2,\theta)\cdots p(x_n,\theta)\}$$

为了获得 $\hat{\theta}$，可以通过似然函数或对数似然函数求偏导的方法获得关于参数的解析解或数值解。而当 $\hat{\theta}$ 解析解过于复杂或 $\hat{\theta}$ 向量太多时，使用其他优化方法会更好。

【例 2.8】使用极大似然方法模拟给出 1000 个柯西分布关于参数 s 的估计，其中另一个参数 $l=0$。

实际上，由于柯西分布数学期望和方差都不存在，使用矩法估计难以获得关于参数估计值。根据 1.1.2 节对于柯西分布的描述，密度函数为：

$$f(x) = \frac{1}{s\pi\left[1+\left(\frac{x}{s}\right)^2\right]}$$

对应的似然函数为：

$$L(s)=\prod_{i=1}^{n}\frac{1}{s\pi[1+(\frac{x_i}{s})^2]}=\prod_{i=1}^{n}\frac{s}{\pi[s^2+x_i^2]}$$

对数似然函数为：

$$\ln(L)=n\ln(s)-n\ln(\pi)-\sum_{i=1}^{n}\ln(s^2+x_i^2)$$

求偏导结果为：

$$\frac{\partial\ln(L)}{\partial s}=\frac{n}{s}-\sum_{i=1}^{n}\frac{2s}{s^2+x_i^2}=0$$

从这个偏导方程求参数 s 的估计，比较烦琐，利用2.4.1节中方程求根的R函数uniroot求解。R程序如下所示。

```
set.seed(1)
x=rcauchy(1000,0,2)                         #产生参数 s=2,l=0 的柯西分布随机数 1000 个
n=length(x)
cf <- function(s){n/s-sum(2*s/(s^2+x^2))}   #偏导函数
uniroot(cf,c(1,3))                          #偏导方程求根
```

```
$root
[1] 2.024829
$f.root
[1]-0.0001679022
$iter
[1] 7
$estim.prec
[1] 6.103516e-05
```

数值解的结果为2.02，与随机数的参数真值 $s=2$ 相比，误差为0.02。使用解方程组的数值方法效果较好。

在R语言中，有很多优化函数可以直接使用，不必写出方程。如常用的优化函数optim，它通过输入参数初始值、似然函数和样本，获得在最小值条件下对应的参数结果。

【例2.9】使用极大似然方法模拟给出1000个正态分布随机数关于 μ 和 σ^2 的估计。

正态分布密度函数：

$$f(x)=\frac{1}{\sqrt{2\pi}\sigma}e^{-\frac{(x-\mu)^2}{2\sigma^2}}$$

似然函数：

$$L(\mu,\sigma^2)=\prod_{i=1}^{n}\frac{1}{\sqrt{2\pi}\sigma}e^{-\frac{(x_i-\mu)^2}{2\sigma^2}}$$

对数似然函数：

$$\ln(L)=-\frac{n}{2}\ln(2\pi)-\frac{n}{2}\ln(\sigma^2)-\frac{1}{2\sigma^2}\sum_{i=1}^{n}(x_i-\mu)^2$$

```
set.seed(1)
x=rnorm(1000,1,2)                  #产生数学期望为1,标准差为2的正态分布随机数1000个
nf <- function(theta){             #建立关于参数的对数似然函数
  mu=theta[1]
  sigma2=theta[2]
  n=length(x)
  logL=-n*log(2*pi)/2-n*log(sigma2)/2-sum((x-mu)^2)/(2*sigma2)      #对数似然函数
  return (-logL)                   #取对数似然函数相反数
}
ML.normal=optim(c(0,1),nf,x)    #获得nf最小值对应的参数结果
ML.normal
```

```
$par
[1] 0.9760744 4.2786799
$value
[1] 2145.906
$counts
function gradient
      55        NA
$convergence
[1] 0
$message
NULL
```

optim 函数是获得函数最小值对应的参数结果，在极大似然函数中，需要通过对对数似然函数取相反数，才能使用 optim 函数。参数关于数学期望的估计 $\hat{\mu} = 0.98$ 和 $\hat{\sigma}^2 = 4.28$，参数的真值为 $\mu = 1$ 和 $\sigma^2 = 4$，结果有一定差距，可以通过 optim 函数中选择不同的优化方法，提高估计的准确度。

【例 2.10】美国黄石公园 Old Faithful 喷泉记录了两组数据，分别为："waiting" 是喷泉两次喷发的间隔时间；"duration" 是每次喷发的持续时间。数据保存在 R 语言中 MASS 包的名为 geyser 的数据集中。请观察 "waiting" 的分布特征，给出分布的估计。

```
library(MASS)
attach(geyser)
hist(waiting,freq=F)            #作waiting数据直方图
```

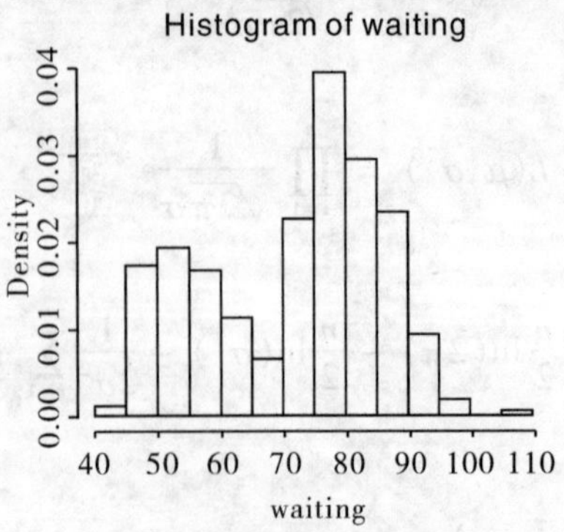

根据“waiting”直方图，发现直方图与混合正态分布较为接近，混合正态分布作为密度函数为：

$$f(x) = p\frac{1}{\sqrt{2\pi}\sigma_1}e^{-\frac{(x-\mu_1)^2}{2\sigma_1^2}} + (1-p)\frac{1}{\sqrt{2\pi}\sigma_2}e^{-\frac{(x-\mu_2)^2}{2\sigma_2^2}}$$

对数似然函数为：

$$\ln(L) = \ln\left\{\prod_{i=1}^{n}\left[p\frac{1}{\sqrt{2\pi}\sigma_1}e^{-\frac{(x_i-\mu_1)^2}{2\sigma_1^2}} + (1-p)\frac{1}{\sqrt{2\pi}\sigma_2}e^{-\frac{(x_i-\mu_2)^2}{2\sigma_2^2}}\right]\right\}$$

其中共有混合比例和两种分布的数学期望、方差五个参数（$\mu_1, \sigma_1^2, \mu_2, \sigma_2^2, p$）。

```
mnf <- function(para, data){
  x=dnorm(data, para[1], sqrt(para[2]))                    #密度函数值
  y=dnorm(data, para[3], sqrt(para[4]))                    #密度函数值
  pdf=para[5]*x + (1-para[5])*y                            #混合密度函数值
  l=sum(log(pdf))                                          #对数似然函数
  return (-l)                                              #取对数似然函数相反数
}
ML.wait=nlminb(c(53,5,80,5,0.5), mnf, data=waiting, lower=c(-Inf, -Inf, -Inf, -Inf, 0.0001),
upper=c(Inf, Inf, Inf, Inf, 0.9999))                       #获得 mnf 最小值对应的参数结果
ML.wait
```

```
$par
[1] 54.2026466 24.5223120 80.3603069 56.3645972   0.3075935
$objective
[1] 1157.542
$convergence
[1] 0
$iterations
[1] 32
$evaluations
function gradient
    36      205
$message
[1] "relative convergence (4)"
```

使用似然函数的优化结果，得到参数估计为 $\mu_1 = 54.20$，$\sigma_1^2 = 24.52$，$\mu_2 = 80.36$，$\sigma_2^2 = 56.36$，$p = 0.31$。对于这一结果并没有真值可以验证，将由参数组成的混合分布密度函数与直方图进行比较。估计得到密度函数曲线（图中实线）较好地拟合了“waiting”直方图。

```
hist(waiting,probability=T, ylim=c(0,0.04))
z=seq(40,120,length=100)
f=ML.wait $par[5]*dnorm(z, ML.wait $par[1], sqrt(ML.wait $par[2])) + (1-ML.wait
 $par[5])*dnorm(z, ML.wait $par[3] , sqrt(ML.wait $par[4]))   #混合密度函数估计
lines(z,f,col=2,lwd=2)                                        #极大似然估计的密度函数曲线
detach()
```

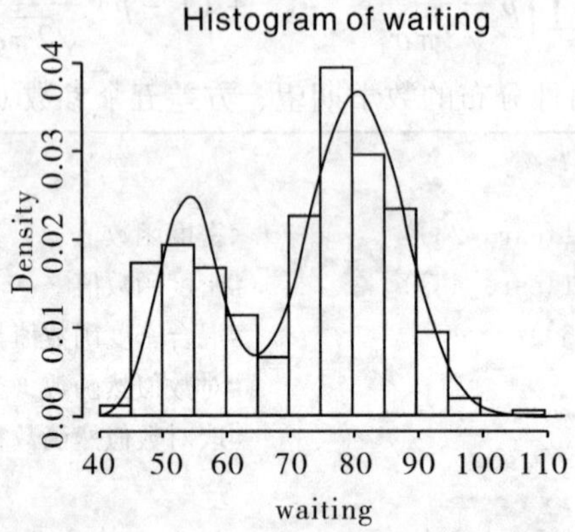

在例 2.10 中使用的优化函数 nlminb，参数输入方法与 optim 相同。在 R 语言中，除了这两个优化函数外，还有如函数 optimize、nlm 都可以进行解决优化问题，以及专门为极大似然方法编制的包 maxLik 等。

习题

1. 使用随机投点方法计算积分近似值 $\int_0^1 \frac{e^{-x^2/2}}{\sqrt{2\pi}}dx$，并与真值进行比较。能否据此方法估计 π 值？（提示：被积函数是标准正态分布。）

2. 使用重要抽样法计算积分近似值 $\int_0^{+\infty} x^{5/2}e^{-x}dx$，并与真值和平均值结果进行比较？

3. 使用极大似然方法模拟给出 1000 个指数分布随机数关于参数 λ 的估计。（$\lambda = 2$）

4. $x_1, x_2, \cdots, x_n$ 为来自伽马分布 $Ga(\alpha,\lambda)$ 的独立同分布随机数。请使用优化方法给出参数 (α,λ) 的极大似然估计（$n = 1000, \alpha = 3, \lambda = 2$）。如何提高优化的估计效果？（提示：对数似然函数：$n\alpha\log(\lambda) - n\log(\Gamma(\alpha)) + (\alpha - 1)\sum_{i=1}^{n}\log(x_i) - \lambda\sum_{i=1}^{n}x_i$）

3 方差缩减方法

2.3 节中的例 2.5 显示，选择合适的密度函数，使得积分估计量的方差更小。如重要抽样法这种使得统计量方差缩小的方法，称为方差缩减方法。

以一般的数学期望为例，若 $\{x_1, x_2, \cdots, x_n\}$ 是来自某个密度函数为 $p(x)$ 的独立同分布随机数，那么 $\mu = \mathrm{E}(x)$ 的估计是什么？根据大数定律，在满足相合性与无偏性的要求下，可以用以下统计量作为 μ 的估计：

$$\hat{\mu} = \frac{1}{n}\sum_{i=1}^{n} x_i = \bar{x}$$

统计量的方差为 $\mathrm{Var}(\bar{x}) = \sigma^2/n$，其中 σ^2 为随机变量 x 的方差。

观察该统计量的方差，随着样本量 n 的增大而减小，增大样本是缩小方差的一个方法。这个方法增加了计算机运算，特别是在一些问题中，样本是固定的，能否在现有的数据条件下减小统计量方差，提高估计的稳定性？

本章 3.1 节到 3.5 节将分别论述对偶变量法、控制变量法、条件期望法、分层抽样法和重要抽样法。

3.1 对偶变量法

用统计量 $\bar{x}$ 作为 μ 的估计时，$\mathrm{E}(\bar{x}) = \mu$。若用评价点估计的一般标准均方误差来衡量 $\bar{x}$ 时，结果为：

$$\mathrm{MSE}(\hat{\mu}) = \mathrm{E}(\hat{\mu} - \mu)^2 = \mathrm{Var}(\hat{\mu}) + [\mathrm{E}(\hat{\mu}) - \mu]^2 = \mathrm{Var}(\bar{x}) = \frac{\sigma^2}{n} \approx \frac{s^2}{n}$$

其中 $s^2 = \frac{1}{n-1}\sum_{i=1}^{n}(x_i - \bar{x})^2$ 为样本方差。

由于当 n 趋向于无穷时，s^2 依概率收敛到 σ^2，且 $\mathrm{E}(s^2) = \sigma^2$。均方误差对于统计量 $\bar{x}$ 这一无偏估计，可以近似为 s^2/n。无论是有效性还是均方误差，都提出了对统计量方差缩小的要求。

对偶变量法是缩减方差的方法之一。对于与随机变量 X 同分布的两个随机变量 X_1 和 X_2 而言，仍以数学期望 $\mu = \mathrm{E}(X)$ 的估计为例，若 X_1 和 X_2 负相关，则 $\mathrm{Cov}(X_1, X_2) < 0$。随机变量取平均后形成的随机变量 $\frac{X_1 + X_2}{2}$ 满足：

$$\mathrm{E}\left(\frac{X_1 + X_2}{2}\right) = \mu$$

$$\mathrm{Var}\left(\frac{X_1 + X_2}{2}\right) = \frac{1}{4}[\mathrm{Var}(X_1) + \mathrm{Var}(X_2) + 2\mathrm{Cov}(X_1, X_2)]$$

对应的方差满足 $\mathrm{Var}\left(\frac{X_1 + X_2}{2}\right) \leqslant \frac{1}{4}[\mathrm{Var}(X_1) + \mathrm{Var}(X_2)] = \frac{\sigma^2}{2}$，从而达到方差缩减的目的。

【例 3.1】产生 1000 个 [0, 1] 均匀分布随机数，用对偶变量法计算数学期望的估计，并验证其与一般方法的方差区别。

```
set.seed(1)
n=1000
X1=runif(n)                              #产生 1000 个[0,1]均匀分布随机数
mu.e=mean(X1)                            #数学期望的估计值
sigma2.e=sum((X1 - mu.e)^2)/(n*(n-1))    #估计量的方差
mu.e
sigma2.e
```

```
[1] 0.4996917
[1] 8.316708e-05
```

```
X2=1-X1                                  #产生与 X1 完全负相关随机数
X=(X1+X2)/2                              #产生两组随机数平均后随机数
mu.avm=mean(X)                           #对偶变量法数学期望的估计值
sigma2.avm=sum((X-mu.avm)^2)/(n*(n-1))   #对偶变量法估计量的方差
mu.avm
sigma2.avm
```

```
[1] 0.5
[1] 0
```

根据均匀分布的性质，数学期望 $\mu = \frac{1}{2}$。使用一般方法和对偶变量法得到 μ 的估计分别为 0.4997 和 0.5，估计量的方差分别为 8.3e－05 和 0。显然对偶变量法在方差上有显著的缩减，可以达到理想效果。实际上，通过简单的理论证明，在例 3.1 中，对偶变量法由于 $\hat{\mu} = \bar{x} = \frac{1}{n}\sum_{i=1}^{n}\frac{(x_{1i} + x_{2i})}{2} = \frac{1}{2}$，其中 $x_{2i} = 1 - x_{1i}$。对应估计量 $\hat{\mu}$ 的方差为：

$$\frac{\sigma^2}{n} \approx \frac{s^2}{n} = \frac{1}{n(n-1)}\sum_{i=1}^{n}\left(\frac{x_{1i} + x_{2i}}{2} - \bar{x}\right)^2 = 0$$

在蒙特卡罗模拟中，产生满足分布条件的负相关随机数，是使方差缩减的重要步骤。

定理：

1. 如果随机变量 $U \sim U(0,1)$，那么 $1 - U \sim U(0,1)$。
2. 已知分布的分布函数 F，可以通过逆变换方法由均匀分布随机数 U 产生服从分布 F 的随机数 X，即 $X = F_X^{-1}(U)$。
3. 对于任意分布函数 F，F^{-1} 为单调递增函数，有 $X_1 = F_X^{-1}(U)$ 和 $X_2 = F_X^{-1}(1 - U)$ 负相关成立。
4. 对于单调函数 $Y = h(X)$，有 $Y_1 = h(F_X^{-1}(U))$ 与 $Y_2 = h(F_X^{-1}(1 - U))$ 负相关成立。

【例 3.2】产生 1000 个参数 λ＝2 的指数分布随机数，用对偶变量法计算数学期望的估计，并验证其与一般方法的方差区别。

```
set.seed(1)
n=1000
U=runif(n)                                  #产生1000个［0, 1］均匀分布随机数
X=(-1/2)*log(1-U)                           #例1.5逆变换产生参数lambda=2指数分布随机数
mu.e=mean(X)                                #数学期望的估计值
sigma2.e=sum((X-mu.e) ^2)/(n*(n-1))         #估计量的方差
mu.e
sigma2.e
```

```
[1] 0.5059584
[1] 0.0002718255
```

```
X1=X
X2=(-1/2)*log(U)                            #产生与X1负相关指数分布随机数
Y=(X1 + X2)/2                               #产生两组随机数平均后随机数
mu.avm=mean(Y)                              #对偶变量法数学期望的估计值
sigma2.avm=sum((Y-mu.avm)^2)/(n*(n-1))      #对偶变量法估计量的方差
mu.avm
```

```
[1] 0.4997779
```

```
sigma2.avm
```

```
[1] 4.47554e-05
```

```
sigma2.e/sigma2.avm
```

```
[1] 6.073581
```

根据指数分布的性质，数学期望$\mu = \frac{1}{\lambda} = \frac{1}{2}$。在使用一般方法获得数学期望估计为0.5060，对偶变量法为0.4998。一般方法的方差为0.00027，对偶变量法为4.48e-05，两种方法的方差比约为6倍，对偶变量法的估计量方差显著改善。

下面对该估计的对偶变量法方差进行证明。假设$X_1 = \{x_{11}, x_{12}, \cdots, x_{1n}\}$和$X_2 = \{x_{21}, x_{22}, \cdots, x_{2n}\}$是来自指数分布的随机数，它们之间满足$\mathrm{Cov}(X_1, X_2) < 0$，并由此产生新的随机数$Y = \{\frac{x_{11} + x_{21}}{2}, \frac{x_{12} + x_{22}}{2}, \cdots, \frac{x_{1n} + x_{2n}}{2}\}$，获得关于数学期望的估计为$\bar{Y} = \frac{1}{n}\sum_{i=1}^{n} \frac{x_{1i} + x_{2i}}{2}$，其方差为：

$$
\begin{aligned}
\mathrm{Var}(\bar{Y}) &= \mathrm{Var}\left[\frac{1}{n}\sum_{i=1}^{n} \frac{x_{1i} + x_{2i}}{2}\right] = \frac{1}{4n^2}\mathrm{Var}\left[\sum_{i=1}^{n} (x_{1i} + x_{2i})\right] \\
&= \frac{1}{4n^2}\left[\sum_{i=1}^{n} \mathrm{Var}(x_{1i}) + \sum_{i=1}^{n} \mathrm{Var}(x_{2i}) + 2\sum_{i=1}^{n} \mathrm{Cov}(x_{1i}, x_{2i})\right] \\
&= \frac{1}{2n}\left[\sigma^2 + \mathrm{Cov}(X_1, X_2)\right]
\end{aligned}
$$

其中σ^2为指数分布的方差，$\mathrm{Cov}(X_1, X_2)$为两个指数分布随机变量的协方差，另外，采用一般方法的估计量为$\bar{X} = \frac{1}{n}\sum_{i=1}^{n} x_{1i}$，其方差为$\mathrm{Var}(\bar{X}) = \frac{\sigma^2}{n}$。

显然，若$\mathrm{Cov}(X_1, X_2) < 0$，则$\mathrm{Var}(\bar{X}) > \mathrm{Var}(\bar{Y})$。实际上用例3.2中两组随机数样

本协方差代替 $\mathrm{Cov}(X_1,X_2)$。计算协方差为 -0.1611，两组随机数负相关。例 3.2 的计算步骤是在满足第 56 页定理 1 ~3 的条件下完成的。

```
cov(X1,X2)                    #求协方差
[1]-0.1610724
cor(X1,X2)                    #相关系数
[1]-0.6451123
```

方差缩减的效果可以用区间估计结果体现。在例 3.2 中，一般计算方法与对偶变量法关于估计量的数学期望分别为：

$$\mathrm{E}(\bar{X}) = \mathrm{E}\left(\frac{1}{n}\sum_{i=1}^{n} x_{1i}\right) = \mu$$

$$\mathrm{E}(\bar{Y}) = \mathrm{E}\left(\frac{1}{n}\sum_{i=1}^{n} \frac{x_{1i} + x_{2i}}{2}\right) = \mu$$

两者均为无偏估计。对应的方差为：

$$\mathrm{Var}(\bar{X}) = \mathrm{Var}\left(\frac{1}{n}\sum_{i=1}^{n} x_{1i}\right) = \frac{\sigma^2}{n}$$

$$\mathrm{Var}(\bar{Y}) = \frac{1}{2n}\left[\sigma^2 + \mathrm{Cov}(X_1,X_2)\right]$$

根据中心极限定理，关于数学期望 μ 在 $1-\alpha$ 置信水平下双侧置信区间为：

$$\text{一般方法:}\left[\bar{X} - z_{1-\alpha/2}\frac{\sigma}{\sqrt{n}}, \bar{X} + z_{1-\alpha/2}\frac{\sigma}{\sqrt{n}}\right]$$

$$\text{对偶变量法:}\left[\bar{Y} - z_{1-\alpha/2}\sqrt{\frac{\sigma^2 + \mathrm{Cov}(X_1,X_2)}{2n}}, \bar{Y} + z_{1-\alpha/2}\sqrt{\frac{\sigma^2 + \mathrm{Cov}(X_1,X_2)}{2n}}\right]$$

```
alpha=0.05
Sg.e=sqrt((cumsum(X^2)-(cumsum(X))^2/(1:n))/((1:n)-1))     #样本 X 标准差
fre.e=cumsum(X)/(1:n)                                      #计算 X 均值
CLL.e=fre.e-qnorm(1-alpha/2)*Sg.e/sqrt(1:n)                #置信下限
CUL.e=fre.e+qnorm(1-alpha/2)*Sg.e/sqrt(1:n)                #置信上限
fre.e[n]                                                   #模拟量 1000 时数学期望估计值
[1] 0.5059584
CLL.e[n]                                                   #模拟量 1000 时数学期望置信下限
[1] 0.4736442
CUL.e[n]                                                   #模拟量 1000 时数学期望置信上限
[1] 0.5382726
CUL.e[n]-CLL.e[n]                                          #置信区间宽度
[1] 0.06462837
```

```
Sg.avm=sqrt((cumsum(Y^2)-(cumsum(Y))^2/(1:n))/((1:n)-1))   #样本 Y 标准差
fre.avm=cumsum(Y)/(1:n)                                    #计算 Y 均值
CLL.avm=fre.avm-qnorm(1-alpha/2)*Sg.avm /sqrt(1:n)         #置信下限
CUL.avm=fre.avm+qnorm(1-alpha/2)*Sg.avm /sqrt(1:n)         #置信上限
fre.avm [n]                                                #模拟量 1000 时数学期望估计值
[1] 0.4997779
CLL.avm [n]                                                #模拟量 1000 时数学期望置信下限
[1] 0.4866658
CUL.avm [n]                                                #模拟量 1000 时数学期望置信上限
[1] 0.5128899
CUL.avm [n]-CLL.avm [n]                                    #置信区间宽度
[1] 0.02622411
par(mfcol=c(1,2))
plot(fre.e,type="l",ylim=c(0.2,0.6),xlab="模拟量",ylab="频率",main="指数分布数学期望(lambda =2)置信区间--一般方法")
lines(CLL.e,type="l", ylim=c(0.2,0.6),col=2)
lines(CUL.e,type="l", ylim=c(0.2,0.6),col=2)
abline(h=1/2,lty=2,col=3)
plot(fre.avm,type="l",ylim=c(0.2,0.6),xlab="模拟量",ylab="频率",main="指数分布数学期望(lambda=2)置信区间-对偶变量法")
lines(CLL.avm,type="l", ylim=c(0.2,0.6),col=2)
lines(CUL.avm,type="l", ylim=c(0.2,0.6),col=2)
abline(h=1/2,lty=2,col=3)
```

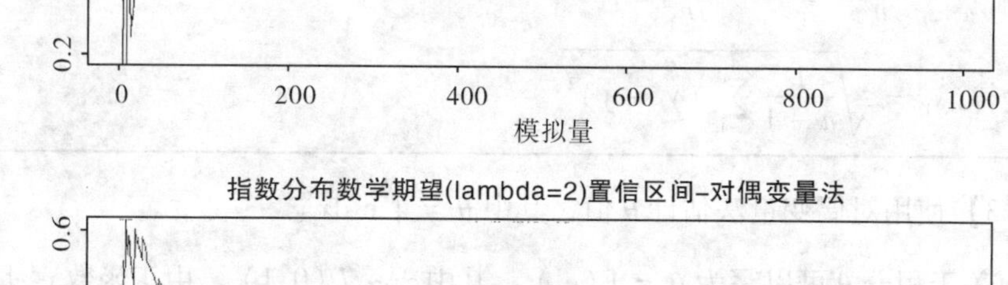

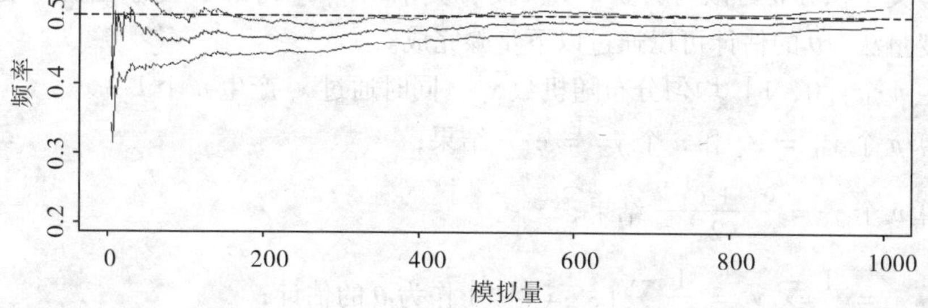

模拟量变动置信区间结果显示，对偶变量法的置信区间（见对偶变量法图两外侧实线）远比一般方法置信区间（见一般方法图两外侧实线）小，这是方差缩减的效果。当模拟量达到1000时，一般方法的置信区间宽度为0.0646，对偶变量法置信区间宽度仅为0.0262，前者宽度约是后者的2.5倍。根据 X 和 Y 的产生方法，Y_i 之间是相互独立的，所以 $\mathrm{Var}(\bar{Y}) = \mathrm{Var}(\frac{1}{n}\sum_{i=1}^{n} Y_i) = \frac{\sigma_Y^2}{n} \approx \frac{s_Y^2}{n}$，在蒙特卡罗模拟中，为了计算简便，根据上述公式计算 $\mathrm{Var}(\bar{Y})$，而未使用 $\mathrm{Var}(\bar{Y}) = \frac{1}{2n}[\sigma^2 + \mathrm{Cov}(X_1,X_2)]$ 这一结果。同时在一般方法中，关于 X 的标准差 σ 用样本标准差近似。

上述运算中，在相同的模拟量条件下，对偶变量方法的方差有大幅缩减。而实际上，如果将一般方法的模拟量翻倍，由 n 变为 $2n$，其方差为 $\mathrm{Var}(\bar{X}) = \frac{\sigma^2}{2n}$，对偶变量法方差 $\mathrm{Var}(\bar{Y}) = \frac{1}{2n}[\sigma^2 + \mathrm{Cov}(X_1,X_2)]$ 不变，显然，在 $\mathrm{Cov}(X_1,X_2) < 0$ 条件下，仍有 $\mathrm{Var}(\bar{Y}) < \mathrm{Var}(\bar{X})$ 成立。对偶变量法既减少蒙特卡罗模拟次数，同时降低了方差。

根据定理中3和4的描述，若 $X = F_X^{-1}(U)$ 中的分布函数 F 为［0，1］均匀分布，那么，对于任意单调函数 $Y = h(U)$，有 $Y_1 = h(U)$ 和 $Y_2 = h(1-U)$ 负相关。因此对于关于 $\mathrm{E}[h(U)]$ 的估计，一般的对偶变量法为：

对偶变量法计算 $\mathrm{E}[h(U)]$ 步骤：

1. 产生 n 个来自（0，1）上的均匀分布随机数 $u_i, i = 1,2,\cdots,n$；
2. 分别计算 $y_{1i} = h(u_i)$ 和 $y_{2i} = h(1-u_i)$；
3. 计算 $y_i = \frac{y_{1i} + y_{2i}}{2}, i = 1,2,\cdots,n$；
4. 用统计量 $\bar{y} = \frac{1}{n}\sum_{i=1}^{n} y_i$ 作为 $\mathrm{E}[h(U)]$ 的估计；
5. 用 $\left[\bar{y} - z_{1-\alpha/2}\frac{\sigma_Y}{\sqrt{n}}, \bar{y} + z_{1-\alpha/2}\frac{\sigma_Y}{\sqrt{n}}\right]$ 作为 $\mathrm{E}[h(U)]$ 的置信区间，其中 σ_Y 通常用样本标准差 s_Y 代替，$s_Y = \sqrt{\frac{1}{n-1}\sum_{i=1}^{n}(y_i - \bar{y})^2}$。

【例3.3】使用对偶变量法估计 θ 值，其中 $\theta = \int_0^1 \mathrm{e}^x \mathrm{d}x$。

首先，关于积分 θ 可以写为 $\theta = \mathrm{E}(\mathrm{e}^x)$，其中 $x \sim U(0,1)$。由于函数 e^x 是递增的，根据对偶变量法，θ 的估计可以通过以下步骤完成。

①产生 n 个［0，1］均匀分布随机数 x_i，同时通过 x_i 产生 n 个 $1 - x_i$；

②计算 n 个 $y_{1i} = \mathrm{e}^{x_i}$ 和 n 个 $y_{2i} = \mathrm{e}^{1-x_i}$ 结果；

③计算 n 个 $y_i = \frac{\mathrm{e}^{x_i} + \mathrm{e}^{1-x_i}}{2}$ 结果；

④计算 $\bar{y} = \frac{1}{n}\sum_{i=1}^{n} y_i = \frac{1}{2n}\sum_{i=1}^{n}[\mathrm{e}^{x_i} + \mathrm{e}^{1-x_i}]$ 作为 θ 的估计；

⑤计算估计量的方差 $\mathrm{Var}(\bar{y}) = \frac{\sigma_Y^2}{n} \approx \frac{s_Y^2}{n} = \frac{1}{n(n-1)}\sum_{i=1}^{n}(y_i - \bar{y})^2$。

```
set.seed(1)
n=2000
x=runif(n)                                    #产生2000个[0,1]均匀分布随机数
z=exp(x)
theta.e=mean(z)                               #一般方法估计量
sigma2.e=sum((z-theta.e)^2)/(n*(n-1))         #一般方法估计量的方差
theta.e
[1] 1.711716
sigma2.e
[1] 0.0001243115
n1=n/2                                        #对偶变量法模拟量取一般方法的1/2
x1=x[1:n1]
y1=exp(x1)
y2=exp(1 - x1)
y=(y1 + y2)/2
theta.avm=mean(y)                             #对偶变量法估计量
sigma2.avm=sum((y-theta.avm)^2)/(n1*(n1-1))   #对偶变量法估计量的方差
theta.avm
[1] 1.718079
sigma2.avm
[1] 3.968847e-06
sigma2.e/sigma2.avm
[1] 31.32182
(sigma2.e-sigma2.avm)/sigma2.e                #方差缩减比例
[1] 0.9680734
cov(y1, y2)                                   #样本协方差
[1]-0.2337459
cor(y1, y2)                                   #样本相关系数
[1]-0.9672089
```

在一般方法与对偶变量法产生的估计量方差中，一般方法是对偶变量法的30倍以上，方差缩减比例达到96.8%。这里一般方法模拟量为对偶变量法的2倍，根据前述推导，在此条件下，如果在 $\mathrm{Cov}(X_1,X_2) < 0$ 条件下，有 $\mathrm{Var}(\bar{Y}) < \mathrm{Var}(\bar{X})$ 成立。本例中，$X_1 = e^x$，$X_2 = e^{1-x}$，且 $x \sim U(0,1)$，其协方差的理论值为：

$$\begin{aligned}\mathrm{Cov}(e^x, e^{1-x}) &= E(e^x e^{1-x}) - E(e^x)E(e^{1-x}) \\ &= \int_0^1 e^x e^{1-x}dx - \int_0^1 e^x \int_0^1 e^{1-x}dx = e - (e-1)^2 \\ &= -0.2342\end{aligned}$$

根据模拟结果计算得到样本协方差为 -0.2337，与理论值 -0.2342 比较接近。例3.2 的协方差为 -0.1611，与本例样本协方差差距不大，但其估计量方差比约为6倍（且该例一般方法与对偶变量法模拟量相同，若两者为2倍关系，方差比会更低），与本例有30多倍的差距较大。对偶变量法缩减方差的效果在协方差为负的同时，与 $\rho(X_1, X_2)$ 有关，例3.2中的相关系数为 -0.6451，本例为 -0.9672。这种相关系数的大小与 $Y=h(U)$ 的单调函数 h 有关，即 h 的具体形式影响对偶变量法缩减效率。

3.2 控制变量法

对于要估计的参数 θ，若已知 $\theta=\mathrm{E}[h(X)]$。通常用统计量 $\hat{\theta}=\frac{1}{n}\sum_{i=1}^{n}h(x_i)$ 进行估计。现有一个函数 $f(X)$，且 $\mu=\mathrm{E}[f(X)]$，通过 $h(X)$ 和 $f(X)$ 构造一个新的随机变量 $Y=h(X)+c[f(X)-\mu]$，其中 c 为常数。Y 的数学期望为：

$$\mathrm{E}(Y)=\mathrm{E}\{h(X)+c[f(X)-\mu]\}=\theta$$

即 Y 是 θ 的一个无偏估计，其方差为：

$$\begin{aligned}\mathrm{Var}(Y)&=\mathrm{Var}\{h(X)+c[f(X)-\mu]\}\\&=\mathrm{Var}[h(X)]+c^2\mathrm{Var}[f(X)-\mu]+2c\mathrm{Cov}\{h(X),[f(X)-\mu]\}\\&=\mathrm{Var}[h(X)]+c^2\mathrm{Var}[f(X)]+2c\mathrm{Cov}[h(X),f(X)]\end{aligned}$$

为达到缩减方差的目的，将上述方差结果作进一步整理得，

$$\begin{aligned}\mathrm{Var}(Y)&=\mathrm{Var}[f(X)]c^2+2\mathrm{Cov}[h(X),f(X)]c+\mathrm{Var}[h(X)]\\&=\mathrm{Var}[f(X)]\left\{c+\frac{\mathrm{Cov}[h(X),f(X)]}{\mathrm{Var}[f(X)]}\right\}^2+\mathrm{Var}[h(X)]-\frac{\mathrm{Cov}^2[h(X),f(X)]}{\mathrm{Var}[f(X)]}\end{aligned}$$

针对上述结果，Var（Y）作为 c 的二次函数，当 $c^*=-\frac{\mathrm{Cov}[h(X),f(X)]}{\mathrm{Var}[f(X)]}$ 时，Var（Y）取最小值，Var（Y）变为：

$$\mathrm{Var}(Y_{c^*})=\mathrm{Var}[h(X)]-\frac{\mathrm{Cov}^2[h(X),f(X)]}{\mathrm{Var}[f(X)]}$$

显然当 $c=c^*$ 时，$\mathrm{Var}(Y_{c^*})\leqslant\mathrm{Var}[h(X)]$。

由此，构造统计量 $\hat{\theta}_{c^*}=\frac{1}{n}\sum_{i=1}^{n}y_i$，其中 $y_i=h(x_i)+c^*[f(x_i)-\mu]$。则 $\mathrm{Var}(\hat{\theta}_{c^*})=\frac{\mathrm{Var}(Y_{c^*})}{n}\leqslant\frac{\mathrm{Var}[h(X)]}{n}=\mathrm{Var}(\hat{\theta})$。对于上述通过构造线性组合，而使随机变量方差缩小的方法称为控制变量法。若要达到方差缩小的目的，且必须满足 $\mathrm{Cov}[h(X),f(X)]\neq 0$，即 $h(X)$ 与 $f(X)$ 相关。

在蒙特卡罗模拟中，为了计算 c^* 的估计值 $\hat{c}^*$，会采用样本协方差与样本方差代替，分别为：

$$\mathrm{Cov}[h(X),f(X)]\approx\frac{\sum_{j=1}^{m}\{[h(x_j)-\bar{h}][f(x_j)-\mu]\}}{m-1}$$

$$\mathrm{Var}[f(X)]\approx\frac{\sum_{j=1}^{m}[f(x_j)-\mu]^2}{m-1}$$

方差缩减效果通常用方差缩减率表示。在控制变量法中，方差缩减率为：

$$\frac{\mathrm{Var}(\hat{\theta})-\mathrm{Var}(\hat{\theta}_{c^*})}{\mathrm{Var}(\hat{\theta})}=\frac{\mathrm{Var}[h(X)]-\mathrm{Var}(Y_{c^*})}{\mathrm{Var}[h(X)]}=\frac{\mathrm{Cov}^2[h(X),f(X)]}{\mathrm{Var}[f(X)]\mathrm{Var}[h(X)]}=\rho^2[h(X),f(X)]$$

方差缩减率为 $h(X)$ 和 $f(X)$ 的相关系数平方。当 $\rho[h(X),f(X)]=\pm1$ 时，方差缩减率达到最大。

控制变量法计算 $\mathrm{E}[h(X)]$ 步骤：

1. 计算 $\hat{c}^*$：

（1）产生 m 个某分布随机数 x_j；

（2）计算 m 个 $h(x_j)$ 和 $f(x_j)$ 值；

（3）根据公式计算 $h(x)$ 和 $f(x)$ 样本协方差与 $f(x)$ 方差；

（4）根据公式得到 $\hat{c}^*$；

2. 计算估计值与置信区间：

（1）产生 n 个某分布随机数 x_i；

（2）计算 n 个 $h(x_i)$ 和 $f(x_i)$ 值；

（3）计算 n 个 $y_i=h(x_i)+\hat{c}^*[f(x_i)-\mu]$ 值；

（4）用统计量 $\bar{y}=\frac{1}{n}\sum_{i=1}^{n}y_i$ 作为 $\mathrm{E}[h(X)]$ 的估计；

（5）用 $\left[\bar{y}-z_{1-\alpha/2}\frac{\sigma_Y}{\sqrt{n}},\bar{y}+z_{1-\alpha/2}\frac{\sigma_Y}{\sqrt{n}}\right]$ 作为 $\mathrm{E}[h(X)]$ 的置信区间，其中 σ_Y 通常用样本标准差 s_Y 代替，$s_Y=\sqrt{\frac{1}{n-1}\sum_{i=1}^{n}(y_i-\bar{y})^2}$。

【例3.4】使用控制变量法估计 θ 值，其中 $\theta=\int_0^1 \mathrm{e}^x\mathrm{d}x$。

令 $h(X)=\mathrm{e}^X$，$f(X)=X$，$X\sim U(0,1)$。则有

$$\mathrm{Var}[f(X)]=\mathrm{Var}[X]=\frac{1}{12}$$

$$\begin{aligned}\mathrm{Var}[h(X)]&=\mathrm{E}[(\mathrm{e}^X)^2]-[\mathrm{E}(\mathrm{e}^X)]^2\\&=\int_0^1\mathrm{e}^{2X}\mathrm{d}X-\left[\int_0^1\mathrm{e}^X\mathrm{d}X\right]^2=-\frac{1}{2}(\mathrm{e}^2-4\mathrm{e}+3)\end{aligned}$$

$$\begin{aligned}\mathrm{Cov}[h(X),f(X)]&=\mathrm{E}[h(X)f(X)]-\mathrm{E}[h(X)]\mathrm{E}[f(X)]\\&=\int_0^1 X\mathrm{e}^X\mathrm{d}X-\int_0^1\mathrm{e}^X\mathrm{d}X\int_0^1X\mathrm{d}X=\frac{1}{2}(3-\mathrm{e})\end{aligned}$$

$$c^*=-\frac{\mathrm{Cov}[h(X),f(X)]}{\mathrm{Var}[f(X)]}=-6(3-\mathrm{e})$$

$$\rho^2[h(X),f(X)]=\frac{\mathrm{Cov}^2[h(X),f(X)]}{\mathrm{Var}[f(X)]\mathrm{Var}[h(X)]}=\frac{6(3-\mathrm{e})^2}{\mathrm{e}^2-4\mathrm{e}+3}$$

```
varh=-0.5*(exp(2)-4*exp(1)+3)            #h(x)方差理论值
varf=1/12                                #f(x)方差理论值
covhf=0.5*(3-exp(1))                     #h(x)与f(x)协方差理论值
corhf2=(covhf^2)/(varh*varf)             #h(x)与f(x)相关系数平方,即方差缩减率理论值
cs=-covhf/varf                           #系数c理论值
varyc=varh-covhf^2/ varf                 #在cs条件下y的方差理论值
corhf=covhf/sqrt(varh*varf)              # h(x)与f(x)相关系数理论值
varh
[1] 0.2420356
covhf
[1] 0.1408591
corhf2
[1] 0.9837205                                   #方差缩减率理论值
cs
[1]-1.690309                                    #系数c理论值
varyc
[1] 0.003940223
corhf
[1] 0.9918268                                   # h(x)与f(x)相关系数理论值
```

接下来使用蒙特卡罗模拟，获得控制变量法积分估计值及其方差。

```
set.seed(1)
n=1000
x=runif(n)                                      #产生1000个[0,1]均匀分布随机数
theta.e=mean(exp(x))                            #一般方法估计量
sigma2.e=sum((exp(x)-theta.e)^2)/(n*(n-1))      #一般方法估计量的方差
theta.e
[1] 1.717807
sigma2.e
[1] 0.0002441946
#计算系数c的估计值
set.seed(2)
m=2000
x1=runif(m)                                     #产生2000个[0,1]均匀分布随机数
f1=x1                                           # m个f(x)值
h1=exp(x1)                                      #m个h(x)值
covhf.m=cov(h1,f1)                              # h(x)与f(x)样本协方差
varf.m=var(f1)                                  # f(x)样本方差
cs.e=-covhf.m/varf.m                            #系数c估计值
cs.e
[1]-1.696022
```

```
mu=1/2
f=x                                          #n 个 f(x)值
h=exp(x)                                     #n 个 h(x)值
y=h + cs.e* (f-mu)                           #n 个 y 值
theta.cv=mean(y)                             #控制变量法估计量
sigma2.cv=sum((y-theta.cv)^2)/(n* (n-1))     #控制变量法估计量方差
theta.cv
[1] 1.71833
sigma2.cv
[1] 4.006159e-06
(sigma2.e-sigma2.cv) / sigma2.e              #方差缩减率
[1] 0.9835944
cor(h, f)                                    # h(x)和 f(x)样本相关系数
[1] 0.9917653
cor(h, f)^2                                  # h(x)和 f(x)样本相关系数平方,即方差缩减率
[1] 0.9835983
```

使用一般方法，得到积分 $\int_0^1 e^x dx$ 估计值为 $\hat{\theta} = 1.7178$ ，估计量方差为 $Var(\hat{\theta}) = 0.0002$ 。使用控制变量法，积分估计值为 $\hat{\theta}_c = 1.7183$ ，对应的方差为 $Var(\hat{\theta}_c) = 4e-06$ 。方差缩减率为 98.36% 。这一结果比例 3.3 中对偶变量法方差缩减率 96.8% 略高。

$\rho[h(X), f(X)]$ 是衡量方差缩减效果的重要指标。在例 3.4 中，相关系数理论值 $\rho[h(X), f(X)] = 0.9918268$，蒙特卡罗模拟相关系数估计值为 $\hat{\rho}[h(X), f(X)] = 0.9917653$，理论值与模拟值基本相同，模拟效果较好，且相关系数接近 1，达到很好的方差缩减效果。为提高方差缩减率，需注意 $f(X)$ 的选择。在蒙特卡罗模拟中，需要首先模拟得到 c^* 的估计值，且 $E[f(X)]$ 已知。

【例 3.5】请给出控制变量方法关于 θ 的估计、方差及置信区间。$\theta = E[e^{(U+V)^2}]$，其中 U、V 独立同分布，均服从 $U(0,1)$ 。且分别选择 $U+V, (U+V)^2, e^{U+V}$ 三个函数作为控制变量 f 。

令 $f_1 = U + V, f_2 = (U+V)^2, f_3 = e^{U+V}$ ，分别计算数学期望为：

$\mu_1 = E(f_1) = E(U+V) = 1$

$\mu_2 = E(f_2) = E[(U+V)^2] = E(U^2) + 2E(U)E(V) + E(V^2) = 2Var(U) + 4E^2(U) = \dfrac{7}{6}$

$\mu_3 = E(f_3) = (e-1)^2$

```
n=1000
set.seed(1)
U=runif(n)                                      #产生 1000 个(0,1)均匀分布随机数
set.seed(2)
V=runif(n)                                      #产生 1000 个(0,1)均匀分布随机数
cor(U,V)                                        #检验 U,V 是否独立
h <- function(U,V){exp((U+V)^2)}                #h(U,V)函数
theta.e=mean(h(U,V))                            #一般方法估计量
sigma2.e=sum((h(U,V)-theta.e)^2)/(n*(n-1))      #一般方法估计量的方差
theta.e
```

```
[1] 4.978106
```

```
sigma2.e
```

```
[1] 0.039346
```

```
#计算系数 c 的估计值
m=2000
set.seed(3)
U1=runif(m)                                     #产生 2000 个(0,1)均匀分布随机数
set.seed(4)
V1=runif(m)                                     #产生 2000 个(0,1)均匀分布随机数
cor(U1,V1)                                      #检验 U1,V1 是否独立
f1 <- function(U,V){U+V}                        #f1(U,V)函数
f2 <- function(U,V){(U+V)^2}                    #f2(U,V)函数
f3 <- function(U,V){exp(U+V)}                   #f3(U,V)函数
covhf1=cov(h(U1,V1),f1(U1,V1))                  # h(U,V)与 f1(U,V)样本协方差
covhf2=cov(h(U1,V1),f2(U1,V1))                  # h(U,V)与 f2(U,V)样本协方差
covhf3=cov(h(U1,V1),f3(U1,V1))                  # h(U,V)与 f3(U,V)样本协方差
varf1=var(f1(U1,V1))                            # f1(U,V)样本方差
varf2=var(f2(U1,V1))                            # f2(U,V)样本方差
varf3=var(f3(U1,V1))                            # f3(U,V)样本方差
cs1=-covhf1/varf1                               #关于 f1(U,V)系数 c 估计值
cs2=-covhf2/varf2                               #关于 f2(U,V)系数 c 估计值
cs3=-covhf3/varf3                               #关于 f3(U,V)系数 c 估计值
c("cs1"=cs1,"cs2"=cs2,"cs3"=cs3)
```

```
    cs1         cs2         cs3
-10.97027   -6.096927   -4.240745
```

```
mu1=1                                        #E(f1(U,V))
mu2=7/6                                      #E(f2(U,V))
mu3=(exp(1)-1)^2                             #E(f3(U,V))
y1=h(U,V)+cs1*(f1(U,V)-mu1)                  #n 个 y1 值
y2=h(U,V)+cs2*(f2(U,V)-mu2)                  #n 个 y2 值
y3=h(U,V)+cs3*(f3(U,V)-mu3)                  #n 个 y3 值
theta1.cv=mean(y1)                           #关于 f1(U,V)控制变量法估计量
theta2.cv=mean(y2)                           #关于 f2(U,V)控制变量法估计量
theta3.cv=mean(y3)                           #关于 f3(U,V)控制变量法估计量
sigma2.cv1=sum((y1-theta1.cv)^2)/(n*(n-1))   #关于 f1(U,V)控制变量法估计量方差
sigma2.cv2=sum((y2-theta2.cv)^2)/(n*(n-1))   #关于 f2(U,V)控制变量法估计量方差
sigma2.cv3=sum((y3-theta3.cv)^2)/(n*(n -1))  #关于 f3(U,V)控制变量法估计量方差
c("theta1.cv"=theta1.cv, "theta2.cv"=theta2.cv, "theta3.cv"=theta3.cv)
```

```
theta1.cv theta2.cv theta3.cv
5.002781  4.994224  4.988433
```

```
c("sigma2.cv1"=sigma2.cv1,"sigma2.cv2"=sigma2.cv2,"sigma2.cv3"=sigma2.cv3)
```

```
sigma2.cv1  sigma2.cv2  sigma2.cv3
0.01638303 0.009319562 0.008609911
```

```
vrr1=(sigma2.e-sigma2.cv1) / sigma2.e        #关于 f1(U,V)方差缩减率
vrr2=(sigma2.e-sigma2.cv2) / sigma2.e        #关于 f2(U,V)方差缩减率
vrr3=(sigma2.e-sigma2.cv3) / sigma2.e        #关于 f3(U,V)方差缩减率
c("vrr1"=vrr1, " vrr2"=vrr2, " vrr3"=vrr3)
```

```
  vrr1      vrr2      vrr3
0.5836164 0.7631383 0.7811744
```

```
cor1=cor(h(U,V), f1(U,V))                    # h(U,V)与 f1(U,V)样本相关系数
cor2=cor(h(U,V), f2(U,V))                    # h(U,V)与 f2(U,V)样本相关系数
cor3=cor(h(U,V), f3(U,V))                    # h(U,V)与 f3(U,V)样本相关系数
c("cor1"=cor1, "cor2"=cor2, "cor3"=cor3)
```

```
  cor1      cor2      cor3
0.7653984 0.8748768 0.8851338
```

使用一般方法，得到 θ 估计值为 4.9781，估计量方差为 0.0393。使用三种不同 f 函数，得到控制变量法关于 θ 估计值分别为 5.0028、4.9942 和 4.9884，对应估计量方差分别为 0.01638、0.0093 和 0.0086。特别是 $f_2 = (U+V)^2$ 和 $f_3 = e^{U+V}$，方差有显著缩减。三种 f 函数的方差缩减率分别为 58.36%、76.31% 和 78.12%。同时，根据蒙特卡罗模拟得到 $\hat{c}^*$，分别为 -10.9703、-6.0969 和 -4.2407。

```
#θ置信区间
alpha=0.05
CLL.h=theta.e-qnorm(1-alpha/2)*sqrt(sigma2.e)                 #关于h(U,V)置信下限
CUL.h=theta.e+qnorm(1-alpha/2)*sqrt(sigma2.e)                 #关于h(U,V)置信上限
CLL.f1=theta1.cv-qnorm(1-alpha/2)*sqrt(sigma2.cv1)            #关于f1(U,V)置信下限
CUL.f1=theta1.cv+qnorm(1-alpha/2)*sqrt(sigma2.cv1)            #关于f1(U,V)置信上限
CLL.f2=theta2.cv-qnorm(1-alpha/2)*sqrt(sigma2.cv2)            #关于f2(U,V)置信下限
CUL.f2=theta2.cv+qnorm(1-alpha/2)*sqrt(sigma2.cv2)            #关于f2(U,V)置信上限
CLL.f3=theta3.cv-qnorm(1-alpha/2)*sqrt(sigma2.cv3)            #关于f3(U,V)置信下限
CUL.f3=theta3.cv+qnorm(1-alpha/2)*sqrt(sigma2.cv3)            #关于f3(U,V)置信上限
UL=CUL.h-CLL.h
UL1=CUL.f1-CLL.f1
UL2=CUL.f2-CLL.f2
UL3=CUL.f3-CLL.f3
Re=data.frame("置信下限"=c(CLL.h, CLL.f1, CLL.f2, CLL.f3), "置信上限"=c(CUL.h,CUL.f1, CUL.f2,
CUL.f3), "区间宽度"=c(UL,UL1,UL2,UL3))
rownames(Re)=c("h","f1","f2","f3")
options(digits=4)
Re
```

	置信下限	置信上限	区间宽度
h	4.589	5.367	0.7776
f1	4.752	5.254	0.5017
f2	4.805	5.183	0.3784
f3	4.807	5.170	0.3637

经过控制变量法的方差缩减，使得 θ 置信区间收窄。一般方法置信区间为［4.589，5.367］，宽度为 0.7776，经过 $f_1 = U + V$，置信区间宽度为 0.5017，再经过 $f_2 = (U+V)^2$ 和 $f_3 = e^{U+V}$ 两种控制变量的使用，置信宽度进一步收窄，已经达到 0.4 以下。选择 f_2 或 f_3 较 f_1 更优。

3.3 条件期望法

若需对数学期望 $\theta = E(X)$ 进行估计，如果已知在 Y 条件下 X 的分布时，可以计算出每个 Y 取值下 X 的数学期望，即 $E(X|Y_i)$，再求均值，记为：$\bar{X}_Y = \frac{\sum_{i=1}^{n} E(X|Y_i)}{n}$，作为 θ 估计值，该估计是 θ 的无偏估计。因根据期望的性质，有

$$E[E(X|Y)] = E[X] = \theta$$

那么

$$E(\bar{X}_Y) = E\left[\frac{\sum_{i=1}^{n} E(X|Y_i)}{n}\right] = E[E(X|Y_1)] = E[X] = \theta。$$

其中 Y_1 是在不失一般性条件下的随机变量。

此时，关于统计量 $\bar{X}_Y$ 的方差为：

$$\mathrm{Var}(\bar{X}_Y) = \mathrm{Var}\left[\frac{\sum_{i=1}^{n}\mathrm{E}(X \mid Y_i)}{n}\right] = \frac{1}{n}\mathrm{Var}[\mathrm{E}(X \mid Y_1)]$$

其中 Y_1 与上类同。

由于任意一个随机变量 X 的方差可以写为：

$$\mathrm{Var}(X) = \mathrm{E}[\mathrm{Var}(X \mid Y)] + \mathrm{Var}[\mathrm{E}(X \mid Y)]$$

因而估计量 $\bar{X}_Y$ 的方差整理为：

$$\mathrm{Var}(\bar{X}_Y) = \frac{1}{n}\{\mathrm{Var}(X) - \mathrm{E}[\mathrm{Var}(X \mid Y_1)]\}$$

上式右端 $\mathrm{E}[\mathrm{Var}(X \mid Y_1)] \geqslant 0$，则方差 $\mathrm{Var}(\bar{X}_Y) \leqslant \frac{1}{n}\mathrm{Var}(X) = \mathrm{Var}(\bar{X})$，其中 $\bar{X} = \frac{1}{n}\sum_{i=1}^{n}X_i$。即用 $\bar{X}_Y$ 作为 $\theta = \mathrm{E}(X)$ 的估计，比一般估计量 $\bar{X}$ 的方差更小。这种通过取条件期望而缩小方差的方法称为条件期望法。

【例 3.6 】Y 是数学期望为 1 的指数分布随机变量，在 $Y = y$ 条件下，X 服从数学期望为 y，方差为 4 的正态分布，请给出 $\theta = P(X > 1)$ 的估计结果。

如果把 X 是否大于 1 看作一个两点分布，即 $I = \begin{cases}1, X > 1\\ 0, X \leqslant 1\end{cases}$，$\theta = P(X > 1) = \mathrm{E}(I)$。可以采用 $\hat{\theta} = \frac{1}{n}\sum_{i=1}^{n}I_i$ 作为 θ 的一般估计值。

一般蒙特卡罗模拟方法：

产生一个 y，根据 y 产生一个 X，判断 X 是否大于 1，计算产生的 n 个随机数 X 中，大于 1 的频数 n_1，用 n_1/n 的结果作为 θ 的估计值。

```
set.seed(1)
n=1000
Y=rexp(n)
X=rnorm(n,Y,2)
n1=sum(X>1)
theta.e=n1/n
I=X>1                                        #I 为逻辑值
sigma2.e=sum((I - theta.e)^2)/(n*(n - 1))    #逻辑值 I 通过 TRUE=1,FALSE=0 参与运算
theta.e
```

```
[1] 0.489
```

```
sigma2.e
```

```
[1] 0.0002501291
```

条件期望方差缩减法：

由于在 $Y = y$ 条件下，X 服从数学期望为 y，方差为 4 的正态分布，那么

$$\mathrm{E}(I \mid Y = y) = P(X > 1 \mid Y = y) = P\left(\frac{X - y}{2} > \frac{1 - y}{2}\right) = 1 - \Phi\left(\frac{1 - y}{2}\right)$$

则 θ 的条件期望法估计写为：

$$\hat{\theta}_{ce}=\frac{\sum_{i=1}^{n}\mathrm{E}(I\mid Y=y_i)}{n}=\frac{\sum_{i=1}^{n}\left[1-\Phi\left(\frac{1-y_i}{2}\right)\right]}{n}。$$

证明得 $\mathrm{E}(\hat{\theta}_{ce})=\theta$，即 $\hat{\theta}_{ce}$ 是 θ 的无偏估计。

```
set.seed(1)
n=1000
Y=rexp(n)
theta.ce=sum(1 - pnorm((1-Y)/2))/n                          #期望的均值作为估计
sigma2.ce=sum(((1-pnorm((1-Y)/2))-theta.ce)^2)/(n*(n-1))   #期望均值的方差
theta.ce
```

```
[1] 0.4962184
```

```
sigma2.ce
```

```
[1] 2.632377e-05
```

```
(sigma2.e-sigma2.ce)/ sigma2.e                              #方差缩减率
```

```
[1] 0.8947593
```

采用一般方法得到估计值为0.489，方差为0.0003，使用条件期望方法，估计值为0.4962，方差为2.6e-05。方差缩减率达到89.48%。

若不用蒙特卡罗模拟，采用数值运算方法，这一概率可以表示为二重积分的结果。由于 $p(y)=\mathrm{e}^{-y},y>0$，$p(x\mid y)=\frac{1}{2\sqrt{2\pi}}\mathrm{e}^{-\frac{(x-y)^2}{8}}$，则 $p(x)$ 为：

$$p(x)=\int_{-\infty}^{+\infty}p(y)p(x\mid y)\mathrm{d}y=\int_{0}^{+\infty}\mathrm{e}^{-y}\frac{1}{2\sqrt{2\pi}}\mathrm{e}^{-\frac{(x-y)^2}{8}}\mathrm{d}y$$

从而 $\theta=P(X>1)$ 的概率值如下所示，直接计算较为烦琐。

$$\theta=P(X>1)=\int_{1}^{+\infty}\int_{0}^{+\infty}\mathrm{e}^{-y}\frac{1}{2\sqrt{2\pi}}\mathrm{e}^{-\frac{(x-y)^2}{8}}\mathrm{d}y\mathrm{d}x$$

通过上述使用条件期望计算估计，以减小估计量方差的方法具体步骤为：

用条件期望法计算 $\mathrm{E}[h(X)]$ 的步骤：

1. 产生服从某分布的 n 个随机数 y_i；
2. 计算 $\mathrm{E}[h(X)\mid y_i]$；
3. 用统计量 $\bar{h}_y=\frac{1}{n}\sum_{i=1}^{n}\mathrm{E}[h(x)\mid y_i]$ 作为 $\mathrm{E}[h(X)]$ 的估计；
4. 用 $\left[\bar{h}_y-z_{1-\alpha/2}\frac{\sigma_{h_y}}{\sqrt{n}},\bar{h}_y+z_{1-\alpha/2}\frac{\sigma_{h_y}}{\sqrt{n}}\right]$ 作为 $\mathrm{E}[h(X)]$ 的置信区间，其中 σ_{h_y} 通常用样本标准差 s_{h_y} 代替，$s_{h_y}=\sqrt{\frac{1}{n-1}\sum_{i=1}^{n}[\mathrm{E}(h(x)\mid y_i)-\bar{h}_y]^2}$。

【例3.7】已知 $U \sim Exp(1)$，$V \sim Exp(1/2)$。请使用条件期望法给出 $\theta = P(U+V>4)$ 的估计值，并与一般方法进行比较。

```
set.seed(1)
n=1000
U=rexp(n)
V=rexp(n,1/2)
W=(U+V)>4
n1=sum(W)
theta.e=n1/n
sigma2.e=sum((W-theta.e)^2)/(n*(n-1))        #逻辑值 W 通过 TRUE=1,FALSE=0 参与运算
theta.e
[1] 0.266
sigma2.e
[1] 0.0001954394
```

采用条件期望法，首先将估计转化为期望的形式，即 $I = \begin{cases} 1, U+V>4 \\ 0, U+V \leqslant 4 \end{cases}$，那么概率 θ 可以写为 $\theta = \mathrm{E}(I) = P(I=1) = P(U+V>4)$。为找到一个已知分布的随机变量作为条件，可以选择 U 或 V 作为条件。假定选择 V 作为条件，那么关于期望 $\mathrm{E}(I|V)$ 可以表示为：

$$\begin{aligned} \mathrm{E}(I|V=v) &= P(U+V>4|V=v) \\ &= P(U>4-v) \\ &= 1-F_U(4-v) \end{aligned}$$

由于 $F_U(u) = \begin{cases} 1-\mathrm{e}^{-u}, u \geqslant 0 \\ 0, \quad u<0 \end{cases}$，得到

$$F_U(4-v) = \begin{cases} 1-\mathrm{e}^{v-4}, 0 \leqslant v \leqslant 4 \\ 0, v>4 \end{cases}$$

代入期望 $\mathrm{E}(I|V=v)$ 中，得

$$\mathrm{E}(I|V=v) = \begin{cases} \mathrm{e}^{v-4}, 0 \leqslant v \leqslant 4 \\ 1, v>4 \end{cases}$$

```
EI.V=c()
for(i in 1:n){                                 #求数学期望结果
  if(V[i]>4){EI.V[i]=1}
  else{EI.V[i]=exp(V[i]-4)}
}
theta.ce=mean(EI.V)                            #数学期望均值作为估计值
sigma2.ce=sum((EI.V-theta.ce)^2)/(n*(n-1))     #估计量方差
theta.ce
sigma2.ce
[1] 0.2505037
[1] 0.0001152125
(sigma2.e-sigma2.ce)/sigma2.e                  #方差缩减率
```

```
[1] 0.4104951                                              #方差缩减率
alpha=0.05
CLL.e=theta.e-qnorm(1-alpha/2)*sqrt(sigma2.e)              #一般方法置信下限
CUL.e=theta.e+qnorm(1-alpha/2)*sqrt(sigma2.e)              #一般方法置信上限
CLL.ce=theta.ce-qnorm(1-alpha/2)*sqrt(sigma2.ce)           #条件期望法置信下限
CUL.ce=theta.ce+qnorm(1-alpha/2)*sqrt(sigma2.ce)           #条件期望法置信上限
UL=CUL.e-CLL.e                                             #一般方法置信宽度
UL.ce=CUL.ce-CLL.ce                                        #条件期望法置信区间宽度
Re=data.frame("置信下限"=c(CLL.e, CLL.ce), "置信上限"=c(CUL.e,CUL.ce), "区间宽度"=c(UL,UL.ce))
rownames(Re)=c("一般方法","条件期望法")
Re
           置信下限  置信上限  区间宽度
一般方法     0.2386    0.2934   0.05480
条件期望法   0.2295    0.2715   0.04208
```

一般性方法与条件期望法方差分别为0.0002和0.0001，蒙特卡罗模拟方差缩减率为41.05%。这个比率与其他例子的方差缩减程度相比较小。

实际上，若同时选择U、V作为条件，$\mathrm{E}(I\mid U,V)$可以表示为：

$$\mathrm{E}(I\mid U,V)=P(U+V>4\mid U=u,V=v)$$
$$=\begin{cases}1,u+v>4\\0,u+v\leqslant 4\end{cases}$$

由此所采用统计量$\frac{1}{n}\sum_{i=1}^{n}\mathrm{E}(I\mid U=u_i,V=v_i)$与一般方法是完全一致的，方差结果不变。

现根据选择V作为条件，得到关于两个估计量的理论值。首先是对$\mathrm{E}(I)$的估计和估计量方差计算。一般估计量为$\frac{1}{n}\sum_{i=1}^{n}I_i$，是无偏估计。为了获得$\mathrm{E}(I)$真值，根据$I=\begin{cases}1,U+V>4\\0,U+V\leqslant 4\end{cases}$为两点分布，通过计算$U+V$的分布情况，即可计算$\mathrm{E}(I)$。令$W=U+V$，那么$W$的密度函数为：

$$p_W(w)=\int_{-\infty}^{+\infty}p_U(w-v)p_V(v)\mathrm{d}v=\int_0^w \mathrm{e}^{v-w}\frac{1}{2}\mathrm{e}^{-\frac{1}{2}v}\mathrm{d}v=\mathrm{e}^{-\frac{1}{2}w}-\mathrm{e}^{-w},w\geqslant 0$$

对应的概率$P(W>4)=\int_4^{+\infty}(\mathrm{e}^{-\frac{1}{2}w}-\mathrm{e}^{-w})\mathrm{d}w=2\mathrm{e}^{-2}-\mathrm{e}^{-4}$，即$\mathrm{E}(I)=2\mathrm{e}^{-2}-\mathrm{e}^{-4}=0.2524$。在一般方法和条件期望法两种模拟中，结果与真值都较为接近。根据两点分布方差公式，$\mathrm{Var}(I)=\mathrm{E}(I)[1-\mathrm{E}(I)]=(2\mathrm{e}^{-2}-\mathrm{e}^{-4})(1-2\mathrm{e}^{-2}+\mathrm{e}^{-4})=0.1886719$。

使用条件期望方法的估计量为$\frac{1}{n}\sum_{i=1}^{n}\mathrm{E}(I\mid V=v_i)$，由重期望公式可知，估计量是参数的无偏估计。对应的$\mathrm{E}(I\mid V=v)$方差为：

$$\mathrm{Var}[\mathrm{E}(I\mid V=v)]=\mathrm{E}\{[\mathrm{E}(I\mid V=v)]^2\}-\mathrm{E}^2[\mathrm{E}(I\mid V=v)]$$
$$=\mathrm{E}\{[\mathrm{E}(I\mid V=v)]^2\}-\mathrm{E}^2(I)$$
$$=\int_{-\infty}^{+\infty}[\mathrm{E}(I\mid V=v)]^2p(v)\mathrm{d}v-\mathrm{E}^2(I)$$

$$= \int_0^4 e^{2(v-4)} \frac{1}{2} e^{-\frac{1}{2}v} dv + \int_{-\infty}^{+\infty} \frac{1}{2} e^{-\frac{1}{2}v} dv - E^2(I)$$

$$= \frac{1}{3}(4e^{-2} - e^{-8}) - (2e^{-2} - e^{-4})^2$$

$$= 0.1166522$$

根据 $\mathrm{Var}(I)$ 和 $\mathrm{Var}[E(I \mid V = v)]$，得到两个估计量 $\frac{1}{n}\sum_{i=1}^{n} I_i$ 和 $\frac{1}{n}\sum_{i=1}^{n} E(I \mid V = v_i)$ 的方差分别为 $\frac{\mathrm{Var}(I)}{n}$ 和 $\frac{\mathrm{Var}[E(I \mid V = v)]}{n}$。因 $\mathrm{Var}(I)$ 和 $\mathrm{Var}[E(I \mid V = v)]$ 相差较小，则两个估计量的方差差异较小。蒙特卡罗模拟结果和理论结果一致。

使用条件期望方法时，为了提高方差缩减率，需考虑 $E[\mathrm{Var}(h(X) \mid Y)]$。选择恰当的条件 Y，增大 $E[\mathrm{Var}(h(X) \mid Y)]$，从而使方差缩减率 $\frac{E[\mathrm{Var}(h(X) \mid Y)]}{\mathrm{Var}[h(X)]}$ 相对增加。

3.4 分层抽样法

一个随机变量 X 数学期望 $\theta = E(X)$ 通常用样本 $(x_1, x_2, \cdots, x_n)$ 的均值 $\hat{\theta} = \bar{x}$ 作为估计，估计量 $\hat{\theta}$ 是无偏的。若已知一个新的随机变量 Y，其可能取值为 $\{y_1, y_2, \cdots, y_k\}$ 且 $P(Y = y_i) = p_i$。根据重期望公式，数学期望 $\theta = E(X)$ 写为：

$$\theta = E(X) = E[E(X \mid Y)] = \sum_{i=1}^{k} E(X \mid Y = y_i) p_i = \sum_{i=1}^{k} \theta_i p_i$$

其中 $\theta_i = E(X \mid Y = y_i)$。那么对于 θ_i 的估计 $\hat{\theta}_i$，若满足无偏性，即 $E(\hat{\theta}_i) = \theta_i$ 时，$E(\sum_{i=1}^{k} \hat{\theta}_i p_i) = \sum_{i=1}^{k} p_i \theta_i = \theta$。因而 $\sum_{i=1}^{k} \hat{\theta}_i p_i$ 也可以作为 θ 的一个无偏估计。

对于估计 $\hat{\theta}_i$ 可以在 $Y = y_i$ 的条件下，模拟 n_i 次，以此时的 $\bar{X}_i = \frac{1}{n_i}\sum_{j=1}^{n_i} X_j$ 作为 θ_i 的估计，$\sum_{i=1}^{k} \bar{X}_i p_i$ 作为数学期望 θ 的估计，记为 $\hat{\theta}_s = \sum_{i=1}^{k} \bar{X}_i p_i$。显然，$E(\hat{\theta}_s) = \theta$。称这种估计方法为分层抽样法，$\hat{\theta}_s$ 为分层抽样估计量。

为验证分层抽样法能否使估计量方差减少，计算 $\hat{\theta}_s$ 的方差为：

$$\mathrm{Var}(\hat{\theta}_s) = \mathrm{Var}(\sum_{i=1}^{k} \bar{X}_i p_i) = \sum_{i=1}^{k} p_i^2 \mathrm{Var}(\bar{X}_i) = \sum_{i=1}^{k} p_i^2 \frac{\mathrm{Var}(X \mid Y = y_i)}{n_i} = \sum_{i=1}^{k} p_i^2 \frac{\sigma_i^2}{n_i}$$

其中 $\sigma_i^2 = \mathrm{Var}(X \mid Y = y_i)$。

运用一般方法估计量为 $\bar{X} = \frac{1}{n}\sum_{i=1}^{n} X_i$，方差为 $\mathrm{Var}(\bar{X}) = \frac{1}{n}\mathrm{Var}(X)$，利用公式 $\mathrm{Var}(X) = E[\mathrm{Var}(X \mid Y)] + \mathrm{Var}[E(X \mid Y)]$ 将 $\mathrm{Var}(\bar{X})$ 展开得：

$$\begin{aligned}\operatorname{Var}(\bar{X}) &= \frac{1}{n}\{E[\operatorname{Var}(X|Y)] + \operatorname{Var}[E(X|Y)]\} \\ &= \frac{1}{n}[\sum_{i=1}^{k} p_i\sigma_i^2] + \frac{1}{n}\operatorname{Var}[E(X|Y)]\end{aligned}$$

一般估计量 $\bar{X}$ 方差与分层抽样法方差 $\operatorname{Var}(\hat{\theta}_s)$ 差值为：

$$\begin{aligned}&\operatorname{Var}(\bar{X}) - \operatorname{Var}(\hat{\theta}_s) \\ &= \frac{1}{n}[\sum_{i=1}^{k} p_i\sigma_i^2] + \frac{1}{n}\operatorname{Var}[E(X|Y)] - \sum_{i=1}^{k} p_i^2\frac{\sigma_i^2}{n_i} \\ &= \sum_{i=1}^{k} p_i(\frac{1}{n} - \frac{p_i}{n_i})\sigma_i^2 + \frac{1}{n}\operatorname{Var}[E(X|Y)]\end{aligned}$$

其中 $\frac{1}{n}\operatorname{Var}[E(X|Y)] = \frac{1}{n}[\sum_{i=1}^{k} p_i(\theta_i - \theta)^2] \geqslant 0$。

针对差值第一部分 $\sum_{i=1}^{k} p_i(\frac{1}{n} - \frac{p_i}{n_i})\sigma_i^2$，若 $n_i = np_i$，那么 $\sum_{i=1}^{k} p_i(\frac{1}{n} - \frac{p_i}{n_i})\sigma_i^2 = 0$，即按照比例方法在每一层抽样，其估计量方差与一般估计量方差差值为：

$$\operatorname{Var}(\bar{X}) - \operatorname{Var}(\hat{\theta}_s) = \frac{1}{n}\operatorname{Var}[E(X|Y)] \geqslant 0$$

从而达到方差缩减的效果。此时，在蒙特卡罗模拟中，每一层模拟的样本量 np_i，计算 $\bar{X}_i = \frac{\sum_{j=1}^{np_i} X_j}{np_i}$，用 $\hat{\theta}_s = \sum_{i=1}^{k} \bar{X}_i p_i$ 作为估计量，估计量的方差为 $\operatorname{Var}(\hat{\theta}_s) = \frac{1}{n}\sum_{i=1}^{k} p_i\sigma_i^2$，对应方差缩减率为 $\frac{\operatorname{Var}[E(X|Y)]}{\operatorname{Var}(X)}$。

【例3.8】使用分层抽样法估计 θ 值，其中 $\theta = \int_0^1 h(x)\,dx = \int_0^1 e^{-x}(1 + x^2)^{-1}dx$，其中将［0，1］区间等分为4层，每层概率 $p_i = 0.25$，并按等比例方式划分样本量。

一般方法：产生均匀分布随机数 $(x_1, x_2, \cdots, x_n)$，代入 $\bar{h} = \frac{\sum_{i=1}^{n} h(x_i)}{n}$ 作为估计值。估计量方差为 $\sigma^2 = \frac{\sigma_h^2}{n}$，$\sigma_h^2$ 通常用样本方差 s_h^2 代替，其中样本方差 $s_h^2 = \frac{1}{n-1}\sum_{i=1}^{n}[h(x_i) - \bar{h}]^2$。

```
set.seed(1)
n=1000
U=runif(n)
h <- function(U){exp(-U)/(1+U^2)}
theta.e=mean(h(U))                          #积分估计值
sigma2.e=sum((h(U)-theta.e)^2)/(n*(n-1))     #积分估计量方差
theta.e
```

```
[1] 0.5251122
sigma2.e
[1] 5.929583e-05
```

采用分层等比例抽样方法，模拟量 $n=1000$，分四层，即 $k=4$，按照等比例方式，每层抽取样本 250 个，每层概率为 $p_i=0.25$。这意味着分层变量 Y 的分布为：

Y	$[0,\frac{1}{4}]$	$[\frac{1}{4},\frac{2}{4}]$	$[\frac{2}{4},\frac{3}{4}]$	$[\frac{3}{4},1]$
p_i	0.25	0.25	0.25	0.25
$n_i=np_i$	250	250	250	250

注：$n=1000$

```
k=4                                                 #层数
p=1/k                                               #每层概率
ni=n/k                                              #每层抽取样本量
theta.i=c()                                         #每层样本均值
sigma2.i=c()                                        #每层样本方差
for(j in 1:k){
  U=(j-1)/k+runif(ni)/k                             #产生第 j 层的 ni=250 个均匀分布随机数
  theta.i[j]=mean(h(U))                             #计算第 j 层样本均值
  sigma2.i[j]=sum((h(U) - theta.i[j])^2)/(ni-1)    #计算第 j 层样本方差
}
theta.ss=sum(theta.i*p)                             #分层抽样估计值
sigma2.ss=sum(sigma2.i*p)/n                         #分层抽样估计量方差
theta.ss
[1] 0.5272925
sigma2.ss
[1] 4.043758e-06
(sigma2.e-sigma2.ss)/sigma2.e                       #方差缩减率
[1] 0.9318037
```

在使用等比例分层抽样方法后，估计量方差由一般方法中的 5.9e－05 下降至 4.0e－06，方差缩减率为 93.18%。由此可见，等比例分层抽样效果较好。

面对分层抽样，在分层区间和每层概率确定的条件下，$\mathrm{Var}(\hat{\theta}_s)=\sum_{i=1}^{k}p_i^2\frac{\sigma_i^2}{n_i}$ 与每层抽样量 n_i 有关。为了得到分层抽样估计量方差的最小值，采用拉格朗日乘数法，构建关系式：

$$L = \mathrm{Var}(\hat{\theta}_s) + \lambda(n - \sum_{i=1}^{k} n_i) = \sum_{i=1}^{k} p_i^2 \frac{\sigma_i^2}{n_i} + \lambda(n - \sum_{i=1}^{k} n_i),\ n = \sum_{i=1}^{k} n_i$$

通过求解偏导 $\frac{\partial L}{\partial n_i} = 0, \frac{\partial L}{\partial \lambda} = 0$，在分层抽样估计量方差最小时，$n_i$ 为：

$$n_i^* = \frac{p_i \sigma_i}{\sum_{i=1}^{k} p_i \sigma_i} n$$

代入估计量方差，最小值为 $\mathrm{Var}(\hat{\theta}_s^*) = \frac{1}{n}(\sum_{i=1}^{k} p_i \sigma_i)^2$，对应 $\hat{\theta}_s^*$ 称为最优估计。

估计量 $\hat{\theta}_s^*$ 的方差与等比例方法相比更小，因为针对两者的方差进行比较，发现

$$\mathrm{Var}(\hat{\theta}_s^*) = \frac{1}{n}(\sum_{i=1}^{k} p_i \sigma_i)^2 \leqslant \frac{1}{n}\sum_{i=1}^{k} p_i \sigma_i^2 = \mathrm{Var}(\hat{\theta}_s)。$$

【例 3.9】使用分层抽样法估计 θ 值，其中 $\theta = \int_0^1 h(x)\mathrm{d}x = \int_0^1 \mathrm{e}^x \mathrm{d}x$，将［0，1］区间等分为 4 层，每层概率 $p_i = 0.25$，并确定使估计量方差最小情况下样本划分。

为确定每层最优样本容量 n_i^*，首先计算每层数学期望，并最终获得每层的方差。

$\theta_1 = \int_0^{1/4} \mathrm{e}^x \mathrm{d}x = \mathrm{e}^{1/4} - 1$，$\theta_2 = \int_{1/4}^{1/2} \mathrm{e}^x \mathrm{d}x = \mathrm{e}^{1/2} - \mathrm{e}^{1/4}$，$\theta_3 = \int_{1/2}^{3/4} \mathrm{e}^x \mathrm{d}x = \mathrm{e}^{3/4} - \mathrm{e}^{1/2}$，$\theta_4 = \int_{3/4}^{1} \mathrm{e}^x \mathrm{d}x = \mathrm{e}^1 - \mathrm{e}^{3/4}$

$\sigma_1^2 = \mathrm{Var}(h(X) \mid Y = y_1) = \mathrm{E}[h^2(X) \mid Y = y_1] - \theta_1^2 = \int_0^{1/4} \mathrm{e}^{2x} \mathrm{d}x - \theta_1^2 = \frac{1}{2}\mathrm{e}^{1/2} - 1 - \theta_1^2 = 0.2437$

$$\sigma_2^2 = \mathrm{Var}(h(X) \mid Y = y_2) = \int_{1/4}^{1/2} \mathrm{e}^{2x} \mathrm{d}x - \theta_2^2 = \frac{1}{2}(\mathrm{e} - \mathrm{e}^{1/2}) - \theta_2^2 = 0.4018$$

$$\sigma_3^2 = \mathrm{Var}(h(X) \mid Y = y_3) = \int_{1/2}^{3/4} \mathrm{e}^{2x} \mathrm{d}x - \theta_3^2 = \frac{1}{2}(\mathrm{e}^{3/2} - \mathrm{e}) - \theta_3^2 = 0.6624$$

$$\sigma_4^2 = \mathrm{Var}(h(X) \mid Y = y_4) = \int_{3/4}^{1} \mathrm{e}^{2x} \mathrm{d}x - \theta_4^2 = \frac{1}{2}(\mathrm{e}^2 - \mathrm{e}^{3/2}) - \theta_4^2 = 1.092$$

将 $p_i = 0.25$，$n = 1000$ 及对应标准差结果代入样本容量计算公式，得

$$n_1^* = \frac{\sigma_1}{\sum_{i=1}^{4} \sigma_i} n = 165,\ n_2^* = \frac{\sigma_2}{\sum_{i=1}^{4} \sigma_i} n = 212,\ n_3^* = \frac{\sigma_3}{\sum_{i=1}^{4} \sigma_i} n = 273,\ n_4^* = \frac{\sigma_4}{\sum_{i=1}^{4} \sigma_i} n = 350$$

```
n=1000
h <- function(U){exp(U)}
k=4                                                          #层数
p=1/k                                                        #每层概率
nk=c(165,212,273,350)                                        #每层抽取样本量
theta.i=c()                                                  #每层样本均值
sigma2.i=c()                                                 #每层样本方差
for(j in 1:k){
  U=(j-1)/k+runif(nk[j])/k                                   #产生第 j 层的 ni 个均匀分布随机数
  theta.i[j]=mean(h(U))                                      #计算第 j 层样本均值
  sigma2.i[j]=sum((h(U)-theta.i[j])^2)/( nk[j]-1)            #计算第 j 层样本方差
}
theta.ss=sum(theta.i*p)                                      #分层抽样估计值
sigma2.ss=sum(sqrt(sigma2.i)*p)^2/n                          #分层抽样估计量方差
theta.ss
```

```
[1] 1.713936
```

```
sigma2.ss
```

```
[1] 1.563143e-05
```

```
set.seed(1)
U=runif(n)
theta.e=mean(h(U))                                           #积分估计值
sigma2.e=sum((h(U)-theta.e)^2)/(n*(n-1))                     #积分估计量方差
theta.e
```

```
[1] 1.718
```

```
sigma2.e
```

```
[1] 0.0002442
```

```
(sigma2.e - sigma2.ss)/ sigma2.e                             #方差缩减率
```

```
[1] 0.9359878                                                #方差缩减率
```

```
alpha=0.05
CLL.e=theta.e - qnorm(1 - alpha/2)*sqrt(sigma2.e)            #一般方法置信下限
CUL.e=theta.e + qnorm(1 - alpha/2)*sqrt(sigma2.e)            #一般方法置信上限
CLL.ss=theta.ss - qnorm(1 - alpha/2)*sqrt(sigma2.ss)         #分层抽样法置信下限
CUL.ss=theta.ss + qnorm(1 - alpha/2)*sqrt(sigma2.ss)         #分层抽样法置信上限
UL=CUL.e - CLL.e                                             #一般方法置信区间宽度
UL.ss=CUL.ss - CLL.ss                                        #条件期望法置信区间宽度
Re=data.frame("置信下限"=c(CLL.e, CLL.ss), "置信上限"=c(CUL.e,CUL.ss), "区间宽度"=c(UL,UL.ss))
rownames(Re)=c("一般方法","分层抽样法")
Re
```

```
          置信下限   置信上限   区间宽度
一般方法    1.687      1.748     0.06126
分层抽样法  1.706      1.722     0.01550
```

通过各层理论方差确定每层样本量，根据蒙特卡罗模拟计算估计值和方差。本例中采用分层抽样法的估计量方差为1.56e－05，一般方法估计量方差为0.0002，方差缩减率达到93.60%，达到较好的缩减方差目的。同时由此进一步得到关于积分的置信区间，该积分的真值为1.718，观察两者置信区间，分层抽样的结果优于一般方法，其置信宽度仅为0.0155，一般方法置信宽度达到0.0613。

分层抽样法计算 $\mathrm{E}[h(X)]$ 步骤：

已知：区域 $[a, b]$ 分 k 层，每层概率 p_i，每层样本量 n_i：

1. 在每层区域中产生 n_i 个随机数 x_{ij}，其中 $i = 1,2,\cdots,k$，$j = 1,2,\cdots,n_i$；
2. 计算每层 $\bar{h}_i = \dfrac{1}{n_i}\sum_{j=1}^{n_i} h(x_{ij})$；
3. 计算每层 $s_i^2 = \dfrac{1}{n_i - 1}\sum_{j=1}^{n_i} (h(x_{ij}) - \bar{h}_i)^2$；
4. 用统计量 $\bar{h} = \sum_{i=1}^{k} p_i \bar{h}_i$ 作为 $\mathrm{E}[h(X)]$ 的估计；
5. 用统计量 $\sigma_h^2 = \sum_{i=1}^{k} p_i^2 \dfrac{s_i^2}{n_i}$ 作为估计量 $\bar{h}$ 的方差；
6. 用 $[\bar{h} - z_{1-\alpha/2}\sigma_h, \bar{h} + z_{1-\alpha/2}\sigma_h]$ 作为 $\mathrm{E}[h(X)]$ 的置信区间。

在计算中，σ_i^2 是获取最优分层样本容量，并达到方差缩减目的的关键。而对于较为复杂的问题，计算 σ_i^2 结果并不容易，若用样本方差 s_i^2 代替 σ_i^2，在有些情况下，这种替代结果对方差缩减还不如等比例方法更为有效。因此，在使用分层抽样法时，需注意 σ_i^2 估计的准确性。

3.5 重要抽样法

在第2.3节中，介绍重要抽样法在积分中的作用，通过构造积分区域上的密度函数，从而将一般积分 $\int_a^b g(x)\,\mathrm{d}x$ 转化为 $\int_a^b \dfrac{g(x)}{p(x)}p(x)\,\mathrm{d}x$ 的形式，并验证估计量 $\dfrac{1}{n}\sum_{i=1}^{n}\dfrac{g(x)}{p(x_i)}$，$x_i \sim p(x)$ 的无偏性，以及较一般方法下估计量有更小的方差，其中一般估计量为 $\dfrac{b-a}{n}\sum_{i=1}^{n} g(x_i), x_i \sim U(a,b)$，且在 $\dfrac{g(x)}{p(x)}$ 接近于常数时，估计量方差越小，直到 $\dfrac{g(x)}{p(x)} = \int_a^b g(x)\,\mathrm{d}x$ 时，出现方差为0的理想情况（见例2.6）。其中 $p(x)$ 称为重要分布密度函数，又叫偏倚分布密度函数，通常简称重要函数。

在运算中，重要抽样法除缩小估计量方差外，更提升了抽样效率，提高了估计准确度。例如一个服从标准正态分布的随机变量 X，要通过蒙特卡罗模拟 $\theta = P(X \geqslant 20)$ 的估计。这一估计可以写为 $\theta=\mathrm{E}(I_{\{X\geqslant 20\}})$，其中 $I\begin{cases}1, & X\geqslant 20\\0, & X<20\end{cases}$。一般模拟方法为：

（1）产生 n 个服从标准正态分布的随机数 $(x_1, x_2, \cdots, x_n)$；

（2）判断每个随机数 x_i 是否大于等于 20，用随机变量表示为 $I_i=\begin{cases}1, & x_i\geqslant 20\\0, & x_i<20\end{cases}$；

（3）计算参数估计值 $\hat{\theta}=\dfrac{\sum_{i=1}^{n} I_i}{n}$，及其置信区间等。

```
set.seed(1)
n=1000000
x=rnorm(n)
I=x >=20
for(i in 1:n){
  if(I[i]= =TRUE)I[i]=1
  else I[i]=0
}
n1=sum(I)
theta.e=n1/n
sigma2.e=sum((I-theta.e)^2)/(n*(n-1))
theta.e
```

```
[1] 0
```

```
sigma2.e
```

```
[1] 0
```

实际上，$\theta=P\ (X\geqslant 20)$ 必然不为 0，而是与 0 较为接近的一个数值。虽然经过 1000000 次模拟量，估计量为 0，但仍然未能给 $\theta=P(X\geqslant 20)$ 一个较为精确的估计。若增加模拟量，采用一般方法，模拟约 2.7e+89 次，才出现一次 $I=1$ 的结果。如果一定要找到一个更为精确的模拟估计结果，显然将模拟量增加到 2.7e+89 次是不合适的。

现针对形如 $\theta=\mathrm{E}_p[h(X)]=\int h(x)p(x)\mathrm{d}x$ 数学期望，其中 X 来自支撑为 A 的密度函数 $p(x)$。令 $f(x)$ 是一个支撑为 A 的密度函数，且当 $p(x)\neq 0$，$f(x)\neq 0$。数学期望写为：

$$\theta=\mathrm{E}_p(h(X))=\int h(x)p(x)\mathrm{d}x=\int h(x)\frac{p(x)}{f(x)}f(x)\mathrm{d}x=\mathrm{E}_f\left[h(X)\frac{p(X)}{f(X)}\right]$$

若通过产生来自支撑为 A 的密度函数为 $f(x)$ 的随机数 $(x_1, x_2, \cdots, x_n)$，通过统计量 $\hat{\theta}_{IS}=\dfrac{\sum_{i=1}^{n} h(x_i)\dfrac{p(x_i)}{f(x_i)}}{n}$ 作为数学期望 θ 的估计。这种方法称为重要抽样法。其中 $f(x)$ 称为重要抽样函数或包络函数。

【例 3.10】请使用重要抽样法给出 $\theta=P(X\geqslant 20)=\mathrm{E}(I_{\{X\geqslant 20\}})$ 的估计，其中 X 服从标准正态分布。

根据数学期望表达式，$\theta = P(X \geqslant 20) = \mathrm{E}(I_{\{X \geqslant 20\}}) = \int_{-\infty}^{+\infty} I_{\{x \geqslant 20\}} \frac{1}{\sqrt{2\pi}} \mathrm{e}^{-\frac{x^2}{2}} \mathrm{d}x$，即有 $h(x) = I_{\{x \geqslant 20\}}$，$p(x) = \frac{1}{\sqrt{2\pi}} \mathrm{e}^{-\frac{x^2}{2}}$。令 $f(x) = \frac{1}{\sqrt{2\pi}} \mathrm{e}^{-\frac{(x-\mu)^2}{2}}, x \sim N(\mu, 1)$。代入数学期望表达式，得：

$$\theta = \mathrm{E}_p[h(X)] = \int h(x)p(x)\mathrm{d}x = \int h(x)\frac{p(x)}{f(x)}f(x)\mathrm{d}x$$

$$= \int_{-\infty}^{+\infty} I_{\{x \geqslant 20\}} \left\{ \frac{\frac{1}{\sqrt{2\pi}}\mathrm{e}^{-\frac{x^2}{2}}}{\frac{1}{\sqrt{2\pi}}\mathrm{e}^{-\frac{(x-\mu)^2}{2}}} \right\} \frac{1}{\sqrt{2\pi}} \mathrm{e}^{-\frac{(x-\mu)^2}{2}} \mathrm{d}x$$

$$= \int_{-\infty}^{+\infty} I_{\{x \geqslant 20\}} \mathrm{e}^{-\mu x + \mu^2/2} \frac{1}{\sqrt{2\pi}} \mathrm{e}^{-\frac{(x-\mu)^2}{2}} \mathrm{d}x$$

$$= \mathrm{E}_f(I_{\{x \geqslant 20\}} \mathrm{e}^{-\mu x + \mu^2/2})$$

①产生 n 个服从 N（μ，1）的随机数（x_1，x_2，…，x_n）；

②计算每个 $I_{\{x_i \geqslant 20\}} \mathrm{e}^{-\mu x_i + \mu^2/2}$；

③计算统计量 $\hat{\theta}_{IS} = \frac{\sum_{i=1}^{n} I_{\{x_i \geqslant 20\}} \mathrm{e}^{-\mu x_i + \mu^2/2}}{n}$ 作为数学期望估计值。

```
set.seed(1)
n=1000000
mu=20
x=rnorm(n,mu,1)
I=x >=20
hp.f=I* exp(-mu* x + mu^2/2)
theta.is=mean(hp.f)
sigma2.is=sum((I - theta.is)^2)/(n*(n-1))
theta.is
```

```
[1] 2.766392e-89
```

```
sigma2.is
```

```
[1] 5.001875e-07
```

使用重要抽样法后，模拟量为1000000次，即可达到一般方法模拟2.7e+89次的效果。得到估计值为2.77e-89，较一般方法更接近真值。重要抽样法正是通过引入f（x），增加抽样概率，降低模拟量同时提高精度。重要抽样对于这类小概率事件的模拟效果较好。重要抽样法和一般方法的方差分别为5.0e-07和0。这是否表示重要抽样法方差大于一般方法呢？

计算 h（X）的方差为：

$$\mathrm{Var}_p[h(X)] = \mathrm{E}_p[h^2(X)] - \{\mathrm{E}_p[h(X)]\}^2 = \int h^2(x)p(x)\mathrm{d}x - \theta^2$$

令 $h^*(X) = h(X)\frac{p(X)}{f(X)}$，$h^*(X)$ 的方差为：

$$\mathrm{Var}_f[h^*(X)] = \mathrm{E}_f[h^{*2}(X)] - \{\mathrm{E}_f[h^*(X)]\}^2 = \int \frac{h^2(x)p^2(x)}{f(x)}\mathrm{d}x - \theta^2 =$$

$$\int \frac{h^2(x)p(x)}{f(x)}p(x)\,\mathrm{d}x - \theta^2$$

当 $f(x) = \frac{h(x)p(x)}{\theta}$ 时，有

$$\mathrm{Var}(h^*(X)) = \int \frac{h^2(x)p(x)}{h(x)p(x)/\theta}p(x)\,\mathrm{d}x - \theta^2 = \theta\int h(x)p(x)\,\mathrm{d}x - \theta^2 = 0$$

即方差缩减效果最优。若 $\frac{h(x)p(x)}{f(x)}$ 接近于常数，其方差也减小。

$\mathrm{Var}_p[h(X)]$ 与 $\mathrm{Var}_f[h^*(X)]$ 差值为：

$$\begin{aligned}&\mathrm{Var}_p[h(X)] - \mathrm{Var}_f[h^*(X)]\\&= \int h^2(x)p(x)\,\mathrm{d}x - \theta^2 - \int \frac{h^2(x)p(x)}{f(x)}p(x)\,\mathrm{d}x + \theta^2\\&= \int h^2(x)\left[1 - \frac{p(x)}{f(x)}\right]p(x)\,\mathrm{d}x\end{aligned}$$

当 $\int h^2(x)\left[1 - \frac{p(x)}{f(x)}\right]p(x)\,\mathrm{d}x > 0$ 时，$\mathrm{Var}_p[h(X)] > \mathrm{Var}_f[h^*(X)]$，即有估计量方差

$$\hat{\theta} = \frac{1}{n}\mathrm{Var}_p[h(X)] > \frac{1}{n}\mathrm{Var}_f[h^*(X)] = \hat{\theta}_{IS}$$

为找到合适的 $f(x)$，常选择与 $h(x)p(x)$ 在同一点达到最大值的 $f(x)$（见例 2.5），以及选择 $f(x)$ 与 $p(x)$ 是同类型分布（见例 3.10）。

【例 3.11】请使用重要抽样法给出 $\theta = \int_0^1 \frac{\mathrm{e}^{-x}}{1+x^2}\mathrm{d}x$ 的估计。其中分别以密度函数 $f_1(x) = 1, 0 < x < 1$；$f_2(x) = \mathrm{e}^{-x}$，$0 < x < +\infty$；$f_3(x) = \frac{1}{\pi(1+x^2)}$，$-\infty < x < +\infty$；$f_4(x) = \frac{\mathrm{e}^{-x}}{1-\mathrm{e}^{-1}}, 0 < x < 1$；$f_5(x) = \frac{4}{\pi(1+x^2)}, 0 < x < 1$ 作为重要函数。

在本例中，将 $h(x)$ 记为 $h(x) = \frac{\mathrm{e}^{-x}}{1+x^2}$，$p(x)$ 记为 $p(x) = 1, 0 < x < 1$。首先要求 $f(x)$ 与 $p(x)$ 有相同的支撑，显然 f_2 与 f_3 不合适，如果使用 f_2 与 f_3 进行估计，会造成样本效率较低。剩余 f_1、f_4 和 f_5 与 $h(x)p(x)$ 在（0，1）比较函数结果。

```
x=seq(0,1,0.01)
h <- function(x){exp(-x)/(1+x^2)}
f1 <-function(x){x^0}
f4 <-function(x){exp(-x)/(1-exp(-1))}
f5 <-function(x){4/(pi*(1+x^2))}
plot(x,h(x),ylim=c(0,2),ylab="",type="l", lwd=2,main="h(x)p(x)与 f1,f4 和 f5 函数曲线")
lines(x,f1(x),lty=2,col=2,lwd=2)
lines(x,f4(x),lty=3,col=3,lwd=2)
lines(x,f5(x),lty=4,col=4,lwd=2)
legend(0.8,1.8,c("h(x)p(x)","f1(x)","f4(x)","f5(x)"),lty=1:4,col=1:4,lwd=c(2,2,2,2),bty="n")
```

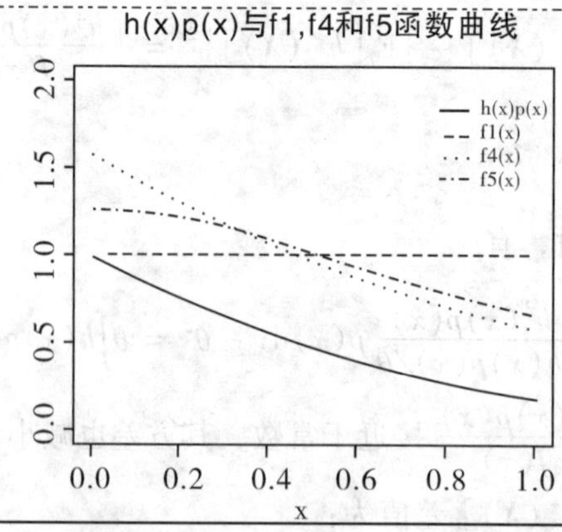

观察各 $f(x)$ 与 $h(x)p(x)$ 的趋势，f_4 和 f_5 与 $h(x)p(x)$ 在同一点达到最大值，且比值 $\frac{h(x)p(x)}{f_4(x)}$ 较 $\frac{h(x)p(x)}{f_5(x)}$ 更接近于常数，有利于方差缩减。接下来分别通过蒙特卡罗模拟各重要函数条件下估计量及其方差。

```
set.seed(1)
n=1000
X1=runif(n)
theta.f1=mean(h(X1)/f1(X1))                          #f1 条件下估计值
sigma2.f1=sum((h(X1)/f1(X1)-theta.f1)^2)/(n*(n-1))   # f1 条件下估计量方差
theta.f1
```

```
[1] 0.5251122
```

```
sigma2.f1
```

```
[1] 5.929583e-05
```

```
U=X1
X4=-log(1-U*(1-exp(-1)))                             #逆变换产生满足 f4 随机数
theta.f4=mean(h(X4)/f4(X4))                          # f4 条件下估计值
sigma2.f4=sum((h(X4)/f4(X4)-theta.f4)^2)/(n*(n-1))   # f4 条件下估计量方差
theta.f4
```

```
[1] 0.5250751
```

```
sigma2.f4
```

```
[1] 9.539978e-06
```

```
U=X1
X5=tan(U*pi/4)                                       #逆变换产生满足 f5 随机数
theta.f5=mean(h(X5)/f5(X5))                          # f5 条件下估计值
sigma2.f5=sum((h(X5)/f5(X5)-theta.f5)^2)/(n*(n-1))   # f5 条件下估计量方差
theta.f5
```

```
[1] 0.5248652
```

```
sigma2.f5
```

```
[1] 1.984509e-05
```

```
(sigma2.f1-sigma2.f4)/ sigma2.f1                     #f4 方差缩减率
```

```
[1] 0.8391122
(sigma2.f1-sigma2.f5)/ sigma2.f1                                  #f5 方差缩减率
[1] 0.6653207
alpha=0.05
CLL.f1=theta.f1-qnorm(1-alpha/2)*sqrt(sigma2.f1)                  #一般方法置信下限
CUL.f1=theta.f1+qnorm(1-alpha/2)*sqrt(sigma2.f1)                  #一般方法置信上限
CLL.f4=theta.f4-qnorm(1-alpha/2)*sqrt(sigma2.f4)                  #f4 重要抽样法置信下限
CUL.f4=theta.f4+qnorm(1-alpha/2)*sqrt(sigma2.f4)                  #f4 重要抽样法置信上限
CLL.f5=theta.f5-qnorm(1-alpha/2)*sqrt(sigma2.f5)                  #f5 重要抽样法置信下限
CUL.f5=theta.f5 + qnorm(1-alpha/2)*sqrt(sigma2.f5)                #f5 重要抽样法置信上限
UL=CUL.f1-CLL.f1                                                  #一般方法置信区间宽度
UL.f4=CUL.f4-CLL.f4                                               #f4 重要抽样法置信区间宽度
UL.f5=CUL.f5-CLL.f5                                               #f5 重要抽样法置信区间宽度
Re=data.frame("置信下限"=c(CLL.f1, CLL.f4, CLL.f5), "置信上限"=c(CUL.f1, CUL.f4, CUL.f5), "区间
宽度"=c(UL,UL.f4, UL.f5))
rownames(Re)=c("一般方法","重要函数 f4","重要函数 f5")
options(digits=4)
Re
              置信下限  置信上限  区间宽度
一般方法       0.5100    0.5402   0.03018
重要函数 f4    0.5190    0.5311   0.01211
重要函数 f5    0.5161    0.5336   0.01746
```

选择 f_1 作为重要函数，与一般方法一致。其估计量方差为 5.9e－05，选择 f_4 作为重要函数的估计量方差为 9.5e－06，选择 f_5 作为重要函数的估计量方差为 2.0e－05。相比于一般方法，f_4 和 f_5 的方差缩减率分别为 83.91% 与 66.53%，f_4 的方差缩减效果优于 f_5，与函数图形展示结果一致。同时，模拟计算各重要函数下的置信区间，其中，一般方法置信宽度为 0.0302，f_4 作为重要函数的置信宽度为 0.0121，f_5 作为重要函数的置信宽度为 0.0175，根据比较，选择 f_4 作为重要函数以减小方差。

在例 3.11 的蒙特卡罗模拟中，f_4 和 f_5 密度函数条件下的随机数不能通过 R 直接产生，而是通过 1.2.2 节中提到的逆变换方法产生，其中对于 f_4 和 f_5，分布函数分别为：

$$F_4(x) = \begin{cases} 0, & x < 0 \\ \dfrac{1 - e^{-x}}{1 - e^{-1}}, & 0 \leqslant x < 1 \\ 1, & x \geqslant 1 \end{cases} \qquad F_5(x) = \begin{cases} 0, & x < 0 \\ \dfrac{4}{\pi}\arctan(x), & 0 \leqslant x < 1 \\ 1, & x \geqslant 1 \end{cases}$$

为产生满足密度函数 f_4 和 f_5 的随机数，首先产生（0，1）均匀随机数 $U = (u_1, u_2, \cdots, u_n)$，根据 $X = F^{-1}(U)$，分别计算 $x_{4i} = -\log[1 - u_i(1 - e^{-1})]$ 和 $x_{5i} = \tan\left(\frac{\pi}{4}u_i\right)$，$i = 1, 2, \cdots, n$。

重要抽样法计算 E_p [h (X)] 步骤：

已知：重要函数 $f(x)$，

1. 产生 n 个来自密度函数 $f(x)$ 随机数 x_i，其中 $i=1, 2, \cdots, n$；

2. 计算 $\bar{h}_f = \dfrac{1}{n}\sum_{i=1}^{n}\dfrac{h(x_i)p(x_i)}{f(x_i)}$ 作为 $E_p[h(x)]$ 的估计；

3. 用 $\left[\bar{h}_f - z_{1-\alpha/2}\dfrac{\sigma_{h_f}}{\sqrt{n}}, \bar{h}_f + z_{1-\alpha/2}\dfrac{\sigma_{h_f}}{\sqrt{n}}\right]$ 作为 $E_p[h(X)]$ 的置信区间，其中 σ_{h_f} 通常用样本标准差 s_{h_f} 代替，$s_{h_f} = \sqrt{\dfrac{1}{n-1}\sum_{i=1}^{n}[\dfrac{h(x_i)p(x_i)}{f(x_i)} - \bar{h}_f]^2}$。

在重要抽样法中，f 选择是至关重要的，它是方差缩减的关键。若选择 f 在某点迅速趋于0时，估计量方差可能趋于无穷大。在常用的分布中，贝塔分布的密度函数曲线随参数变化而差异较大，对不同形状的 $h(x)p(x)$ 相似度较高，但该分布要求随机数处于 [0, 1] 之间，可能与 $p(x)$ 支撑不一致，从而导致效率降低。

习题

1. 使用对偶变量法计算积分 $\theta = \int_0^1 e^{x^2}dx$ 近似值，与一般方法比较两个统计量方差。

2. 使用对偶变量法给出 θ 估计量及方差，其中 $\theta = \int_{-\infty}^{+\infty}\ln(1+x^2)e^{-x}dx$。(提示：$t=1-e^{-x}$)

3. 估计 θ 值，$\theta = E(X^2)$，其中 X 服从 N (2, 1)。

4. 使用控制变量法计算积分 $\theta = \int_0^1 \dfrac{e^{-x}}{1+x^2}dx$ 近似值及置信区间，并与一般方法比较估计量的方差。(提示：$f(x) = e^{1/2}(1+x^2)^{-1}$，$\mu = E[f(x)] = e^{1/2}\pi/4$)

5. 使用条件期望法估计 π 值，并采用对偶变量法进行改进。(提示：令 $I = \begin{cases}1, V_1^2 + V_2^2 \leq 1 \\ 0, V_1^2 + V_2^2 > 1\end{cases}$，有 $E(I) = \dfrac{\pi}{4}$，其中 $V_1 \sim U(-1,1), V_2 \sim U(-1,1)$)

6. 分别使用等比例和最优分层抽样法估计 $\theta = E(\sqrt{1-U^2}), U \sim U(0,1)$，与一般方法比较，并给出置信区间。

7. 给出 $\theta = E(X^4 e^{X^2/4} I_{\{X \geq 2\}})$ 的估计和置信区间，其中 X 服从标准正态分布。(提示：f 选择正态分布密度函数，服从 N ($\sqrt{8}$, 1))

4 MCMC 方法

1~3 章，通过服从某种分布的随机数的产生，使用蒙特卡罗模拟方法获得积分和参数估计结果，并在此基础上对估计量的方差进行改进。若分布形式过于复杂和高维，非常见随机数产生方法所能够获得，那么基于该分布下的参数估计也难以使用蒙特卡罗模拟方法计算。

马氏链蒙特卡罗（MCMC）方法，简单来说正是生成近似服从某一分布随机数的方法。MCMC 是依靠马氏链形成的。首先介绍马氏链，马氏链的定义为：令 X_t 为时间 t 时随机变量取值，$X_t \in S, S = \{s_1, s_2, \cdots, s_n\}$，其中 S 称为状态空间，如果随机变量 X_t 在状态空间的转移概率仅与 X_t 当前状态有关，即

$$P(X_{t+1} = s_j \mid X_0 = s_k, \cdots, X_t = s_i) = P(X_{t+1} = s_j \mid X_t = s_i)$$

则称 X_t 是一个时齐马氏过程，满足马氏过程的随机变量序列 $(X_0, X_1, \cdots, X_t)$ 称为马氏链。

令 $P_{ij} = P(X_{t+1} = s_j \mid X_t = s_i)$，则 1 步转移概率矩阵通常简写为 $P = [P_{ij}]_{n\times n}$，且 $\sum_{j=1}^{n} P_{ij} = 1$。令 $\pi(t)$ 表示在第 t 步的状态空间概率，$\pi(t) = [\pi_1(t), \pi_2(t), \cdots, \pi_n(t)]$，其中 $\pi_j(t) = P(X_t = s_j)$。根据 Chapman – Kolomogrov 方程，$\pi_i(t+1) = \sum_{k=1}^{n} \pi_k(t) P_{ki}$。由此，$\pi(t) = \pi(0)P^t$。将 l 步转移矩阵记为 $P^{(l)} = [P_{ij}^{(l)}]_{n\times n}$，定义 $P_{ij}^{(l)} = P(X_{t+l} = s_j \mid X_t = s_i)$，有 $P^{(l)} = P^l$。MCMC 是针对非周期不可约马氏链而产生的。

非周期、不可约与可逆：

1. 若对于转移矩阵 $P^{(l)}, l \geqslant 1$ 的所有元素，$P_{ij}^{(l)} > 0$，则称马氏链是不可约的。即状态 $i \to j$ 可达，$j \to i$ 可达，i, j 互通。
2. 若对于转移矩阵 $P^{(l)}, l \geqslant 1$ 的所有元素 $P_{ij}^{(l)}$ 最大公约数 $d = 1$，则称马氏链是非周期的。
3. 若 $\pi_i P_{ij} = \pi_j P_{ji}, i \neq j$，则称马氏链是可逆的。

空间状态随着 $t \to \infty$ 时，若能达到一个稳定的概率空间状态 π^*，且不再随转移矩阵发生变化，$\pi^* = \pi^* P$，则将此时的 π^* 称为稳定分布。由下述定理保证，稳定分布 π^* 可以达到。

定理：

1. 若有限状态的马氏链是非周期和不可约的，那么有 $\pi_j = \lim\limits_{t\to\infty} P(X_t = s_j)$ 存在。从而有平稳分布 $\pi^* = [\pi_1, \pi_2, \cdots, \pi_n]$。
2. 对任意的函数 $h(x)$，有 $\lim\limits_{t\to\infty} \frac{1}{t} \sum_{l=1}^{t} h(X_l) = \sum_{j=1}^{n} \pi_j h(s_j)$。
3. 若马氏链是可逆的，那么能够找到一组正数 $[\pi_1, \pi_2, \cdots, \pi_n]$，使得 $\pi_i P_{ij} = \pi_j P_{ji}$，$i \neq j$，即获得平稳分布。

【例 4.1】若将天气状态空间分为下雨、晴天、多云三种，假设每日天气遵循一个马

尔可夫过程。则明天的天气取决于今天的天气。若转移概率矩阵为：

$$P=\begin{bmatrix}0.5 & 0.25 & 0.5\\0.5 & 0 & 0.5\\0.25 & 0.25 & 0.5\end{bmatrix}$$

假设今天晴天，即 $\pi(0)=[0,1,0]$，那么后天的状态空间概率为：

$$\pi(2)=\pi(0)P^2=[0.375,0.25,0.375],$$

第七天的天气状态概率为：

$$\pi(7)=\pi(0)P^7=[0.4,0.2,0.4]$$

假设今天下雨，即 $\pi(0)=[1,0,0]$，那么后天的状态空间概率为：

$$\pi(2)=[0.4375,0.1875,0.375]$$

第七天的天气状态概率为：

$$\pi(7)=[0.4,0.2,0.4]$$

事实上，通过持续计算，无论今天下雨还是晴天，第七天的天气状况都有稳定的分布 $[0.4,0.2,0.4]$，与初始状态无关。

当要获得关于 $E[h(X)]$ 的估计时，若 X 的平稳分布为 π^*，可以通过构造关于 π^* 的可逆马氏链产生随机数。其中，Metropolis - Hastings 算法是一种常用的构造马氏链的方法。

4.1 Metropolis - Hastings 算法

为了构造满足条件的马氏链，Metropolis 等人（1953）构造马氏链的方法为：令 Q_{ij} 为对称转移概率矩阵，从状态 s_i 出发，以 Q 矩阵第 i 行为概率随机抽取状态 s_j，以概率 α_{ij} 从状态 s_i 转移至状态 s_j，以概率 $1-\alpha_{ij}$ 保留在状态 s_i。这个过程构成一个马氏链，其转移矩阵 $P=[P_{ij}]_{n\times n}$ 为：

$$P_{ij}=\begin{cases}q_{ij}\alpha_{ij},\ i\neq j\\1-\sum\limits_{j\neq i}q_{ij}\alpha_{ij},\ i=j,\end{cases}$$

其中 $\alpha_{ij}=\begin{cases}1,\ \pi_j/\pi_i\geqslant 1\\\dfrac{\pi_j}{\pi_i},\ \pi_j/\pi_i<1\end{cases}$。可以证明对于构造的转移矩阵 P，是可逆的，即 $\pi_iP_{ij}=\pi_jP_{ji},i\neq j$。

【例 4.2】使用 Metropolis 算法产生 10000 个两点分布随机数。

X	0	1
P	0.4	0.6

首先给出对称转移概率矩阵，定义为 Q：

	0	1
0	0.2	0.8
1	0.8	0.2

Q 满足 Metropolis 条件，根据问题，已知 $\pi_0 = 0.4$，$\pi_1 = 0.6$。由上述公式有 α_{ij} 分别为：

$$\alpha_{00} = 1, \alpha_{01} = 1, \alpha_{10} = \frac{2}{3}, \alpha_{11} = 1$$

根据 Metropolis 算法，计算对应转移概率矩阵 P 为：

$$P = \begin{bmatrix} 0.2 & 0.8 \\ \frac{1.6}{3} & \frac{1.4}{3} \end{bmatrix}$$

产生两点分布随机数的步骤为：当目前在 $X_t = i$，从 q_{ij} 产生 X_{t+1} 的候选值 y，以概率 α_{ij} 接受候选值 y，令 $X_{t+1} = y$。以概率 $1 - \alpha_{ij}$ 拒绝候选值，令 $X_{t+1} = x$。R 程序如下：

```
T=10000
x=c()
x[1]=0
u=runif(T)
k=0
for(i in 2:T){
 xt=x[i-1]
 if(xt==0){
   yt=rbinom(1,1,0.8)
 }
 else{
   yt=rbinom(1,1,0.2)
 }
 if(xt==0|yt==1){
   alpha=1
 }
 else{
   alpha=2/3
 }
 if(u[i]<=alpha){
   x[i]=yt
 }
 else{
   x[i]=xt
   k=k+1                              #yt 被拒绝次数
 }
}
k                                     #yt 被拒绝次数
x
table(x)                              #产生 0 和 1 的频数
```

```
[1] 1654
[1] 0 1 1 1 0 1…
x
   0    1
3951 6049
```

```
hist(x)
```

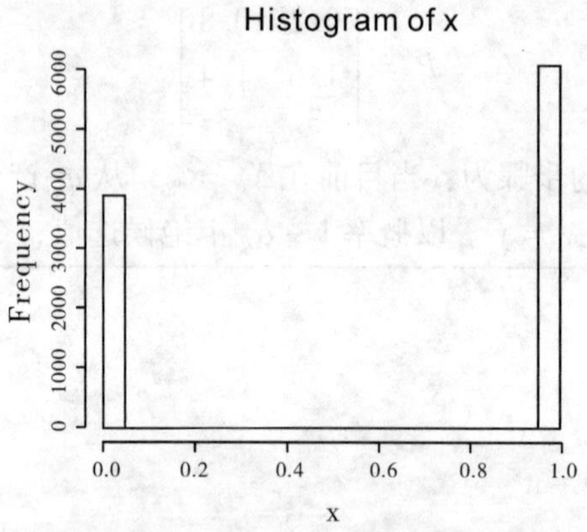

若该分布是连续型，π 为密度函数，$q(x,y)$ 为对称转移概率函数，$q(x,y) = q(y,x)$。当目前在 $X_t = x$，从 $q(x,y)$ 产生 X_{t+1} 的候选值 y，以概率 α_{xy} 接受候选值 y，令 $X_{t+1} = y$。以概率 $1 - \alpha_{xy}$ 拒绝候选值，令 $X_{t+1} = x$。其中 $\alpha_{xy} = \begin{cases} 1, & \pi_y / \pi_x \geqslant 1 \\ \dfrac{\pi_y}{\pi_x}, & \pi_y / \pi_x < 1 \end{cases}$。

α_{xy} 的选择并不唯一，Hastings（1970）将 α_{xy} 写为如下形式：

$$\alpha_{xy} = \begin{cases} \min\left\{1, \dfrac{\pi_y q(y,x)}{\pi_x q(x,y)}\right\}, & \pi_x q(x,y) > 0 \\ 1, & \pi_x q(x,y) = 0 \end{cases}$$

称为 Metropolis－Hastings 算法。其中，

$$P_{xy} = \begin{cases} q(x,\ y)\alpha_{xy}, & x \neq y \\ 1 - \sum\limits_{y \neq x} q(x,\ y)\alpha_{xy}, & x = y \end{cases}$$

对应的 $\pi_x P_{xy}$ 和 $\pi_y P_{yx}$ 分别为：

$$\pi_x P_{xy} = \pi_x q(x,y)\alpha_{xy} = \pi_x q(x,y)\min\left\{1, \frac{\pi_y q(y,x)}{\pi_x q(x,y)}\right\} = \min\{\pi_x q(x,y), \pi_y q(y,x)\}$$

$$\pi_y P_{yx} = \pi_y q(y,x)\alpha_{yx} = \pi_y q(y,x)\min\left\{1, \frac{\pi_x q(x,y)}{\pi_y q(y,x)}\right\} = \min\{\pi_y q(y,x), \pi_x q(x,y)\},$$

即 $\pi_x P_{xy} = \pi_y P_{yx}, x \neq y$，构造的马氏链可逆，具有平稳分布。

Metropolis – Hastings 算法计算 $E[h(X)]$ 的步骤：

已知：初始值 $X^{(0)}$，候选分布 $q(Y|X^{(t)})$，

1. 根据 $X^{(t)}$，产生一个 $Y_t \sim q(Y|X^{(t)})$；
2. 产生一个［0，1］均匀分布随机数 U；
3. 若 $U < \dfrac{\pi(Y_t)q(X^{(t)}|Y_t)}{\pi(X^{(t)})q(Y_t|X^{(t)})}$，则产生 $X^{(t+1)} = Y_t$，否则，$X^{(t+1)} = X^{(t)}$；
4. 用统计量 $\bar{h}_{MH} = \dfrac{1}{T}\sum_{t=1}^{T} h[X^{(t)}]$ 作为 $E[h(X)]$ 的估计；
5. 用 $\left[\bar{h}_{MH} - z_{1-\alpha/2}\dfrac{\sigma_{MH}}{\sqrt{T}}, \bar{h}_{MH} + z_{1-\alpha/2}\dfrac{\sigma_{MH}}{\sqrt{T}}\right]$ 作为 $E[h(X)]$ 的置信区间，其中 σ_{MH} 通常用样本标准差 s_{MH} 代替，$s_{MH} = \sqrt{\dfrac{1}{T-1}\sum_{i=1}^{T}\{h[X^{(t)}] - \bar{h}_{MH}\}^2}$。

【例 4.3】使用 Metropolis – Hastings 算法从 Rayleigh 分布中抽样，其中 Rayleigh 分布的密度函数为：

$\pi(x) = \dfrac{x}{\sigma^2}e^{-x^2/2\sigma^2}$，其中 $x \geqslant 0, \sigma > 0$，模拟 $\sigma = 4$ 的 Rayleigh 分布随机数。

初始值 $X^{(0)}$ 设定为来自 $\chi^2(1)$ 的随机数，候选分布 $q(Y|X^{(t)})$ 为 $\chi^2(X^{(t)})$。由于卡方分布密度函数为 $f(x) = \dfrac{1}{2^{n/2}\Gamma(n/2)}x^{(\frac{n}{2}-1)}e^{-\frac{x}{2}}$，据此得

$$\frac{\pi(Y_t)q(X^{(t)}|Y_t)}{\pi(X^{(t)})q(Y_t|X^{(t)})} = \frac{Y_t e^{-Y_t^2/2\sigma^2} 2^{X(t)/2}\Gamma(X^{(t)}/2)\,[X^{(t)}]^{(\frac{Y_t}{2}-1)} e^{-\frac{X(t)}{2}}}{X^{(t)} e^{-[X^{(t)}]^2/2\sigma^2} 2^{Y_t/2}\Gamma(Y_t/2)\,Y_t^{(\frac{X^{(t)}}{2}-1)} e^{-\frac{Y_t}{2}}}$$

首先产生初始值 $X^{(0)}$，代入候选分布，计算得到 Y_0，再产生［0，1］均匀分布随机数 U，将 $X^{(0)}$、Y_0 代入计算 $\dfrac{\pi(Y_t)q(X^{(t)}|Y_t)}{\pi(X^{(t)})q(Y_t|X^{(t)})}$，若 $U < \dfrac{\pi(Y_t)q(X^{(t)}|Y_t)}{\pi(X^{(t)})q(Y_t|X^{(t)})}$，$X^{(1)} = Y_0$，否则，$X^{(1)} = X^{(0)}$。循环 T 次。

```
f <- function(x, sigma){      #Rayleigh 分布的密度函数
  if (any(x<0)) return(0)
      stopifnot(sigma>0)
      return((x/sigma^2)*exp(-x^2/(2*sigma^2)))
  }
T=10000
sigma=4
x=c()
x[1]=rchisq(1,df=1)
u=runif(T)
k=0
for (i in 2:T){
  xt=x[i-1]
  yt=rchisq(1,df=xt)
num=f(yt,sigma)*dchisq(xt,df=yt)
den=f(xt,sigma)*dchisq(yt,df=xt)
  if (u[i]<=num/den)x[i]=yt
      else {
        x[i]=xt
        k=k+1                  #yt 被拒绝次数
  }
}
k
```

```
[1] 4066
```

```
hist(x,freq=F)
x1=seq(0,15,0.01)
lines(x1,f(x1,4),col=2,lwd=2)
```

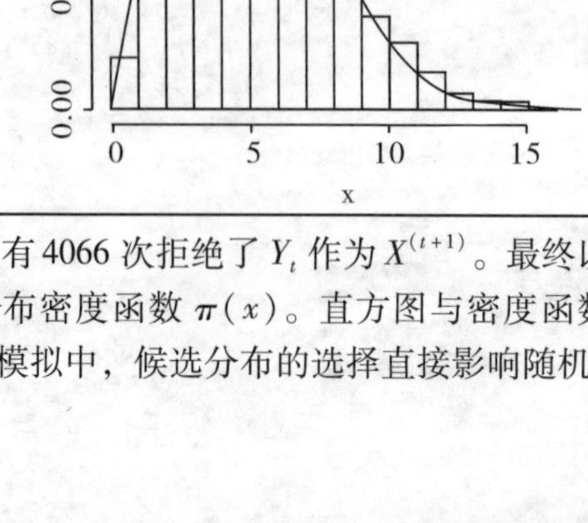

在10000次模拟中，有4066次拒绝了Y_t作为$X^{(t+1)}$。最终以5934个入选数据画出直方图，并画出Rayleigh分布密度函数$\pi(x)$。直方图与密度函数线图较为吻合。在使用Metropolis – Hastings算法模拟中，候选分布的选择直接影响随机数的产生速率和效果。

4.2 Gibbs 抽样方法

Gibbs 抽样是一种专门处理多维分布随机数的抽样方法，由 S. Geman 和 D. Geman 于 1984 年提出。它是通过构造与目标分布一致的马氏链平稳分布，并在多维分布的边际分布已知情况下进行抽样。Gibbs 抽样是 Metropolis - Hastings 算法的一种特殊情况。

针对维度为 d，联合分布密度函数为 $\pi(x_1,x_2,\cdots,x_d)$ 的分布，要产生这类多维分布随机数，可以通过如下的马氏链构造完成，其中候选分布用 $q(x,y)$ 表示。首先产生初始值 $x^{(00)}=(x_1^{(0)},x_2^{(0)},\cdots,x_d^{(0)})$，记为 $x^{(00)}$，接下来逐步产生 d 维马氏链的随机数 $x^{(11)}=(x_1^{(1)},x_2^{(0)},\cdots,x_d^{(0)})$，$x^{(12)}=(x_1^{(1)},x_2^{(1)},\cdots,x_d^{(0)})$，…，$x^{(1d)}=(x_1^{(1)},x_2^{(1)},\cdots,x_d^{(1)})$，其中 $x^{(11)}$ 到 $x^{(1d)}$ 共产生 d 个 d 维随机数。按照此方法依次逐步产生 $x^{(21)}$，$x^{(22)}$，…，$x^{(2d)}$，…，$x^{(t1)}$，$x^{(t2)}$，…，$x^{(td)}$，最终产生 td 个 d 维随机数。

$$\begin{matrix}
x^{(11)}[x_1^{(1)} & x_2^{(0)} & \cdots & x_d^{(0)}], & x^{(12)}[x_1^{(1)} & x_2^{(1)} & \cdots & x_d^{(0)}], & \cdots, & x^{(1d)}[x_1^{(1)} & x_2^{(1)} & \cdots & x_d^{(1)}] \\
x^{(21)}[x_1^{(2)} & x_2^{(1)} & \cdots & x_d^{(1)}], & x^{(22)}[x_1^{(2)} & x_2^{(2)} & \cdots & x_d^{(1)}], & \cdots, & x^{(2d)}[x_1^{(2)} & x_2^{(2)} & \cdots & x_d^{(2)}] \\
\vdots & \vdots & \vdots & \vdots & \vdots & \vdots & \vdots & \vdots & \vdots & \vdots & \vdots & \vdots \\
x^{(t1)}[x_1^{(t)} & x_2^{(t-1)} & \cdots & x_d^{(t-1)}], & x^{(t2)}[x_1^{(t)} & x_2^{(t)} & \cdots & x_d^{(t-1)}], & \cdots, & x^{(td)}[x_1^{(t)} & x_2^{(t)} & \cdots & x_d^{(t)}]
\end{matrix}$$

运用 4.1 节构造马氏链的方法，令 $\alpha_{xy}=\begin{cases}\min\left\{1,\dfrac{\pi_y q(y,x)}{\pi_x q(x,y)}\right\}, & \pi_x q(x,y)>0\\ 1, & \pi_x q(x,y)=0\end{cases}$，针对其中 $\dfrac{\pi_y q(y,x)}{\pi_x q(x,y)}$，选取任意两个相邻的随机数点，如 $x^{(ij)}$ 与 $x^{(ij+1)}$，两点分别为：

$$x^{(ij)}=[x_1^{(i)},x_2^{(i)},\cdots,x_j^{(i)},x_{j+1}^{(i-1)},\cdots,x_d^{(i-1)}]$$
$$x^{(ij+1)}=[x_1^{(i)},x_2^{(i)},\cdots,x_j^{(i)},x_{j+1}^{(i)},x_{j+2}^{(i-1)},\cdots,x_d^{(i-1)}]$$

对应的 $q(x,y)$ 和 $q(y,x)$ 分别为：

$$\begin{aligned}
&q[x^{(ij)},x^{(ij+1)}]\\
&=P[X_{j+1}=x_{j+1}^{(i)}\mid X_1=x_1^{(i)},X_2=x_2^{(i)},\cdots,X_j=x_j^{(i)},X_{j+2}=x_{j+2}^{(i-1)},\cdots,X_d=x_d^{(i-1)}]\\
&=\frac{\pi[x_1^{(i)},x_2^{(i)},\cdots,x_j^{(i)},x_{j+1}^{(i)},x_{j+2}^{(i-1)},\cdots,x_d^{(i-1)}]}{\pi[x_1^{(i)},x_2^{(i)},\cdots,x_j^{(i)},x_{j+2}^{(i-1)},\cdots,x_d^{(i-1)}]}
\end{aligned}$$

$$\begin{aligned}
&q[x^{(ij+1)},x^{(ij)}]\\
&=P[X_{j+1}=x_{j+1}^{(i-1)}\mid X_1=x_1^{(i)},X_2=x_2^{(i)},\cdots,X_j=x_j^{(i)},X_{j+2}=x_{j+2}^{(i-1)},\cdots,X_d=x_d^{(i-1)}]\\
&=\frac{\pi[x_1^{(i)},x_2^{(i)},\cdots,x_j^{(i)},x_{j+1}^{(i-1)},x_{j+2}^{(i-1)},\cdots,x_d^{(i-1)}]}{\pi[x_1^{(i)},x_2^{(i)},\cdots,x_j^{(i)},x_{j+2}^{(i-1)},\cdots,x_d^{(i-1)}]}
\end{aligned}$$

对应的 π_x 和 π_y 分别为：

$$\pi[x^{(ij)}]=\pi[x_1^{(i)},x_2^{(i)},\cdots,x_j^{(i)},x_{j+1}^{(i-1)},\cdots,x_d^{(i-1)}]$$
$$\pi[x^{(ij+1)}]=\pi[x_1^{(i)},x_2^{(i)},\cdots,x_j^{(i)},x_{j+1}^{(i)},x_{j+2}^{(i-1)},\cdots,x_d^{(i-1)}]$$

则 $\dfrac{\pi_y q(y,x)}{\pi_x q(x,y)}=\dfrac{\pi[x^{(ij+1)}]q[x^{(ij+1)},x^{(ij)}]}{\pi[x^{(ij)}]q[x^{(ij)},x^{(ij+1)}]}=1$，即 $\alpha_{xy}=1$，接受概率为 1。这意味着

在使用 Gibbs 抽样模拟时，仅需通过已知联合密度函数获得条件密度函数，根据赋予初始值进行循环迭代，即可产生多维分布随机数。

Gibbs 抽样方法计算 $E[h(X_1,X_2,\cdots,X_d)]$ 的步骤：

已知：初始值 $X^{(00)}=(X_1^{(0)},X_2^{(0)},\cdots,X_d^{(0)})$

条件分布 $q(Y\mid X_1,X_2,\cdots,X_{i-1},X_{i+1},\cdots,X_d)$，

1. 根据 $X^{(00)}$，产生一个 $X_1^{(1)}\sim q(X_1\mid X_{-1})$，其中 $X_{-1}=(X_2^{(0)},\cdots,X_d^{(0)})$；
2. 根据 $X^{(11)}=(X_1^{(1)},X_2^{(0)},\cdots,X_d^{(0)})$，产生一个 $X_2^{(1)}\sim q(X_2\mid X_{-2})$，其中 $X_{-2}=(X_1^{(1)},X_3^{(0)},\cdots,X_d^{(0)})$；
3. 根据上述迭代方法，由 $X^{(1j)}=[X_1^{(1)},X_2^{(1)},\cdots,X_j^{(1)},X_{j+1}^{(0)},\cdots,X_d^{(0)}]$，产生一个 $X_{j+1}^{(1)}\sim q(X_{j+1}\mid X_{-(j+1)})$，其中 $X_{-(j+1)}=[X_1^{(1)},X_2^{(1)},\cdots,X_j^{(1)},X_{j+2}^{(0)},\cdots,X_d^{(0)}]$，$j=1,2,\cdots,d$；
4. 上述循环 d 次，则产生 d 个 d 维随机数 $X^{(1j)}$；
5. 继续该循环迭代方法，由 $X^{(ij)}=(X_1^{(i)},X_2^{(i)},\cdots,X_j^{(i)},X_{j+1}^{(i-1)},\cdots,X_d^{(i-1)})$，产生一个 $X_{j+1}^{(i)}\sim q(X_{j+1}\mid X_{-(j+1)})$，其中 $X_{-(j+1)}=(X_1^{(i)},X_2^{(i)},\cdots,X_j^{(i)},X_{j+2}^{(i-1)},\cdots,X_d^{(i-1)})$，$i=1,2,\cdots,t$；
6. 上述共循环 td 次，则产生 td 个 d 维随机数 $X^{(ij)}$；
7. 用统计量 $\bar{h}_G=\frac{1}{td}\sum h[X^{(ij)}]$ 作为 $E[h(X)]$ 的估计；
8. 用 $\left[\bar{h}_G-z_{1-\alpha/2}\frac{\sigma_G}{\sqrt{td}},\bar{h}_G+z_{1-\alpha/2}\frac{\sigma_G}{\sqrt{td}}\right]$ 作为 $E[h(X_1,X_2,\cdots,X_d)]$ 的置信区间，其中 σ_G 通常用样本标准差 s_G 代替，$s_G=\sqrt{\frac{1}{td-1}\sum\{h[X^{(ij)}]-\bar{h}_G\}^2}$。

【例 4.4】请使用 Gibbs 抽样方法产生二维正态分布随机数，其中参数为 $\mu_1=2$，$\mu_2=0$，$\sigma_1^2=\sigma_2^2=1$，$\rho=0.7$。

当随机变量 $(X_1,X_2)\sim N(\mu_1,\mu_2,\sigma_1^2,\sigma_2^2,\rho)$，那么对应的条件分布分别满足：

$$X_1\mid X_2\sim N(\mu_1+\rho\frac{\sigma_1}{\sigma_2}(x_2-\mu_2),\sigma_1^2(1-\rho^2))$$

$$X_2\mid X_1\sim N(\mu_2+\rho\frac{\sigma_2}{\sigma_1}(x_1-\mu_1),\sigma_2^2(1-\rho^2))$$

初始值选择 $X^{(00)}=(\mu_1,\mu_2)=(2,0)$，模拟 R 程序如下所示：

```
d=2
T=1000
n=T*d                                          #模拟次数
mu1=2;mu2=0;sigma1=1;sigma2=1;rho=0.7
sigma1.2=sqrt(1-rho^2)*sigma1                  #X2 条件下 X1 标准差
sigma2.1=sqrt(1-rho^2)*sigma2                  #X1 条件下 X2 标准差
X=matrix(0,n,d)
X[1, ]=c(mu1,mu2)
for (i in 2:n){
x2=X[i-1, 2]
mu1.2=mu1 + (x2-mu2)*rho*sigma1/sigma2         #X2 条件下 X1 数学期望
X[i,1]=rnorm(1, mu1.2, sigma1.2)               #产生 1 个 X2 条件下 X1 分布的随机数
x1=X[i,1]
mu2.1=mu2 + (x1-mu1)*rho *sigma2/sigma1        #X1 条件下 X2 数学期望
X[i,2]=rnorm(1,mu2.1,sigma2.1)                 #产生 1 个 X1 条件下 X2 分布的随机数
}
tail(X)
```

```
          [,1]      [,2]
[1995,] 2.93518   1.28225
[1996,] 2.94045  -0.90898
[1997,] 2.11905  -0.33040
[1998,] 0.92808  -1.57936
[1999,] 1.21022  -0.74411
[2000,] 0.64051  -0.74500
```

```
options(digits=5)
colMeans(X)                                     # X1 与 X2 均值
```

```
[1] 2.0048935 0.0083197
```

```
cov(X)                                         #X1 与 X2 协方差,此例协方差与相关系数相等
```

```
        [,1]     [,2]
[1,] 1.00268   0.70072
[2,] 0.70072   0.99362
```

```
plot(X,pch=20)
abline(h=0,v=2,lty=2,col=2)
```

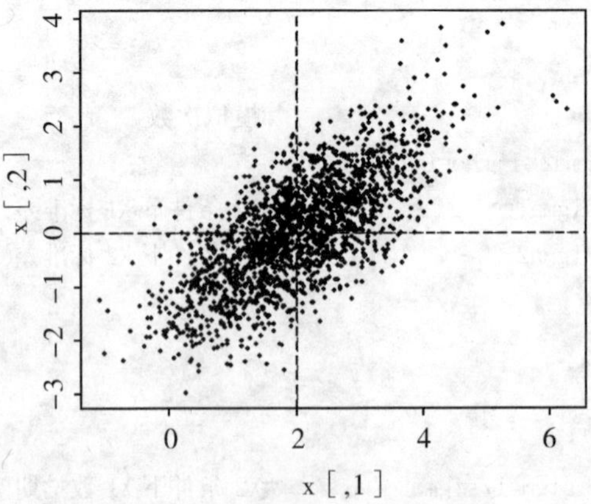


```
par(mfcol=c(1,2))
hist(X[,1],freq=F,xlab="X1",main="")                              #关于 X1 随机数直方图
lines(seq(-1,5,0.01),dnorm(seq(-1,5,0.01),2,1),col=2,lwd=2)  #X1 理论密度曲线
hist(X[,2],freq=F,xlab="X2",main="")                              #关于 X2 随机数直方图
lines(seq(-3,3,0.01),dnorm(seq(-3,3,0.01),0,1),col=2,lwd=2)  #X2 理论密度曲线
```

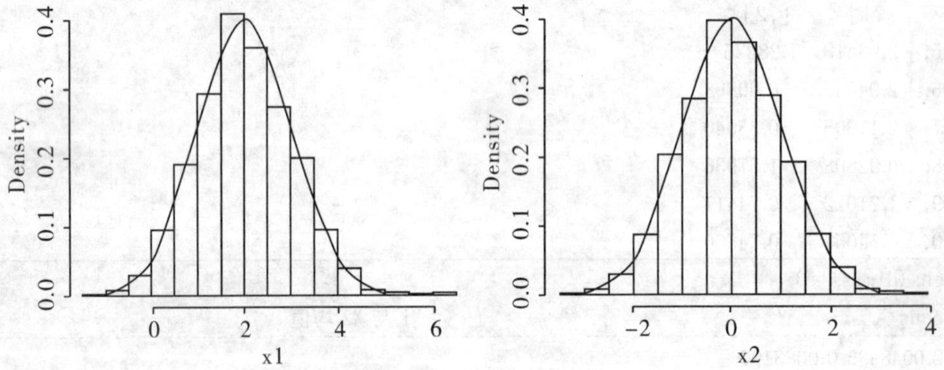

通过 Gibbs 抽样方法获得二维正态分布随机数显示，样本均值分别为 2.005 和 0.008，样本方差分别为 1.003 和 0.994，对应相关系数为 0.701。估计值与真值相差都在 0.01 以内。

二维散点图显示产生随机数具有正态分布特点，进一步根据二维正态分布性质知，$X_1 \sim N(\mu_1, \sigma_1^2)$，$X_2 \sim N(\mu_2, \sigma_2^2)$，通过作两组随机数直方图，并根据理论分布各自作出密度函数曲线，直方图形态与理论密度函数曲线较为吻合，模拟效果较好。为了产生更优的随机数，可以将开始产生的一部分随机数删除，以减少初始状态空间的影响。

4.3 EM 算法

EM 算法是由 Dempster，Laird 和 Rubin（1977）为解决不完全数据的极大似然估计而提出的一种算法。若完全数据用 $Y = (X, Z)$ 表示，其中 X 为观测数据，Z 为缺失或潜变量。一般通过计算对数似然函数 $L(\theta \mid X) = \log[p(X \mid \theta)]$ 最大化，得到参数 θ 估计。EM

算法则是将该似然函数进行转化，在迭代过程中稳定提高对数似然函数值，以找到参数 θ 最优估计。

在 EM 算法中，对数似然函数 $L(\theta \mid X) = \log[p(X \mid \theta)]$ 被替代为：

$$L(\theta \mid X) = \log[p(Z,X \mid \theta)] - \log[p(Z \mid X,\theta)]$$

由于 $p(Z,X \mid \theta) = \dfrac{p(Z,X,\theta)}{p(\theta)} = \dfrac{p(Z \mid X,\theta)p(X,\theta)}{p(\theta)} = p(Z \mid X,\theta)p(X \mid \theta)$，从而有 $p(X \mid \theta) = \dfrac{p(Z,X \mid \theta)}{p(Z \mid X,\theta)}$，两边取对数，得到上述对数似然函数等式。

将对数似然函数取数学期望 $E_Z[L(\theta \mid X)]$，其中 $Z \sim p[Z \mid X,\theta^{(k)}]$，则上述对数似然函数等式左边为：

$$\int \log[p(X \mid \theta)]p[Z \mid X,\theta^{(k)}]\mathrm{d}Z$$

由于左边 $\log[p(X \mid \theta)]$ 与 Z 无关，则 $E_Z[L(\theta \mid X)] = \log[p(X \mid \theta)]$。

对数似然函数等式右边变为：

$$\underbrace{\int \log[p(Z,X \mid \theta)]p[Z \mid X,\theta^{(k)}]\mathrm{d}Z}_{Q[\theta,\theta^{(k)}]} - \underbrace{\int \log[p(Z \mid X,\theta)]p[Z \mid X,\theta^{(k)}]\mathrm{d}Z}_{H[\theta,\theta^{(k)}]}$$

由此，对数似然函数转化为 $\log[p(X \mid \theta)] = Q[\theta,\theta^{(k)}] - H[\theta,\theta^{(k)}]$，即 E 步，将对数似然函数 $\log[p(X \mid \theta)]$ 转化为取数学期望。

接下来寻找 $\theta^{(k+1)} = \arg\max\{\log[p(X \mid \theta)]\} = \arg\max\{Q[\theta,\theta^{(k)}] - H[\theta,\theta^{(k)}]\}$，即 M 步，找到数学期望最大化对应 $\theta^{(k+1)}$。从而形成迭代，不断重复 E 步和 M 步，找到关于 θ 的最优估计。只有当 $\log[p(X \mid \theta^{(k+1)})] \geqslant \log[p(X \mid \theta^{(k)})]$，迭代才会继续进行。经过证明，有下述结论成立：

性质：

1. $\log[p(X \mid \theta^{(k+1)})] \geqslant \log[p(X \mid \theta^{(k)})]$ 成立。
2. $\theta^{(k+1)} = \arg\max\{Q[\theta,\theta^{(k)}]\}$。

上述性质表明，EM 算法持续提升对数似然函数值，且原本对数似然函数最大化转化为数学期望 $Q[\theta,\theta^{(k)}] = \int \log[p(Z,X \mid \theta)]p[Z \mid X,\theta^{(k)}]\mathrm{d}Z$ 最大化。通过设立合适的条件 $\varepsilon_1 > 0, \varepsilon_2 > 0$，当 $Q[\theta^{(k+1)},\theta^{(k)}] - Q[\theta^{(k)},\theta^{(k)}] \leqslant \varepsilon_1$ 或 $|\theta^{(k+1)} - \theta^{(k)}| \leqslant \varepsilon_2$ 停止迭代。

【例 4.5】观测到 197 个动物，根据其属性，将这些动物分为四类。其概率模型为：

$X_1 = 125$	$X_2 = 18$	$X_3 = 20$	$X_4 = 34$
$\frac{1}{2} + \frac{\theta}{4}$	$\frac{1}{4}(1-\theta)$	$\frac{1}{4}(1-\theta)$	$\frac{\theta}{4}$

求解：（1）采用极大似然估计方法估计参数 θ；（2）采用 EM 算法估计参数 θ。

（1）该分布似然函数为：

$$p(X \mid \theta) = \left(\frac{1}{2} + \frac{\theta}{4}\right)^{125}\left[\frac{1}{4}(1-\theta)\right]^{18}\left[\frac{1}{4}(1-\theta)\right]^{20}\left(\frac{\theta}{4}\right)^{34} = \frac{1}{4^{197}}(2+\theta)^{125}(1-\theta)^{38}\theta^{34}$$

对数似然函数求导：

$$\frac{\partial \ln(L)}{\partial \theta}=\frac{\partial \ln\left[\frac{1}{4^{197}}(2+\theta)^{125}(1-\theta)^{38}\theta^{34}\right]}{\partial \theta}=\frac{125}{2+\theta}-\frac{38}{1-\theta}+\frac{34}{\theta}=0$$

```
f <- function(theta)125/(2+theta)-38/(1-theta)+34/theta
uniroot(f,c(0,1))
```

```
$root
[1] 0.62682
$f.root
[1]-0.00014841
$iter
[1] 7
$estim.prec
[1] 6.1035e-05
```

（2）引入一个潜变量 Z，概率分布为：

$125-Z$	Z	18	20	34
X_1-Z	Z	X_2	X_3	X_4
$\frac{1}{2}$	$\frac{\theta}{4}$	$\frac{1}{4}(1-\theta)$	$\frac{1}{4}(1-\theta)$	$\frac{\theta}{4}$

完全似然函数：

$$p(X,Z\mid\theta)=\left(\frac{1}{2}\right)^{X_1-Z}\left(\frac{\theta}{4}\right)^{Z}\left[\frac{1}{4}(1-\theta)\right]^{X_2}\left[\frac{1}{4}(1-\theta)\right]^{X_3}\left(\frac{\theta}{4}\right)^{X_4}$$

EM 算法：对数似然函数极大值等价于数学期望 $Q[\theta,\theta^{(k)}]$ 最大值。

E 步：

$$Q[\theta,\theta^{(k)}]=\mathrm{E}_{Z\sim P[Z\mid X,\theta^{(k)}]}\{\ln[L(X,Z\mid\theta)]\}=\int \ln[L(X,Z\mid\theta)]p(Z\mid X,\theta^{(k)})\mathrm{d}Z$$

由于 $Z\sim B(X_1,\frac{\theta}{\theta+2})$，$\mathrm{E}(Z)=\frac{X_1\theta}{\theta+2}$

对于上述完全似然函数，对数似然函数为：

$$\log[p(X,Z\mid\theta)]=(X_1-Z)\ln\left(\frac{1}{2}\right)+Z\ln\left(\frac{\theta}{4}\right)+X_2\ln\left[\frac{1}{4}(1-\theta)\right]+X_3\ln\left[\frac{1}{4}(1-\theta)\right]+X_4\ln\left(\frac{\theta}{4}\right)$$

$Q[\theta,\theta^{(k)}]$ 为：

$$\mathrm{E}_{Z\sim P[Z\mid X,\theta^{(k)}]}\{\log[L(X,Z\mid\theta)]\}$$

$$=X_1\ln\left(\frac{1}{2}\right)-\ln\left(\frac{1}{2}\right)\mathrm{E}_{Z\sim P[Z\mid X,\theta^{(k)}]}(Z)+\ln\left(\frac{\theta}{4}\right)\mathrm{E}_{Z\sim P[Z\mid X,\theta^{(k)}]}(Z)+X_2\ln\left[\frac{1}{4}(1-\theta)\right]+$$

$X_3\ln[\frac{1}{4}(1-\theta)]+X_4\ln(\frac{\theta}{4})$

$=X_1\ln(\frac{1}{2})-\ln(\frac{1}{2})\frac{X_1\theta^{(k)}}{\theta^{(k)}+2}+\ln(\frac{\theta}{4})\frac{X_1\theta^{(k)}}{\theta^{(k)}+2}+X_2\ln[\frac{1}{4}(1-\theta)]+X_3\ln[\frac{1}{4}(1-\theta)]+$

$X_4\ln(\frac{\theta}{4})$

M 步：

$$\frac{\partial Q[\theta,\theta^{(k)}]}{\partial\theta}=[\frac{X_1\theta^{(k)}}{\theta^{(k)}+2}+X_4]\frac{1}{\theta}-\frac{X_2+X_3}{1-\theta}=0$$

对偏导方程求解 θ 得

$$\theta=\frac{\frac{X_1\theta^{(k)}}{\theta^{(k)}+2}+X_4}{\frac{X_1\theta^{(k)}}{\theta^{(k)}+2}+X_4+X_2+X_3}=\frac{\frac{125\theta^{(k)}}{\theta^{(k)}+2}+34}{\frac{125\theta^{(k)}}{\theta^{(k)}+2}+34+18+20}=\frac{159\theta^{(k)}+68}{197\theta^{(k)}+144}$$

令参数 $\theta=\theta^{(k+1)}$，持续迭代，到收敛为止。

```
theta=c()
epsilon=10^(-4)                #约束条件
theta[1]=0.2
i=1
er=0.1
while(er>=epsilon){
 i=i+1
 theta[i]=(159*theta[i-1]+68)/(197*theta[i-1]+144)
 er=abs(theta[i]-theta[i-1])
}
list("迭代次数"=i, "EM 参数估计"=theta[i])
```

```
$迭代次数
[1] 7
$EM 参数估计
[1] 0.62682
```

```
plot(theta,type="l",xlab="模拟次数",ylab="参数估计值",main="EM 算法参数估计")
```

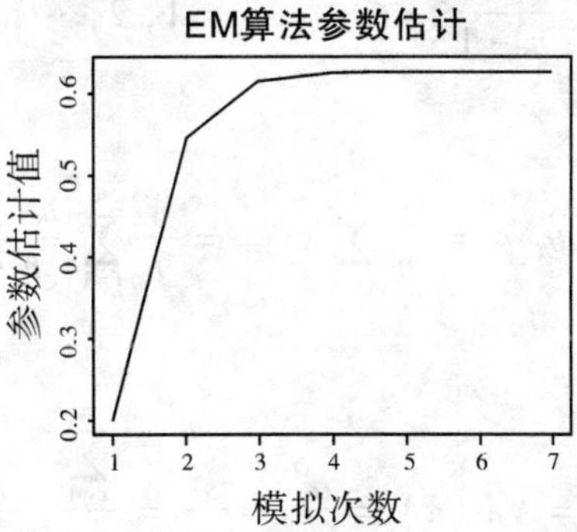

在本例中，令 $\varepsilon_2 = 10^{-4}$，经过 7 次迭代，满足 $|\theta^{(7)} - \theta^{(6)}| \leqslant \varepsilon_2$，参数 θ 估计值为 0.62682。若 ε_2 降低，θ 估计精确度将进一步上升。

4.4 Jackknife 方法

Jackknife 方法是由 Maurice Quenouille（1949）提出的一种再抽样方法，针对总体中抽取的一个样本容量为 n 的样本，可以将样本 $X = \{x_1, x_2, \cdots, x_n\}$ 的经验分布写为如下形式：

X_i	x_1	x_2	…	x_n
P	$\frac{1}{n}$	$\frac{1}{n}$	…	$\frac{1}{n}$

Jackknife 方法是将该样本按照漏一原则形成 n 个样本，分别记为：

$$X_{-1} = \{x_2, x_3, \cdots, x_n\}$$
$$X_{-2} = \{x_1, x_3, \cdots, x_n\}$$
$$\vdots$$
$$X_{-n} = \{x_1, x_2, \cdots, x_{n-1}\}$$

形成 n 个样本容量为 $n-1$ 的样本，称为 n 个 Jackknife 样本。

假定需要估计的参数为 θ，$\hat{\theta} = g(X)$ 是 θ 的一个估计，$\hat{\theta}_{(-i)} = g(X_{-i})$ 是由第 i 个 Jackknife 样本计算得到关于 θ 的一个估计。通常用 $\hat{\theta}_J = \frac{1}{n}\sum_{i=1}^{n}\hat{\theta}_{(-i)} = \frac{1}{n}\sum_{i=1}^{n}g(X_{-i})$ 作为 θ 的估计，称为 Jackknife 估计。

【例 4.6】根据已知样本 $X = \{x_1, x_2, \cdots, x_n\}$ 给出 $\theta = \mathrm{E}(X)$ 的 Jackknife 估计 $\hat{\theta}_J$ 和估计量方差。

$\theta = \mathrm{E}(X)$ 通常使用样本均值作为估计，对于已知样本 $X = \{x_1, x_2, \cdots, x_n\}$，参数估计为 $\hat{\theta} = \frac{1}{n}\sum_{i=1}^{n}x_i$，记为 $\bar{x}$。第 i 个 Jackknife 样本关于 θ 的估计 $\hat{\theta}_{(-i)}$ 为：

$$\hat{\theta}_{(-i)} = \frac{1}{n-1}\sum_{j\neq i}x_j = \frac{n\bar{x} - x_i}{n-1} = \bar{x}_{(-i)},\ j = 1, 2, \cdots, i-1, i+1, \cdots, n$$

Jackknife 估计 $\hat{\theta}_J$ 为：

$$\hat{\theta}_J = \frac{1}{n}\sum_{i=1}^{n}\hat{\theta}_{(-i)} = \frac{1}{n}\sum_{i=1}^{n}\bar{x}_{(-i)} = \frac{1}{n}\sum_{i=1}^{n}\frac{n\bar{x} - x_i}{n-1} = \bar{x}$$

估计量 $\hat{\theta}_J$ 的方差为：

$$\mathrm{Var}(\hat{\theta}_J) = \mathrm{Var}(\bar{x}) = \frac{\sigma^2}{n} \approx \frac{s^2}{n} = \frac{\sum_{i=1}^{n}(x_i - \bar{x})^2}{n(n-1)}$$

其中 σ^2 为随机变量的方差，s^2 为样本 X 的样本方差。即对于数学期望，Jackknife 估

计 $\hat{\theta}_J$ 与样本均值 $\bar{x}$ 一致。

根据 Jackknife 方法的漏一原则，将样本分为 k 个组，每组 h 个数据，总样本容量 $n = kh$。每次在该样本中抽样时采用漏掉一组的方式，共获得 k 个样本，每个样本容量为 $(k-1)h$。k 个样本关于 θ 估计分别为 $[\hat{\theta}_{(-1)}, \hat{\theta}_{(-2)}, \cdots, \hat{\theta}_{(-k)}]$，通常以均值 $\hat{\theta}_J = \frac{1}{k}\sum_{i=1}^{k}\hat{\theta}_{(-i)}$ 作为 θ 的 Jackknife 估计。在此定义第 i 个伪估计 $\tilde{\theta}_i = k\hat{\theta} - (k-1)\hat{\theta}_{(-i)}$，$i = 1,2,\cdots,k$，它可以看成是样本的估计与去掉第 i 组样本后的估计差值。使用伪估计表示的 Jackknife 估计量 $\tilde{\theta}_J = \frac{1}{k}\sum_{i=1}^{k}\tilde{\theta}_i$。若 $\hat{\theta}$ 是 θ 的一个无偏估计，经证明，则 $\hat{\theta}_{(-i)}$ 也是无偏估计，对应第 i 个伪估计 $\tilde{\theta}_i$ 是无偏估计，$\hat{\theta}_J$ 和 $\tilde{\theta}_J$ 均是 θ 的无偏估计。如例 4.6 中，$\tilde{\theta}_i = x_i$，$\tilde{\theta}_J = \hat{\theta}_J = \bar{x}$ 是 θ 的无偏估计，且两个 Jackknife 估计的方差相等。

对于一般的 $\mathrm{Var}(\hat{\theta}_J)$ 计算，由于 $\hat{\theta}_{(-i)}$ 是相关的，$\mathrm{Var}(\hat{\theta}_J) \neq \frac{1}{k}\mathrm{Var}[\hat{\theta}_{(-i)}]$，并定义 $\mathrm{Var}(\hat{\theta}_J)$ 的估计为 $\frac{k-1}{k}\sum_{i=1}^{k}[\hat{\theta}_{(-i)} - \hat{\theta}_J]^2$。Tukey（1958）在证明 $\tilde{\theta}_i$ 作为独立随机变量的基础上，给出 $\mathrm{Var}(\tilde{\theta}_J)$ 的估计为 $\frac{1}{k(k-1)}\sum_{i=1}^{k}(\tilde{\theta}_i - \tilde{\theta}_J)^2$，并由中心极限定理给出关于参数 θ 的 Jackknife 置信区间为：

$n < 30$：

$$\left[\tilde{\theta}_J - t_{1-\alpha/2}(k-1)\sqrt{\frac{1}{k(k-1)}\sum_{i=1}^{k}[\tilde{\theta}_i - \tilde{\theta}_J]^2}, \tilde{\theta}_J + t_{1-\alpha/2}(k-1)\sqrt{\frac{1}{k(k-1)}\sum_{i=1}^{k}[\tilde{\theta}_i - \tilde{\theta}_J]^2}\right]$$

$n \geqslant 30$：

$$\left[\tilde{\theta}_J - z_{1-\alpha/2}\sqrt{\frac{1}{k(k-1)}\sum_{i=1}^{k}[\tilde{\theta}_i - \tilde{\theta}_J]^2}, \tilde{\theta}_J + z_{1-\alpha/2}\sqrt{\frac{1}{k(k-1)}\sum_{i=1}^{k}[\tilde{\theta}_i - \tilde{\theta}_J]^2}\right]$$

【例 4.7】根据已知样本 $X = \{x_1, x_2, \cdots, x_n\}$，得到估计量 $\hat{\theta} = \frac{1}{n}\sum_{i=1}^{n}(x_i - \bar{x})^2$ 作为 $\theta = \mathrm{Var}(X)$ 的估计，偏差为 $bias(\hat{\theta}) = \mathrm{E}(\hat{\theta}) - \theta$。请给出 θ 偏差 $bias(\hat{\theta})$ 的 Jackknife 估计。

由于 $\hat{\theta} = \frac{1}{n}\sum_{i=1}^{n}(x_i - \bar{x})^2$，而已知样本方差 $s^2 = \frac{1}{n-1}\sum_{i=1}^{n}(x_i - \bar{x})^2$ 是 θ 的无偏估计，则有 $\mathrm{E}(\hat{\theta}) = \mathrm{E}(\frac{n-1}{n}s^2) = \frac{n-1}{n}\theta$，$bias(\hat{\theta}) = \frac{n-1}{n}\theta - \theta = -\frac{1}{n}\theta$。根据 $\hat{\theta}$ 与 $\hat{\theta}_{(-i)}$ 的关系，有 $\hat{\theta}_{(-i)}$ 的偏差 $bias[\hat{\theta}_{(-i)}] = -\frac{1}{n-1}\theta$。从而

$$
\begin{aligned}
E(\hat{\theta}_J - \hat{\theta}) &= E(\hat{\theta}_J - \theta) - E(\hat{\theta} - \theta) \\
&= E\left\{\frac{\sum_{i=1}^{n}[\hat{\theta}_{(-i)} - \theta]}{n}\right\} + \frac{1}{n}\theta \\
&= -\frac{1}{n-1}\theta + \frac{1}{n}\theta = \frac{bias(\hat{\theta})}{n-1}
\end{aligned}
$$

即 $bias(\hat{\theta}) = E[(n-1)(\hat{\theta}_J - \hat{\theta})]$，偏差的 Jackknife 估计为 $(n-1)(\hat{\theta}_J - \hat{\theta})$。

4.5 Bootstrap 方法

Bootstrap 方法又称为自助法，1979 年由 Bradley Efron 提出。假定样本用 $X = \{x_1, x_2, \cdots, x_n\}$ 表示，需要估计的参数为 θ，普通估计用 $\hat{\theta}$ 表示。在对样本 X 进行有放回抽样 B 次，每次抽取样本容量与原始样本 X 的样本容量相同，均为 n。第 b 次抽取样本为 $X_b = \{x_{i_1}^b, x_{i_2}^b, \cdots, x_{i_j}^b, \cdots, x_{i_n}^b\}$，其中 $i_j = 1,2,\cdots,n$，对应估计用 $\hat{\theta}_b$ 表示，Bootstrap 估计为 $\hat{\theta}^* = \frac{1}{B}\sum_{b=1}^{B}\hat{\theta}_b$。

Bootstrap 方法并不需要对总体分布进行假设或事先推导估计量的解析式，它仅仅是重构样本并不断计算估计值，本质上是一种非参数方法。来自分布函数为 $F(x)$ 的原始样本 $X = \{x_1, x_2, \cdots, x_n\}$ 的经验分布函数 $F_n(x)$ 为：

$$
F_n(x) = \begin{cases} 0, x < x_{(1)} \\ \frac{k}{n}, x_{(k)} \leqslant x < x_{(k+1)} \\ 1, x \geqslant x_{(n)} \end{cases}
$$

其中 $k = 1,2,\cdots,n-1$，$F_n(x)$ 为离散均匀分布。

Glivenko－Cantelli 定理：
设 $(x_1, x_2, \cdots, x_n)$ 是取自总体分布函数为 $F(x)$ 的样本，$F_n(x)$ 为经验分布函数，当 n 趋向无穷时，有

$$
P(\sup_{-\infty < x < +\infty} |F_n(x) - F(x)| \to 0) = 1
$$

Glivenko－Cantelli 定理表明 $F_n(x)$ 是总体分布函数 $F(x)$ 的一个估计。与此同时，对于 X_b 而言，$F_n(x)$ 是其总体分布函数，若 X_b 的经验分布函数用 $F_b^*(x)$ 表示，那么 $F_b^*(x)$ 是 $F_n(x)$ 的一个估计。最终，$F_b^*(x)$ 可以作为 $F(x)$ 的一个估计。由此，$\hat{\theta}$ 的分布可以由 $F_b^*(x)$ 近似表示。

【例 4.8】在参数 $\lambda = 2$ 的泊松分布中抽取 10 个随机数。并采用 Bootstrap 方法构建关于分布数学期望估计 $\hat{\theta}$ 的近似分布与 Bootstrap 估计 $\hat{\theta}^*$。其中 $B = 100$。

选择估计 $\hat{\theta} = \bar{x}$，因此 $E(\hat{\theta}) = \lambda$，为无偏估计。经过蒙特卡罗模拟，$\hat{\theta}^* = 2.046$。

```
set.seed(1)
n=10
lambda=2
X=rpois(n,lambda)                          #产生原始样本
X
[1] 1 1 2 4 1 4 4 2 2 0
theta.e=mean(X)                            #样本X条件下数学期望估计
theta.e
[1] 2.1
theta.B=c()
B=100
for(i in 1:B){
  sample.b=sample(X,n,replace=T)           #在原始样本X中重抽样
  theta.B[i]=mean(sample.b)                #第i次重抽样的数学期望估计
}
par(mfcol=c(1,2))
hist(theta.B,freq=F)                       #关于Bootstrap估计直方图
abline(v=2,lty=2,col=2)
plot.ecdf(theta.B)                         #关于估计theta.e的经验分布函数
```

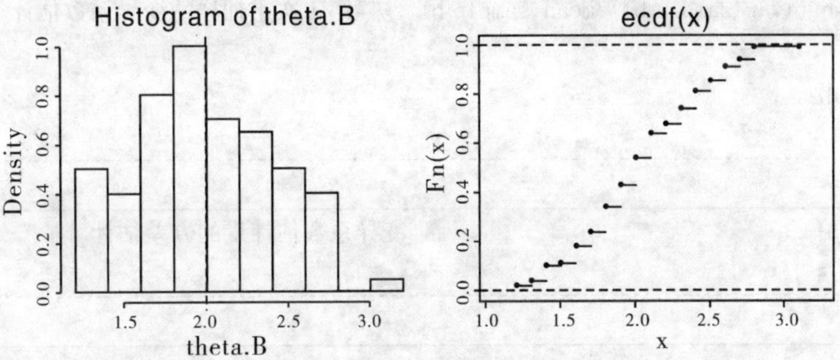


```
theta.s=mean(theta.B)                      # Bootstrap估计值
theta.s
[1] 2.046
```

若 $\hat{\theta}=g(X)$，那么 $\hat{\theta}_b=g(X_b)$，$\hat{\theta}^*=\frac{1}{B}\sum_{b=1}^{B}g(X_b)$。由大数定律知，

$$\lim_{B\to+\infty}P\left\{\left|\frac{1}{B}\sum_{b=1}^{B}g(X_b)-\frac{1}{B}\sum_{b=1}^{B}\mathrm{E}[g(X)]\right|<\varepsilon\right\}=1$$

即 $\hat{\theta}^*$ 依概率收敛到 $\mathrm{E}(\hat{\theta})$，可将 $\hat{\theta}^*$ 作为 $\mathrm{E}(\hat{\theta})$ 的估计。类似的，$\mathrm{Var}(\hat{\theta})$ 通常用样本方差 $\frac{1}{B-1}\sum_{b=1}^{B}[\hat{\theta}_b-\hat{\theta}^*]^2$ 作为估计。另外关于偏差 $bias(\hat{\theta})=\mathrm{E}(\hat{\theta})-\theta$，由于 $\hat{\theta}^*$ 作为 $\mathrm{E}(\hat{\theta})$ 的估计，$\hat{\theta}$ 作为 θ 的估计，那么偏差的 Bootstrap 估计可以写为 $\hat{\theta}^*-\hat{\theta}$，若 $\hat{\theta}^*-\hat{\theta}>0$，意味着 $\hat{\theta}$ 平均来看高估了 θ，反之则为低估。

【例 4.9】现有属于正态分布随机数 $(x_1, x_2, \cdots, x_{10}) \sim N(2,1)$，请给出变异系数 $\frac{\sigma}{\mu}$ 的估计量 $\sqrt{\frac{\sum_{i=1}^{n}(x_i-\bar{x})^2}{n-1}} \Big/ \bar{x}$ 方差的 Bootstrap 估计与偏差的 Bootstrap 估计。

```
set.seed(1)
n=10
mu=2
sigma=1
X=rnorm(n,mu,sigma)                                    #产生原始样本
X
[1] 1.37 2.18 1.16 3.60 2.33 1.18 2.49 2.74 2.58 1.69
CV.e=sqrt(var(X))/mean(X)
CV.e
[1] 0.366
CV.B=c()
B=1000
for (i in 1:B){
    sample.b=sample(X,n,replace=T)                     #在原始样本 X 中重抽样
    CV.B[i]=sqrt(var(sample.b))/mean(sample.b)         #第 i 次重抽样的变异系数估计
}
CV.s=mean(CV.B)
CV.s
[1] 0.345
Var.e=var(CV.B)                                        #变异系数估计量的方差估计
Var.e
[1] 0.00465
CV.s-CV.e                                              #变异系数偏差的 Bootstrap 估计
[1]-0.0212
```

Bootstrap 方法除给出点估计结果以外，也可以通过中心极限定理、分位数等方法给出置信区间。一般置信区间由 $P(\hat{\theta}_L \leqslant \theta \leqslant \hat{\theta}_U) = 1-\alpha$ 给出。由于 $\hat{\theta}$ 作为 θ 的估计，令 Bootstrap 估计中 $\hat{\theta}_b$ 在 $\alpha/2$ 和 $1-\alpha/2$ 的分位数分别为 $\hat{\theta}_L$ 和 $\hat{\theta}_U$，则满足等式 $P(\hat{\theta}_L \leqslant \hat{\theta} \leqslant \hat{\theta}_U) = 1-\alpha$，从而得到置信区间，该方法称为分位数法。另外，也可由 $2\hat{\theta}-\hat{\theta}_U$ 和 $2\hat{\theta}-\hat{\theta}_L$ 作为置信下限和置信上限，称为基本置信区间法。另外，建立基于分位数偏差修正与加速的置信区间方法，称为 BCa 置信区间。

根据中心极限定理，若 $\hat{\theta}$ 是 θ 的无偏估计，可建立统计量，$z = \frac{\hat{\theta}-\theta}{\sqrt{\mathrm{Var}(\hat{\theta})}} \sim N(0,1)$，由此得到 θ 的置信区间为：

$$\left[\hat{\theta}-z_{1-\alpha/2}\sqrt{\frac{1}{B-1}\sum_{b=1}^{B}\left[\hat{\theta}_b-\hat{\theta}^*\right]^2},\hat{\theta}+z_{1-\alpha/2}\sqrt{\frac{1}{B-1}\sum_{b=1}^{B}\left[\hat{\theta}_b-\hat{\theta}^*\right]^2}\right]$$

称为正态分布置信区间。

若 z 为非正态分布，可以构建 t 统计量。首先在每次获得再抽样估计 $\hat{\theta}_b$ 后，再次使用 Bootstrap 方法计算 $\sqrt{\mathrm{Var}(\hat{\theta}_b)}$，由此构造 t 统计量，$t=\frac{\hat{\theta}_b-\hat{\theta}}{\sqrt{\mathrm{Var}(\hat{\theta}_b)}}\sim t(B-1)$，根据此 t 分布的分位数，得到置信区间为：

$$\left[\hat{\theta}-t_{1-\alpha/2}(B-1)\sqrt{\frac{1}{B-1}\sum_{b=1}^{B}\left[\hat{\theta}_b-\hat{\theta}^*\right]^2},\ \hat{\theta}+t_{1-\alpha/2}(B-1)\sqrt{\frac{1}{B-1}\sum_{b=1}^{B}\left[\hat{\theta}_b-\hat{\theta}^*\right]^2}\right]$$

称为 t 分布置信区间。

在 R 语言中，使用 boot 包中的 boot. ci 函数即可获得上述五种置信区间，其中该函数第一个参数需要输入 boot. ci 函数输出结果，参数 conf 输入置信水平，参数 type 输入采用的置信区间类型。All 表示 5 种置信区间全部输出，norm，basic，stud，perc，bca 分别表示输出正态、基本、t 分布、分位数和 bca 方法下的置信区间结果。

【例 4.10】续例 4.9，给出变异系数的置信区间，其中 $B=100$。

```
B=100
CV=function(y,i){sqrt(var(y[i]))/mean(y[i])}
b.r=boot(X,statistic=CV,R=B)
```

```
ORDINARY NONPARAMETRIC BOOTSTRAP
Call:
boot(data=X,statistic=CV,R=B)
Bootstrap Statistics :
    original  bias     std. error
t1*    0.366  -0.0197      0.073
```

```
boot.ci(b.r)
```

```
BOOTSTRAP CONFIDENCE INTERVAL CALCULATIONS
Based on 100 bootstrap replicates
CALL :
boot.ci(boot.out=b.r)
Intervals :
Level      Normal              Basic
95%    ( 0.243,  0.529 )   ( 0.239,  0.549 )
Level     Percentile            BCa
95%    ( 0.183,  0.494 )   ( 0.224,  0.497 )
警告信息:
In boot.ci(b.r) : bootstrap variances needed for studentized intervals
```

由于 Bootstrap 重抽样方法每次结果都不相同，因此只有 original 与例 4.8 中的一般估计相同，偏差为 -0.0197，估计量的标准差为 0.073，这与例 4.9 相近。同时，给出四种置信区间方法结果。在本例中，变异系数真值为 0.5，正态和基本置信区间包含真值。另外，函数并未给出 t 分布置信区间，原因在于函数 boot. ci 需要给出 B 个 $\sqrt{\mathrm{Var}(\hat{\theta}_b)}$ 值，放入参数 var. t 中，才能计算 t 分布置信区间。而每个 $\sqrt{\mathrm{Var}(\hat{\theta}_b)}$ 值都需要经过 Bootstrap 重抽样估计完成，这个过程较为费时。

【例 4.11】混合高斯分布如下所示：

$$X \sim 0.5N(1,4) + 0.5N(6,1)$$

请用 Bootstrap 方法给出方差估计 $\hat{\theta} = \frac{\sum_{i=1}^{n}(x_i - \bar{x})^2}{n-1}$ 的偏差。[提示：理论上该随机变量 $X \sim N(3.5,1.25)$，即 $\theta = 1.25$。估计的偏差 $bias(\hat{\theta}) = \mathrm{E}(\hat{\theta}) - \theta = 0$。]

```
set.seed(1)
n=100
X=0.5*rnorm(n,1,2) +0.5*rnorm(n,6,1)
theta.e=var(X)
theta.e
```

```
[1] 1.04
```

```
bias.B=c()
bias.bar=c()
B=1000
for (i in 1:B){
  sample.b=sample(X,n,replace=T)          #在原始样本 X 中重抽样
  bias.B[i]=var(sample.b) - theta.e       #第 i 次重抽样的偏差估计
  bias.bar[i]=mean(bias.B)                #前 i 次 Bootstrap 偏差估计
}
plot(bias.bar,type="l",xlab="模拟次数",ylab="Bootstrap 方法偏差估计")
abline(h=0,lty=2,col=2)
```

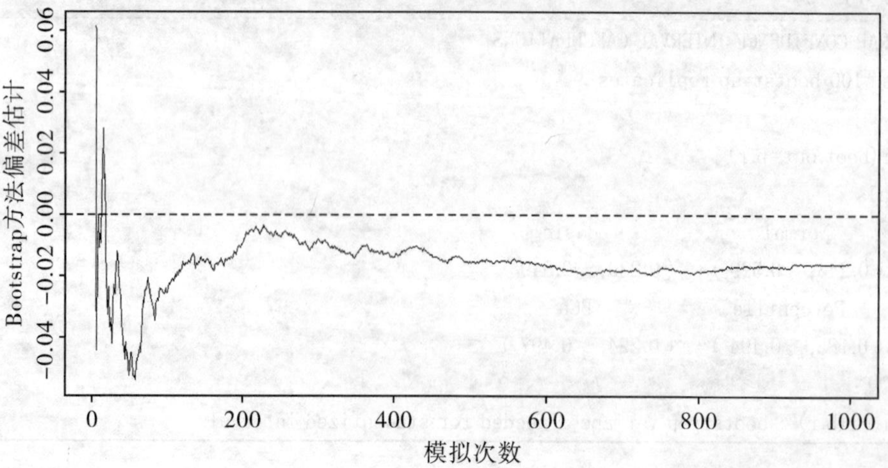

$\hat{\theta}=1.04$，与真值$\theta=1.25$相比，低估了θ。同时，采用Bootstrap方法得到1000次方差估计量$\hat{\theta}$的偏差估计（实线），随着模拟次数增加而持续小于0（虚线），意味着$\hat{\theta}$平均来看低估了θ。

习题

1. 使用 Metropolis – Hastings 算法产生$f(x)=\dfrac{\Gamma(\frac{n+1}{2})}{\sqrt{n\pi}\,\Gamma(n/2)}(1+\dfrac{x^2}{n})^{-\frac{n+1}{2}}$的$t\sim t(4)$分布随机数。(提示：候选密度函数分别选择正态分布和t分布。)

2. 已知$X\sim Be(a,b)$，$Y\mid X\sim B(n,x)$，请使用 Gibbs 抽样法产生Y的随机数。其中$a=3,b=7,n=15$。[提示：$X\mid Y\sim Be(y+a,n-y+b)$。]

5 系统模拟仿真

5.1 Buffon 投针问题

设平面上画有等距为 a 的一簇平行线，取一枚长为 l（$l<a$）的针随意扔到平面上，如图 5.1 所示。通过试验的方法计算针与平行线相交的概率。

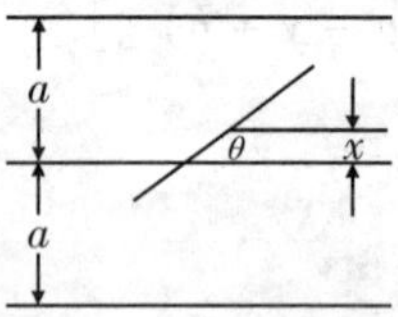

图 5.1

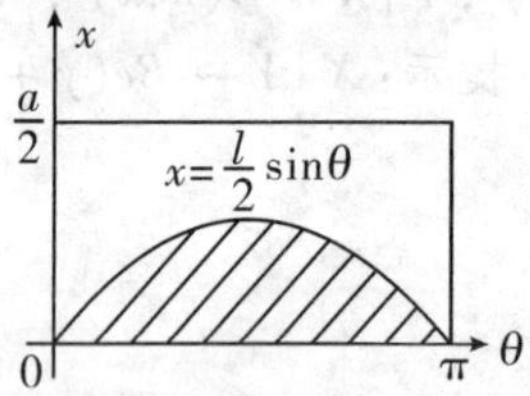

图 5.2

在真实的试验中，随着试验重复次数 n 的增加，事件 A ={针与平行线相交} 发生频率 $f_n(A) = \dfrac{n(A)}{n}$ 会稳定在某一常数附近，这一常数即为事件 A 发生的概率。以下是一些真实试验的结果。

试验者	年份	l/a	投掷次数	相交次数	事件 A 频率	π 近似值
Wolf	1850	0.8	5000	2532	0.5064	3.1596
Fox	1884	0.75	1030	489	0.4748	3.1595
Lazzerini	1901	0.83	3408	1808	0.5305	3.1415
Reina	1925	0.54	2520	859	0.3409	3.1795

令 x 表示针的中心到最近一条平行线的距离，θ 表示针与此直线间的交角（图 5.1），（θ，x）完全决定针所落的位置。针的所有可能位置空间为：

$$\Omega = \{(\theta,x):0 \leqslant \theta \leqslant \pi, 0 \leqslant x \leqslant \frac{a}{2}\}$$

事件 A 可以表示为：$x \leqslant \dfrac{l}{2}\sin\theta$。将 (θ,x) 看作是来自 Ω 的二维均匀分布时，图 5.2 中阴影部分即为事件 A 发生的区域。因此模拟可以分为以下几个步骤进行：

（1）给定满足 $l < a$ 的 l 与 a 的值；

（2）产生来自均匀分布的两组随机数 θ_i 和 x_i 各 n 个，其中 $\theta_i \sim U(0,\pi)$，$x_i \sim U(0,\frac{a}{2})$；

（3）计算 $x_i \leqslant \frac{l}{2}\sin\theta_i$ 发生的次数；

（4）若上述事件有 k 次发生，即以 k/n 这一试验频率作为概率近似值。

```
l=0.8
a=1
n=1000
theta=runif(n,0,pi)
x=runif(n,0,a/2)
k=sum(x <=l/2*sin(theta))
freq=k/n
cat("概率近似值=",freq,"\n试验次数=",n,"\nl=",l,"\na=",a,"\n")
```

```
概率近似值=0.517
试验次数=1000
l=0.8
a=1
```

根据几何概率方法，计算事件 A 的概率为：

$$P(A) = \frac{S_A}{S} = \frac{\int_0^{\pi}\frac{l}{2}\sin\theta d\theta}{\pi a/2} = \frac{2l}{a\pi} \approx \frac{k}{n}$$

由此，计算得到 $\hat{\pi} = \frac{2nl}{ak}$，在上述模拟中，$\hat{\pi} = 3.0948$。这个估计与 π 真值有一些差距，可以通过增加模拟次数提高估计精确度。

```
n=c(5000,10000,100000,1000000)
m=length(n)
freq=c()
pi.e=c()
for(i in 1:m){
  theta=runif(n[i],0,pi)
  x=runif(n[i],0,a/2)
  k=sum(x <=l/2*sin(theta))
  freq[i]=k/n[i]
  pi.e[i]=2*n[i]*l/(a*k)
}
data.frame("试验次数"=n,"概率近似值"=freq,"pi 估计值"=pi.e)
```

```
  试验次数  概率近似值  pi 估计值
1   5e+03    0.5006     3.196
2   1e+04    0.5128     3.120
3   1e+05    0.5115     3.128
4   1e+06    0.5095     3.140
```

5.2 赶火车问题

一列火车从A站开往B站，某人每天赶往B站上火车。他已了解到火车从A站到B站的运行时间是服从均值为30分钟，标准差为2分钟的正态分布。火车大约13点离开A站，此人大约13:30到达B站。火车离开A站的时刻及概率和此人到达B站的时刻及概率如表5.1、表5.2所示。他赶上火车的可能性大吗?

表5.1 火车离开A站的时刻及概率

火车离站时刻	13:00	13:05	13:10
概率	0.7	0.2	0.1

表5.2 某人到达B站的时刻及概率

人到站时刻	13:28	13:30	13:32	13:34
概率	0.3	0.4	0.2	0.1

记T_1为火车从A站出发的时刻，T_2为火车从A站到达B站运行的时间，T_3为此人到达B站的时刻。因此，T_1、T_2、T_3均是随机变量，且$T_2 \sim N(30, 2^2)$，T_1、T_3的分布律如表5.3和表5.4所示。

表5.3 T_1的分布律

时刻T_1/分	0	5	10
概率P	0.7	0.2	0.1

表5.4 T_3的分布律

时刻T_3/分	28	30	32	34
概率P	0.3	0.4	0.2	0.1

此人能及时赶上火车的充分必要条件是：$\{T_1 + T_2 > T_3\}$。该问题可以通过模拟随机数T_1、T_2、T_3，并计算$\{T_1 + T_2 > T_3\}$发生的次数，以频率作为概率的近似值。为了模拟随机数T_1和T_3，根据第1章的随机数产生逆变换方法，设U_1、U_3是(0, 1)区间上均匀分布的随机数，则T_1和T_3的分布律的逆变换方法模拟产生随机数为：

$$T_1 = \begin{cases} 0, & 0 < U_1 \leqslant 0.7 \\ 5, & 0.7 < U_1 \leqslant 0.9 \\ 10, & 0.9 < U_1 \leqslant 1 \end{cases} \qquad T_3 = \begin{cases} 28, & 0 < U_3 \leqslant 0.3 \\ 30, & 0.3 < U_3 \leqslant 0.7 \\ 32, & 0.7 < U_3 \leqslant 0.9 \\ 34, & 0.9 < U_3 \leqslant 1 \end{cases}$$

由此得到该问题的模拟步骤为：

（1）分别产生来自（0，1）均匀分布随机数各 n 个，用 U_1 和 U_3 表示；

（2）根据逆变换方法，由 U_1 和 U_3 分别产生 n 个随机数 T_1 和 T_3；

（3）产生 n 个来自正态分布 $N(30,2^2)$ 的随机数 T_2；

（4）计算 n 次中满足 $T_1 + T_2 > T_3$ 的次数，记为 k；

（5）赶上火车的频率 k/n 作为概率近似值。

```
n=1000
U1=runif(n)
U3=runif(n)
T1=c()
T2=rnorm(n,30,2)
T3=c()
for(i in 1:n){
  if(U1[i]<=0.7){T1[i]=0 }
     else if (U1[i]<=0.9){ T1[i]=5}
     else T1[i]=10
  if(U3[i]<=0.3){ T3[i]=28 }
     else if (U3[i]<=0.7){T3[i]=30}
     else if (U3[i]<=0.9){T3[i]=32}
     else T3[i]=34
}
k=sum(T1 + T2 > T3)
p.e=k/n
cat("赶上火车概率 =",p.e," \n")
```

```
赶上火车概率 =0.62
```

使用概率计算方法解答该问题，目标是 $P(T_1 + T_2 > T_3)$。针对离散与连续随机变量和的分布，有以下定理：

定理：

若 X 和 Y 分别为离散和连续随机变量，X 的分布为 $P(X = x_i) = p_i, i = 1,2,\cdots,+\infty$，随机变量 Y 的密度函数为 $f_Y(y)$，且 X 与 Y 相互独立。令 $Z = X + Y$，那么 Z 的密度函数为：

$$f_Z(z) = \sum_{i=1}^{+\infty} p_i f_Y(z - x_i)$$

根据定理，$Z = T_1 + T_2$ 的密度函数为：

$$f_Z(z) = 0.7\frac{1}{2\sqrt{2\pi}}e^{-\frac{1}{2}\left(\frac{z-30}{2}\right)^2} + 0.2\frac{1}{2\sqrt{2\pi}}e^{-\frac{1}{2}\left(\frac{z-35}{2}\right)^2} + 0.1\frac{1}{2\sqrt{2\pi}}e^{-\frac{1}{2}\left(\frac{z-40}{2}\right)^2},\ z \in (-\infty, +\infty)$$

$W = Z + (-T_3) = T_1 + T_2 - T_3$ 的密度函数为：

$$f_W(w)=0.21\frac{1}{2\sqrt{2\pi}}e^{-\frac{1}{2}(\frac{w-2}{2})^2}+0.06\frac{1}{2\sqrt{2\pi}}e^{-\frac{1}{2}(\frac{w-7}{2})^2}+0.03\frac{1}{2\sqrt{2\pi}}e^{-\frac{1}{2}(\frac{w-12}{2})^2}+$$
$$0.28\frac{1}{2\sqrt{2\pi}}e^{-\frac{1}{2}(\frac{w}{2})^2}+0.08\frac{1}{2\sqrt{2\pi}}e^{-\frac{1}{2}(\frac{w-5}{2})^2}+0.04\frac{1}{2\sqrt{2\pi}}e^{-\frac{1}{2}(\frac{w-10}{2})^2}+$$
$$0.14\frac{1}{2\sqrt{2\pi}}e^{-\frac{1}{2}(\frac{w+2}{2})^2}+0.04\frac{1}{2\sqrt{2\pi}}e^{-\frac{1}{2}(\frac{w-3}{2})^2}+0.02\frac{1}{2\sqrt{2\pi}}e^{-\frac{1}{2}(\frac{w-8}{2})^2}+$$
$$0.07\frac{1}{2\sqrt{2\pi}}e^{-\frac{1}{2}(\frac{w+4}{2})^2}+0.02\frac{1}{2\sqrt{2\pi}}e^{-\frac{1}{2}(\frac{w-1}{2})^2}+0.01\frac{1}{2\sqrt{2\pi}}e^{-\frac{1}{2}(\frac{w-6}{2})^2}$$

其中，$w\in(-\infty,+\infty)$。对应 $P(T_1+T_2>T_3)$ 为：

$$P(T_1+T_2>T_3)=P(W>0)$$
$$=0.21[1-\Phi(-1)]+0.06[1-\Phi(-\frac{7}{2})]+0.03[1-\Phi(-6)]+$$
$$0.28[1-\Phi(0)]+0.08[1-\Phi(-\frac{5}{2})]+0.04[1-\Phi(-5)]+$$
$$0.14[1-\Phi(1)]+0.04[1-\Phi(-\frac{3}{2})]+0.02[1-\Phi(-4)]+$$
$$0.07[1-\Phi(2)]+0.02[1-\Phi(-\frac{1}{2})]+0.01[1-\Phi(-3)]$$
$$=0.6311$$

```
p1=0.21*(1-pnorm(-1))+0.06*(1-pnorm(-7/2))+0.03*(1-pnorm(-6))
p2=0.28*(1-pnorm(0))+0.08*(1-pnorm(-5/2))+0.04*(1-pnorm(-5))
p3=0.14*(1-pnorm(1))+0.04*(1-pnorm(-3/2))+0.02*(1-pnorm(-4))
p4=0.07*(1-pnorm(2))+0.02*(1-pnorm(-1/2))+0.01*(1-pnorm(-3))
p1+p2+p3+p4      #概率真值
-------------------------------------------
[1] 0.6311187
```

5.3 追逐问题

在正方形 *ABCD* 的四个顶点各有一人，分别为甲、乙、丙和丁。在某一时刻，四人同时出发以匀速 v 走向顺时针方向的下一个人，如果他们的方向始终保持对准目标，则最终将按螺旋状曲线汇合于中心点，模拟该种情况下每个人的运行轨迹。

建立平面直角坐标系，以 Δt 为时间间隔进行采样，在每一个时刻 t 计算每个人在下一时刻 $t+\Delta t$ 时的坐标。不妨设甲的追逐对象是乙，在时间 t，甲的坐标为 (x_1,y_1)，乙的坐标为 (x_2,y_2)，那么甲在 $t+\Delta t$ 时刻的坐标为：

$$(x_1+v\Delta t\cos\theta,y_1+v\Delta t\sin\theta)$$

其中 $\cos\theta=\frac{x_2-x_1}{d}$，$\sin\theta=\frac{y_2-y_1}{d}$，$d=\sqrt{(x_2-x_1)^2+(y_2-y_1)^2}$，选取足够小的 Δt，当甲、乙的距离小于 $v\Delta t$ 时，两人相遇。

正方形 *ABCD* 的四个顶点的初始位置为 A（0，1），B（1，1），C（1，0），D（0，0）。中心位置坐标为（0.5，0.5），如下图中所示。

```
plot(c(0,1,1,0),c(0,0,1,1),xlab="",ylab="")
grid()
text(0,1,labels="A",adj=c(0.3,1.3))
text(1,1,labels="B",adj=c(1.5,0.5))
text(1,0,labels="C",adj=c(0.3,-0.8))
text(0,0,labels="D",adj=c(-0.5,0.1))
abline(h=0.5,v=0.5,lty=1,lwd=2)
```

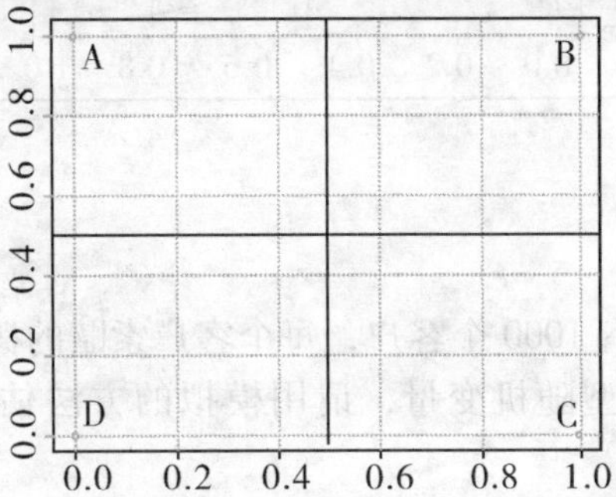

（1）设定 A、B、C、D 四个点坐标及速度 v 和 Δt；

（2）计算每移动 Δt 时间后，A、B、C、D 四个点坐标，其中每个点的横坐标和纵坐标都可以用公式表示为：$x_{ik+1} = x_{ik} + v\Delta t\cos\theta_k$，$y_{ik+1} = y_{ik} + v\Delta t\sin\theta_k$，$i = A,B,C,D$，$k = 1,2,\cdots$，以 A 追逐 B 时为例，$\cos\theta_k = \frac{x_{Bk} - x_{Ak}}{d_{ABk}}$，$\sin\theta_k = \frac{y_{Bk} - y_{Ak}}{d_{ABk}}$，$d_{ABk} = \sqrt{(x_{Bk} - x_{Ak})^2 + (y_{Bk} - y_{Ak})^2}$；

（3）循环步骤（2），直到 $d_{ABk} < v\Delta t$ 时，4 人距离足够小，相遇在中心点；

（4）将形成的坐标点连线，如关于 A 点移动形成坐标 (x_{A1}, y_{A1})，(x_{A2}, y_{A2})，$\cdots$，形成运动轨迹近似路径。

```
XA=c();XA[1]=0;YA=c();YA[1]=1;XB=c();XB[1]=1;YB=c();YB[1]=1
XC=c();XC[1]=1;YC=c();YC[1]=0;XD=c();XD[1]=0;YD=c();YD[1]=0
k=1;V=1;delta.t=0.01
dAB=c();dBC=c();dCD=c();dDA=c();
while (sqrt((XB[k]-XA[k])^2+(YB[k]-YA[k])^2) > V*delta.t){
      dAB[k]=sqrt((XB[k]-XA[k])^2+(YB[k]-YA[k])^2)
      dBC[k]=sqrt((XC[k]-XB[k])^2+(YC[k]-YB[k])^2)
      dCD[k]=sqrt((XD[k]-XC[k])^2+(YD[k]-YC[k])^2)
      dDA[k]=sqrt((XA[k]-XD[k])^2+(YA[k]-YD[k])^2)
      XA[k+1]=XA[k]+V*delta.t*(XB[k]-XA[k])/dAB[k]
      YA[k+1]=YA[k]+V*delta.t*(YB[k]-YA[k])/dAB[k]
      XB[k+1]=XB[k]+V*delta.t*(XC[k]-XB[k])/dBC[k]
      YB[k+1]=YB[k]+V*delta.t*(YC[k]-YB[k])/dBC[k]
      XC[k+1]=XC[k]+V*delta.t*(XD[k]-XC[k])/dCD[k]
      YC[k+1]=YC[k]+V*delta.t*(YD[k]-YC[k])/dCD[k]
      XD[k+1]=XD[k]+V*delta.t*(XA[k]-XD[k])/dDA[k]
      YD[k+1]=YD[k]+V*delta.t*(YA[k]-YD[k])/dDA[k]
      k=k+1
}
lines(XA,YA);lines(XB,YB);lines(XC,YC);lines(XD,YD)
```

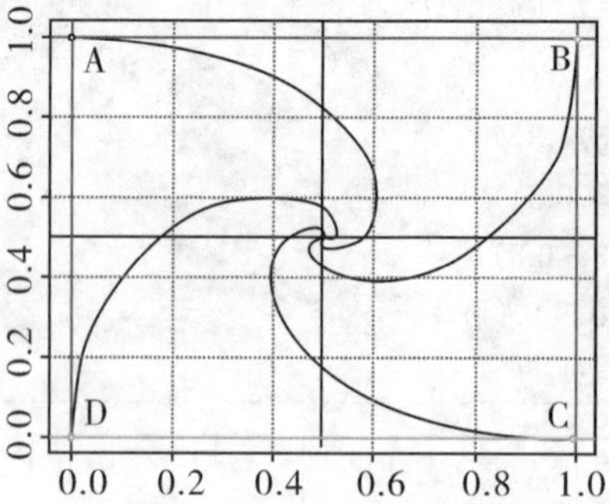

5.4 保险问题

某家保险公司车险业务有1000个客户，每个客户索赔的概率为0.05，客户索赔额是具有数学期望为800的指数型随机变量，请用模拟的方法估计索赔额超过60000元的概率。

对于每一个客户索赔情况 $X_i = \begin{cases} 0, p = 0.95 \\ 1, p = 0.05 \end{cases}, i = 1,2,\cdots,1000$，即服从二项分布 $B(1,0.05)$，其中1代表发生索赔。因而1000个客户中需要索赔的客户数为 $Y = \sum_{i=1}^{1000} X_i$，根据二项分布的可加性定理，则 $Y \sim B(1000,0.05)$。

定理：

若 X 和 Y 是分别为服从 $B(n,p)$ 和 $B(m,p)$ 的随机变量，那么随机变量 $Z = X + Y$ 的分布为：

$$Z \sim B(n + m,p)$$

若每个索赔客户的索赔额用 Z_j 表示，其中 $j=1,2,\cdots,Y$。索赔总额超过60000元的概率可以表示为：

$$P(Y, \sum_{j=1}^{Y} Z_j \geqslant 60000) = P(\sum_{j=1}^{Y} Z_j \geqslant 60000 \mid Y)P(Y)$$

由于每个客户的索赔额 $Z_j \sim Exp(\frac{1}{800})$，根据伽马分布的可加性定理，$P(\sum_{j=1}^{Y} Z_j \mid Y) \sim Ga(Y,\frac{1}{800})$。

定理：

设 X 服从 $Ga(\alpha_1,\lambda)$，Y 服从 $Ga(\alpha_2,\lambda)$，且相互独立，则 $Z = X + Y$ 服从 $Ga(\alpha_1 + \alpha_2,\lambda)$ 伽马分布。由于 $Exp(\lambda) = Ga(1,\lambda)$，因而满足可加性。

因而索赔总额超过60000元的概率为：

$$P(Y, \sum_{j=1}^{Y} Z_j \geqslant 60000) = \sum_{k=0}^{1000} P(\sum_{j=1}^{Y} Z_j \geqslant 60000 \mid Y = k)P(Y = k)$$

其中 $P(Y = k) = C_{1000}^{k}\ (0.05)^{k}\ (0.95)^{1000-k}$，$k = 0,1,2,\cdots,1000$。$P(\sum_{j=1}^{Y} Z_j \geqslant$

$60000 \mid Y = k)$ 为：$P(\sum_{j=1}^{k} Z_j \geqslant 60000) = 1 - P(\sum_{j=1}^{k} Z_j < 60000) = 1 - \int_0^{60000} \frac{(1/800)^k}{\Gamma(k)} z^{k-1} e^{-\frac{1}{800}z} dz$。最终，索赔总额超过 60000 元的概率值为：

$$P(Y, \sum_{j=1}^{Y} Z_j \geqslant 60000) = \sum_{k=0}^{1000} \left[1 - \int_0^{60000} \frac{(1/800)^k}{\Gamma(k)} z^{k-1} e^{-\frac{1}{800}z} dz\right] C_{1000}^{k} (0.05)^k (0.95)^{1000-k} = 0.0102$$

```
n=1000
c.v=60000
lambda=1/800
p1=0.05
p=c()
for(k in 1:n){
    p[k]=(1-pgamma(c.v,k,lambda))*dbinom(k,n,p1)
}
sum(p)
[1] 0.01015326
```

注：$k=0$ 时，$(1-pgamma\ (c.v,\ k,\ lambda))=0$。因此仅计算 k 从 1 到 1000 的概率加和。

对于该保险问题，蒙特卡罗模拟步骤如下所示：

（1）产生来自二项分布 $B(1000, 0.05)$ 的随机数 Y_i 共 n_1 个；

（2）根据（1）中 Y_i 个数，产生 Y_i 个满足 $Exp(\frac{1}{800})$ 的随机数 Z_j；

（3）计算（2）中产生随机数 Z_j 是否满足 $\sum_{j=1}^{Y_i} Z_j \geqslant 60000$；

（4）针对（1）中产生的 n_1 个随机数 Y_i，循环步骤（2）和（3），并计算满足 $\sum_{j=1}^{Y_i} Z_j \geqslant 60000$ 的总次数 n_2；

（5）以频率 n_2/n_1 作为索赔总额超过 60000 元的概率估计值。

```
n1=100000
y=rbinom(n1,n,p1)
va=list()
z=c()
for(i in 1:n1){
   va[[i]]=rexp(y[i],rate=lambda)
   z[i]=sum(va[[i]])
}
n2=sum(z>c.v)
p=n2/n1
p
[1] 0.00969
```

5.5 鱼塘鱼量问题

鱼塘中随机捕捞500条鱼，做上记号后再放入池中，待充分混合后，在鱼塘中捕捞1000条鱼，发现其中有72条鱼是做过标记的，鱼塘中可能共有多少条鱼？

针对该问题，假定鱼塘中鱼的数量为 N，令 $n = 1000$，$M = 500$，那么捕捞 n 条鱼时，带标记的鱼的数量作为随机变量 X 服从超几何分布。

$$P(X = k) = \frac{C_M^k C_{N-M}^{n-k}}{C_N^n}, k = 0, 1, \cdots, \min(n, M)$$

N 作为待估参数，其似然函数为：

$$L(N) = \frac{C_M^k C_{N-M}^{n-k}}{C_N^n}$$

该似然函数随 N 的变化曲线如下所示。在 $N = 7000$ 左右时，达到似然函数最大值。

```
k=72
M=500
n=1000
N=n:20000
p.hg=dhyper(k,M,N-M,n)
plot(N,p.hg,type="l",pch=5,col=1)
```

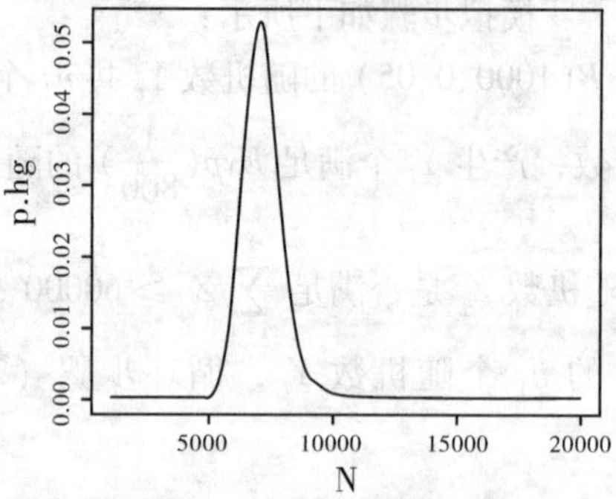

此时似然比：

$$\frac{L(N)}{L(N-1)} = \frac{C_M^k C_{N-M}^{n-k}}{C_N^n} \Big/ \frac{C_M^k C_{N-1-M}^{n-k}}{C_{N-1}^n} = \frac{(N-M)(N-n)}{N(N-M-n+k)}$$

若 $\frac{L(N)}{L(N-1)} > 0$，即 $\frac{(N-M)(N-n)}{N(N-M-n+k)} > 0$，则有 $N < \frac{nM}{k}$。

同理，似然比 $\frac{L(N+1)}{L(N)} = \frac{(N+1-M)(N+1-n)}{(N+1)(N+1-M-n+k)}$，若 $\frac{L(N+1)}{L(N)} < 0$，则有 $N > \frac{nM}{k} - 1$。从而 $\hat{N}_{MLE} = \left\lfloor \frac{nM}{k} \right\rfloor = \left\lceil \frac{nM}{k} - 1 \right\rceil = 6944$。

```
N.mle=floor(n*M/k)
N.mle
```
```
[1] 6944
```

当使用蒙特卡罗模拟时，首先模拟 N 的取值，从 $n=1000$ 开始，设置最大 N 值为 20000。计算每个 N 取值时的似然函数值，找到似然函数值最大时对应的 N，即为鱼塘中鱼的数量的一个估计。

```
L.v=max(dhyper(k,M,N-M,n))
j=which.max(dhyper(k,M,N-M,n))
N.e=N[j]
cat("N 的极大似然估计=",N.e,"似然函数值=",L.v,"\n")
```
```
N 的极大似然估计=6944
似然函数值=0.05268844
```

5.6 收银员问题

一家小型超市只有一位收银员服务。顾客到来间隔时间 X 服从参数为 0.1 的指数分布；收银员对顾客的服务时间 Y 服从［3，15］上的均匀分布；收银按先到先服务的方式，对队长没有限制。收银模型的全过程为：

（1）开始计时。

（2）第一个顾客到达，记录到达的时刻，收银员开始服务，记录服务时间；在此期间，可能有新的顾客到达等待，记录第二个顾客到达的时刻和等待时间（第二个顾客的等待时间=接受服务的时刻-到达时刻=前一个顾客离开的时刻-到达时刻）。

（3）顾客接受完服务后离开。

假设时间以分钟为单位，对上述问题模拟在开始收银后 300 分钟内的情形，得到模拟数据（300 分钟内共服务多少位顾客，顾客的平均等待时间）。

令 j 表示第 j 位顾客，定义如下一些随机变量。

x_j：第 j 位顾客到达时刻与第 $j-1$ 位顾客到达时刻的差值。

y_j：第 j 位顾客接受服务的时间长度。

z_j：第 j 位顾客等待服务的时间长度。

a_j：第 j 位顾客到达时刻。

b_j：第 j 位顾客开始接受服务的时刻。

e_j：第 j 位顾客结束服务的时刻。

根据定义，有 $a_j = x_1 + x_2 + \cdots + x_j$，$b_j = \max\{a_j, e_{j-1}\}$，$e_j = b_j + y_j$，$z_j = b_j - a_j$ 成立。

```
lambda=0.1
mi=3
ma=15
spt=300
cwt=0                    #spt时间长度内所服务的顾客累计等待时间
x=c()                    #第j位顾客到达收银台与第j-1位顾客到达收银台的时间差
y=c()                    #第j位顾客收银服务的时间长度
z=c()                    #第j位顾客等待的时间
a=c()                    #第j位顾客到达收银台时刻
b=c()                    #第j位顾客开始收银服务的时刻
e=c()                    #第j位顾客收银服务结束的时刻
x[1]=rexp(1,lambda)      #第1位顾客到达收银台与收银台开始收银的时间差
a[1]=x[1]                #第1位顾客到达收银台时刻
b[1]=x[1]                #第1位顾客开始收银服务的时刻
z[1]=b[1]-a[1]           #第1位顾客等待的时间
y[1]=runif(1,mi,ma)      #第1位顾客收银服务的时间长度
e[1]=b[1]+y[1]           #第1位顾客收银服务结束的时刻
tt=b[1]                  #从收银员工作开始计时
j=2
while(tt<=spt){
  x[j]=rexp(1,lambda)    #第j位顾客到达收银台与第j-1位顾客到达收银台的时间差
  a[j]=a[j-1]+x[j]       #第j位顾客到达收银台的时刻
  b[j]=max(a[j],e[j-1])#第j位顾客开始收银服务的时刻
  z[j]=b[j]-a[j]         #第j位顾客等待的时间
  y[j]=runif(1,mi,ma)    #第j位顾客收银服务的时间长度
  e[j]=b[j]+y[j]         #第j位顾客收银服务结束的时刻
  cwt=cwt+z[j]           #前j位顾客累计等待的时间
  tt=b[j]                #完成第j位顾客收银服务的时刻
  j=j+1
}
  j=j-1                  #第j位顾客正在付款中已经达到spt时刻,共完成j-1位顾客收银服务
  mwt=cwt/j              #平均每位被服务顾客等待时间
  cat("服务顾客数=",j,"服务平均等待时间=",mwt,"\n")
```

```
服务顾客数=25
服务平均等待时间=5.84
```

```
plot(z,xlab="顾客",ylab="等待时间",type="s")
```

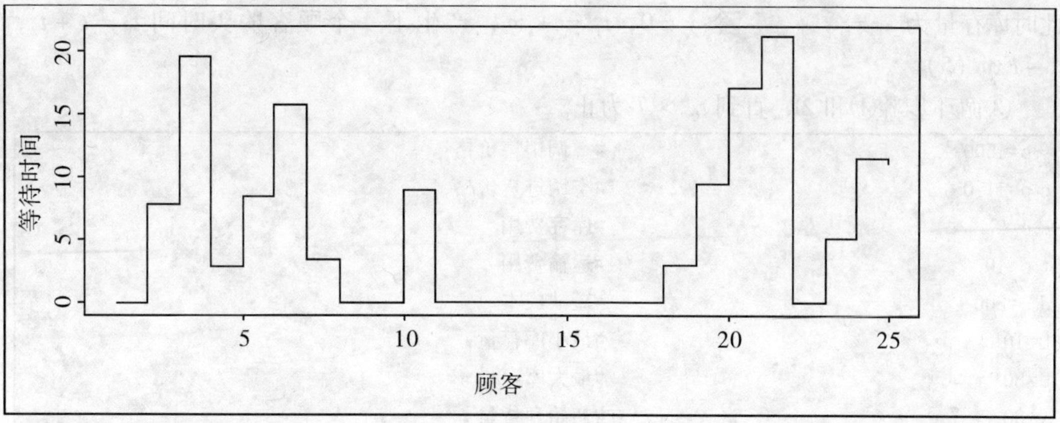

5.7 储备问题

商场经营空调销售业务的经理发现，每日来商场购买空调的顾客时间间隔服从参数 $\lambda=5$ 的指数分布。根据历史经验，顾客购买空调量 X 服从以下离散分布。

X	1	2	3	4
P	0.65	0.18	0.15	0.02

空调销售单价为 1500 元，进货单价为 1170 元，每天空调库存的费用为 3 元/件，运费为 10 元/件，若商场的空调库存量小于顾客的需求量，会带来未能销售的损失。另外，当库存量小于某个警戒线（$L=10$）时，则需补货，补货到某个库存量（$U=80$）为止，每次补货需要 2 天时间，期间发生订货费用。在一个月的时间内，此空调销售业务是否盈利？利润是多少？

（1）t 表示时刻，C 表示至 t 时刻总订购费用，H 表示至 t 时刻总库存费用，R 表示至 t 时刻总收入，D 表示顾客需求量，x 表示库存货量，y 表示已订购但未交货数量。t_0 表示顾客购买空调时刻，t_1 表示订购空调到达商场时刻，当无订购时，$t_1=+\infty$。当库存量 $x<10$ 时，需补货 $y=80-x$ 件，每次订购空调成本为 $1180y$，每次顾客购买空调时短缺成本为 $C_L=\begin{cases}300(D-x),\ D>x\\0, D\leqslant x\end{cases}$。

（2）按一个月 30 天计算，最终时刻 $T=30$。当 $t_0\leqslant T$ 时，执行下面步骤：

①当 $t_0<t_1$ 时，从 t 到 t_0 时刻，库存成本 $H=H+3x(t_0-t)$；令 $t=t_0$，产生来自顾客需求量 X 分布的随机数 D，此时，商场卖出空调数量 $w=\min(x,D)$，库存空调数量 $x=x-w$，收入 $R=R+1500w$，若 $D>x$，产生短缺成本 $C_L=300(D-x)$；若 $D\leqslant x$，短缺成本 $C_L=0$。若 $x<L,y=0$，表示需要订购空调，则 $y=80-x$，$t_1=t+2$。此时由于订购空调未到，无须考虑订购成本。若 $x<L,y\neq0$，即订购空调在途中，$y=80-x$，$t_1=t+2$。若 $x\geqslant L,y=0$，无须订购空调，$y=0$，$t_1=+\infty$。产生下一个顾客购买时间 $t_0=t+t_2$，$t_2\sim Exp$（5）。

②当 $t_1<t_0$ 时，库存成本 $H=H+3x(t_1-t)$；令 $t=t_1$，订购成本 $C=C+1180y$，

此时库存量为 $x = x + y$。令 $y = 0$，$t_1 = +\infty$，产生下一个顾客购买时间 $t_0 = t + t_2$，$t_2 \sim Exp$（5）。

③循环步骤①和②，直到 $t_0 > T$ 为止。

```
s.p=1500                                  #空调销售价格
c.p=1170                                  #空调进货价格
s.c=3                                     #库存费用
t.c=10                                    #运输费用
d.c=300                                   #短缺成本
L=10                                      #最小库存量
U=80                                      #最大库存量
x=30                                      #初始存货量
TL=2                                      #订货运输时长
T=30                                      #观测时长
X=c(1,2,3,4)                              #顾客购货数量
P=c(0.65,0.18,0.15,0.02)                  #顾客购货量概率
lambda=5                                  #顾客购买空调时间参数
#C-至t时刻总订购费用
#H-至t时刻总仓储费用
#CL-至t时刻总缺货成本
#R-至t时刻总收入
t=0
t0=rexp(1,lambda)
t1=Inf
H=0
C=0
CL=0
R=0
y=0
j=1
while(t <=T){
    j=j+1
    if(t0[j-1]<t1[j-1]){
    H=H+s.c*x*(t0[j-1]-t)
    t=t0[j-1]
```

```
    D=sample(X,1,prob=P)
    w=min(D,x)
    if(D > x){CL=CL + d.c*(D-x)}
    else{CL=CL + 0}
R=R +w*s.p
x=x-w
if(x < L&y=0){y=U-x;t1[j-1]=Inf;t1[j]=t]+TL}
          else if(x < L&y!=0){y=y;t1[j]=t1[j-1]}
               else{y=y;t1[j-1]=Inf;t1[j]=Inf}
t0[j]=t +rexp(1,lambda)
}
else{
H=H +s.c*x*(t1[j-1]-t)
t=t1[j-1]
C=C +(c.p +t.c)*y
x=x +y
y=0
t1[j]=Inf
t0[j]=t +rexp(1,lambda)
}
}
cat("总收入=",R,"总订货费用=",C,"总库存费用=",H,"总货物短缺成本=",CL,"日均利润=",(R
-C-H-CL)/T," \n")
```

```
总收入=348000
总订货费用=253700
总库存费用=2808.5
总货物短缺成本=6900
日均利润=2819.7
```

```
plot(t0,xlab="顾客",ylab="购买空调与补货时间",type="s",col=2,lwd=2)
lines(t1, type="s",lty=2,col=4,lwd=2)
```

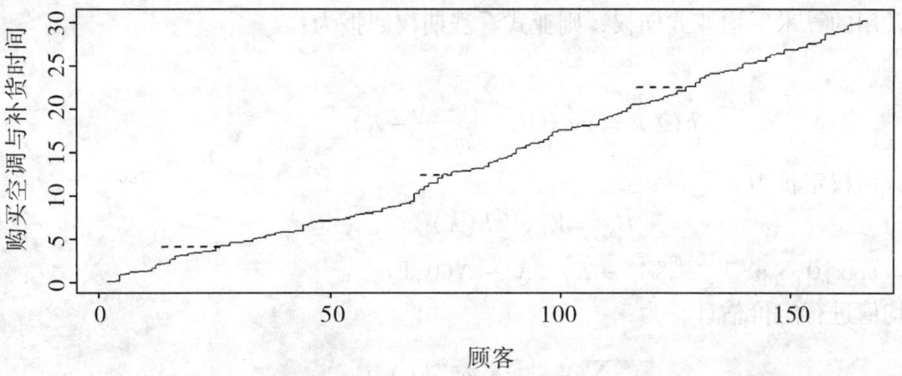


```
cat("30 天内购买空调顾客数量=",sum(t0 <=T),"30 天后库存空调数量=",x," \n")
```

```
30 天内购买空调顾客数量=164
30 天后库存空调数量=13
```

此次模拟的30天内，共有顾客164名，库存空调13台。期间共发生3次订货（图中虚线），其中，第1次订货于第5天到货，第2次订货于第13天到货，第3次订货于第23天到货。

5.8 亚式期权定价问题

亚式期权又称为平均价格期权，它与标准的欧式期权不完全相同，其到期收益不是取决于期权到期日的标的资产价格，而是取决于期权合同期内标的资产在某段时间内的平均价格。关于平均价格，可采取几何平均，也可采取算术平均，相应的亚式期权可分为两种，一种是几何平均亚式期权，另一种是算术平均亚式期权，其中以算术平均亚式期权最为常见。由于亚式期权是路径依赖的期权，在期权到期日的收益依赖于在整个期权有效期内标的资产所经历的价格平均值。这样一方面避免了投机者在接近到期日时通过操纵标的资产价格来牟取暴利，另一方面在一定程度上避免了期权价格的人为波动，因此深受投资者的青睐。

看涨期权，又称买进期权、买方期权、买权、延买期权或“敲进”，是指期权的购买者拥有在期权合约有效期内按执行价格买进一定数量标的物的权利。看涨期权是这样一种合约：它给合约持有者（即买方）按照约定的价格从对手手中购买特定数量之特定交易标的物的权利。

$$C = \mathrm{e}^{-rT}\mathrm{E}[(\bar{S} - K)^{+}]$$

看跌期权，又称卖权选择权、卖方期权、卖权、延卖期权或“敲出”。看跌期权是指期权的购买者拥有在期权合约有效期内按执行价格卖出一定数量标的物的权利，但不负担必须卖出的义务。

$$P = \mathrm{e}^{-rT}\mathrm{E}[(K - \bar{S})^{+}]$$

其中$\bar{S}$是标的资产S在$(0, T)$时间内的平均价格；期权的价格计算依赖于标的波动率、平均价格的种类和平均价格的计算。r为无风险利率，K为敲定价格，T为到期日。针对单一股票亚式看涨期权，在风险中性条件下，股票价格$S_t \sim GBM(r,\sigma)$。

采用最常用的算术平均亚式期权，则亚式看涨期权回报为：

$$h(X) = \max(0, \frac{\sum_{i=1}^{m} S_{iT/m}}{m} - K)$$

由此亚式期权定价为：

$$C_a = \mathrm{E}[\mathrm{e}^{-rT}h(X)]$$

其中$h(X) = \max\{0, S_0\mathrm{e}^{(r-\sigma^2/2)T+\sigma\sqrt{T}X} - K\}$，$X \sim N(0,1)$。

通常用均值进行定价估计，为：

$$\hat{C}_a = \frac{\sum_{j=1}^{n} Y_j}{n} = \frac{\sum_{j=1}^{n} \mathrm{e}^{-rT}h(X_j)}{n}$$

```
t=1/4
n=1000
s0=6.71
K=5.23
r=0.025
sigma=0.519
m=t*240
```

```
ST=matrix(0,n,m)
y=c()
for(j in 1:n){
    for(i in 1:m){
    X=rnorm(1)
    ST[j,i]=s0*exp((r-sigma^2/2)*t*i/m+sigma*sqrt(t*i/m)*X)
    }
    y[j]=exp(-r*t)*max(0,mean(ST[j,])-K)
}
Ca.e=mean(y)
sigma.e=sqrt(var(y)/n)
cat("模拟次数=",n,"亚式看涨期权定价估计=",Ca.e,"估计量标准差=",sigma.e,"\n")
```

```
模拟次数=1000
亚式看涨期权定价估计=1.491972
估计量标准差=0.005117936
```

分别采用三种控制变量方法建立估计量：①股票价格 S_T；②标准欧式期权 $e^{-rt}\max(S_T-K,0)$；③股票价格均值 $\sum_{j=1}^{m}\frac{S_{jT/m}}{m}$。

控制变量法一般将随机变量 Y 设置为：

$$Y = h(X) + c[f(X) - \mu]$$

其中 $\mu = \mathrm{E}[f(X)]$，用 $\hat{\theta}_c = \frac{1}{n}\sum_{i=1}^{n} y_i$ 作为估计，其中 $y_i = h(x_i) + c^*[f(x_i) - \mu]$。经过第 3 章的证明，最优的 $c^* = -\frac{\mathrm{Cov}[h(X),\ f(X)]}{\mathrm{Var}[f(X)]}$，且方差缩减率为 $\rho^2[h(X),\ f(X)]$。

对于第一个控制变量 $f_1(X) = S_T$，运用前 1000 次模拟建立关于 c^* 的估计和 μ 的估计。

```
n1=1000
n2=1000
```

```
Control.variates1 <- function(n1,n2,m,s0,K,t,r,sigma){
ST=matrix(0,n1,m)
f=0
for(j in 1:n1)
    for(i in 1:m){
    X=rnorm(1)
    ST[j,i]=s0*exp((r-sigma^2/2)*t*i/m+sigma*sqrt(t*i/m)*X)
    f[j]=ST[j,m]
}
h=exp(-r*t)*pmax(apply(ST,1,mean)-K,0)
cs.e=-cov(h,f)/var(f)
mu=mean(f)
ST=matrix(0,n2,m)
f=0
for(j in 1:n2)
   for (i in 1:m){
       X=rnorm(1)
       ST[j,i]=s0*exp((r-sigma^2/2)*t*i/m+sigma*sqrt(t*i/m)*X)
       f[j]=ST[j,m]
}
h=exp(-r*t)*pmax(apply(ST,1,mean)-K,0)
Ca.cv1=h+cs.e*(f-mu)
Ca.cv1.e=mean(Ca.cv1)
sigma.cv1=sqrt(var(Ca.cv1)/n2)
vr.p1=cor(h,f)^2
cat("模拟次数=",n2,"亚式看涨期权定价估计=",Ca.cv1.e,"估计量标准差=",sigma.cv1,"方差缩减率=",vr.p1,"常数c估计=",cs.e,"\n")
}
Control.variates1(n1,n2,m,s0,K,t,r,sigma)
```

```
模拟次数=1000
亚式看涨期权定价估计=1.488068
估计量标准差=0.005034772
方差缩减率=0.01466794
常数c估计=-0.01520706
```

对于第二个控制变量$f_2(X)=e^{-rt}\max(S_T-K,0)$，运用前1000次模拟建立关于$c^*$的估计和$\mu$的估计。

```
n1=1000
n2=1000
```

```
Control.variates2 <- function(n1,n2,m,s0,K,t,r,sigma){
ST=matrix(0,n1,m)
s=c()
f=0
for(j in 1:n1)
      for (i in 1:m){
          X=rnorm(1)
          ST[j,i]=s0*exp((r-sigma^2/2)*t*i/m+sigma*sqrt(t*i/m)*X)
          s[j]=ST[j,m]
}
h=exp(-r*t)*pmax(apply(ST,1,mean)-K,0)
f=exp(-r*t)*pmax(s-K,0)
cs.e=-cov(h,f)/var(f)
mu=mean(f)
ST=matrix(0,n2,m)
s=c()
f=0
for (j in 1:n2)
    for (i in 1:m){
        X=rnorm(1)
        ST[j,i]=s0*exp((r-sigma^2/2)*t*i/m+sigma*sqrt(t*i/m)*X)
        s[j]=ST[j,m]
}
h=exp(-r*t)*pmax(apply(ST,1,mean)-K,0)
f=exp(-r*t)*pmax(s-K,0)
Ca.cv2=h+cs.e*(f-mu)
Ca.cv2.e=mean(Ca.cv2)
sigma.cv2=sqrt(var(Ca.cv2)/n2)
vr.p2=cor(h,f)^2
cat("模拟次数 = ",n2,"亚式看涨期权定价估计 = ",Ca.cv2.e,"估计量标准差 = ",sigma.cv2,"方差
缩减率 = ",vr.p2,"常数 c 估计 = ",cs.e,"\n")
}
Control.variates1(n1,n2,m,s0,K,t,r,sigma)
```

```
模拟次数 = 1000
亚式看涨期权定价估计 = 1.498566
估计量标准差 = 0.004979
方差缩减率 = 0.02108302
常数 c 估计 = -0.01936994
```

对于第三个 $f_3(X) = \sum_{j=1}^{m} \frac{S_{iT/m}}{m}$，运用前 1000 次模拟建立关于 c^* 的估计和 μ 的估计。

```
Control.variates3 <- function(n1, n2, m, s0, K, t, r, sigma){
ST=matrix(0, n1, m)
f=0
for(j in 1:n1)
    for(i in 1:m){
    X=rnorm(1)
    ST[j, i]=s0*exp((r - sigma^2/2)*t*i/m+sigma*sqrt(t*i/m)*X)
    f[j]=mean(ST[j, ])
}
h=exp(-r*t)*pmax(apply(ST, 1, mean) - K, 0)
cs.e=-cov(h, f)/var(f)
mu=mean(f)
ST=matrix(0, n2, m)
f=0
for(j in 1:n2)
    for(i in 1:m){
    X=rnorm(1)
    ST[j, i]=s0*exp((r=sigma^2/2)*t*i/m+sigma*sqrt(t*i/m)*X)
    f[j]=mean(ST[j, ])
}
h=exp(-r*t)*pmax(apply(ST, 1, mean)-K, 0)
Ca.cv3=h+cs.e*(f-mu)
Ca.cv3.e=mean(Ca.cv3)
sigma.cv3=sqrt(var(Ca.cv3)/n2)
vr.p3=cor(h, f)^2
cat("模拟次数=", n2, "亚式看涨期权定价估计=", Ca.cv3.e, "估计量标准差=", sigma.cv3, "方差缩减率=", vr.p3, "常数 c 估计=", cs.e, "\n")
}
Control.variates3(n1, n2, m, s0, K, t, r, sigma)
```

```
模拟次数=1000
亚式看涨期权定价估计=1.492336
估计量标准差=3.730629e-18
方差缩减率=1
常数 c 估计=-0.9937695
```

三种控制变量方法比较发现，$f_3(X) = \sum_{j=1}^{m} \frac{S_{iT/m}}{m}$ 使估计量方差缩减效果最为显著。

方法	定价估计	估计量标准差	方差缩减率
标准蒙特卡罗	1.4920	0.0051	—
控制变量 f_1	1.4881	0.0050	1.47%
控制变量 f_2	1.4986	0.0050	2.11%
控制变量 f_3	1.4923	3.7e-18	100%

6 R 语言与统计基础

R 语言是一种为统计计算和图形显示而设计的语言环境，是贝尔实验室（Bell Laboratories）的 Rick Becker，John Chambers 和 Allan Wilks 开发的 S 语言的一种实现，提供了一系列统计和图形显示工具。S 语言也是统计软件 S-PLUS 的基础。R 语言的创始人是 Ross Ihaka 和 Robert Gentleman，由于这两位“R 语言之父”的名字都是以 R 开头，因而称之为 R 语言。

R 语言是一组数据操作、计算和图形显示工具的整合包。相对于其他同类软件，其特色在于：①有一套有效的数据处理和保存机制；②拥有一整套数组和矩阵的操作运算符；③有一系列连贯而又完整的数据分析中间工具；④图形统计可以对数据直接进行分析和显示，可用于多种图形设备；⑤是一种相当完善、简洁和高效的程序设计语言，包括条件语句、循环语句、用户自定义的递归函数以及输入输出接口；⑥是彻底面向对象的统计编程语言；⑦与其他编程语言、数据库之间有很好的接口；⑧具有丰富的网上资源，更为重要的一点是，R 语言提供了非常丰富的程序包，除了推荐的标准包外，还有很多志愿者提供的贡献包，可以直接利用这些程序包提高统计工作效率。

6.1 R 语言

R 语言的官方网站是 http://www.r-project.org，与 R 语言有关的网站还有 CRAN（镜像），其主站网址是 http://www.cran.r-project.org，相应的中国镜像有 4 个，如 http://mirrors.xmu.edu.cn/CRAN/。在这些网站可以下载到大量统计程序包以及有关 R 语言的资料。

R 语言可以在 Windows、Linux 和 Mac OS X 等操作系统上使用，本书的 R 语言使用基于 Windows 操作系统。R 语言的版本很多，每隔一段时间都会推出新的版本，目前已更新到 R 3.2.1 版。值得一提的是，由于 R 语言版本更新速度较快，有些 R 语言程序包不能在新版 R 语言软件中运行。鉴于此，可以在 R 语言软件的网站界面中下载较早版本的 R 语言软件，或在 R 语言程序包的网站界面中找到以往建立的程序包。

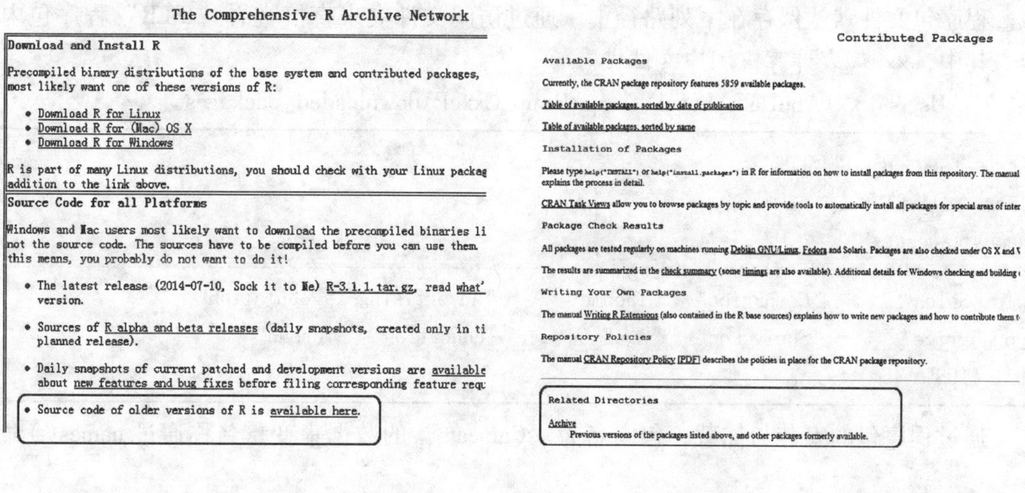

R 语言的启动很简单，与其他程序相类似，只要双击桌面图标或在“开始”菜单里的“所有程序”下打开。R 语言启动后将会出现有关版权、如何获得 R 语言帮助以及如何退出 R 语言的一些说明性文字。R 语言运行主要由命令窗口、编辑窗口和图形窗口三部分构成。可在命令窗口直接输入程序或在编辑窗口输入运行。编辑窗口的程序运行可以采用快捷键 Ctrl + R 或点击图中第三个运行按钮。

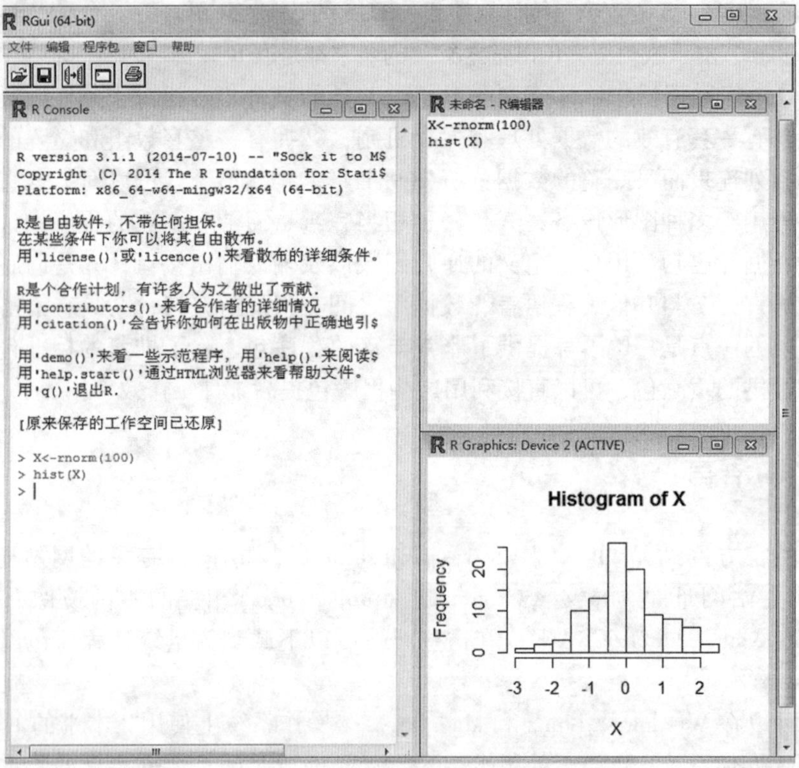

在程序包里通过镜像和包的选择进行在线安装，或通过网站下载后本地安装完成，再加载程序包，即可在软件中运行该程序包内的函数。也可通过调用程序完成，如安装一个名为“ISLR”的程序包，可以使用 install. packages( ) 命令和 library( ) 完成安装与加载。程序包文件默认保存在下列路径中，通过访问文件夹来直接查看“ISLR”程序包内容，其中，×××代表计算机用户文件夹。

C:\Users\×××\AppData\Local\Temp\RtmpaCxxcP\downloaded_packages

```
install.packages("ISLR")
library(ISLR)
names(Carseats)
-----------------------------------------------------------------
[1] "Sales"      "CompPrice"   "Income"      "Advertising" "Population"
[6] "Price"      "ShelveLoc"   "Age"         "Education"   "Urban"
[11] "US"
```

通过程序包的安装与加载，包内名为“Carseats”的数据集变量名称通过 names( ) 命令显示出来。若已知程序包路径，也可通过 install. packages( ) 命令中参数 contriburl 给出的链接地址进行安装。

而对于有些程序包来说，它的应用依靠大量其他程序包的使用，因此在使用该程序包时需要同时安装和加载这些程序包才能正常运行该程序包。对于此类程序包，建议使用下述命令完成：

```
install.packages("rattle", dependencies = c("Depends", "Suggests"))
library(rattle)
rattle()
```

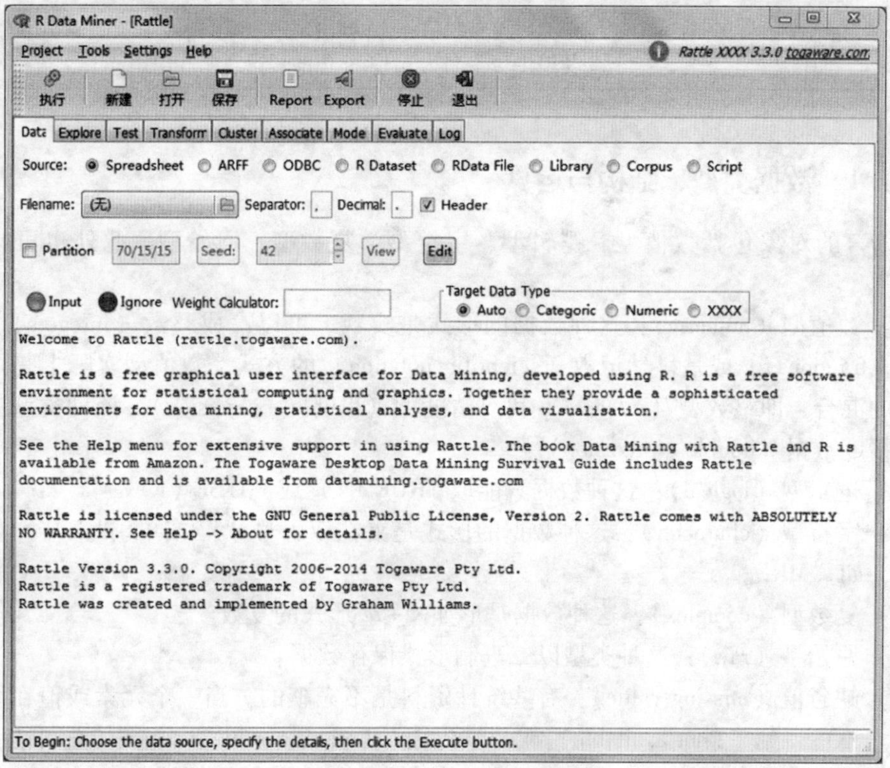

rattle 包需要 60 余个其他包的安装才能运行，通过 install. packages( ) 命令中参数 dependencies 的"Suggests"设置使需要的程序包均被直接安装。另外可以使用 installed. packages( ) 与 update. packages( ) 命令查看已安装的程序包与更新的程序包。

退出 R 语言软件非常简单，可以直接关闭控制台窗口，或是用命令 q( ) 退出，当退出 R 语言软件时它会提示是否要保存工作镜像。如果保存当前的工作镜像，下次启动 R 语言软件时会恢复上次的工作镜像。

R 语言同时提供了强大的内置帮助系统，为了得到 R 语言里任何特定名字的函数的帮助，比如了解函数 mean 的用法，可以使用命令 help(mean) 或?mean( ) 获得。除了可以获得 R 语言的内置帮助系统外，也可以利用命令 help. start( ) 启动一个网页浏览器，允许通过超链接访问帮助页，在网上获得相应帮助。R 语言的网上帮助主要提供了 R 语言指南、R 语言参考书、R 语言其他各种资料。R 语言指南主要提供了 An Introduction to R, Writing R Extensions, The R Language Definition, R Data Import/Export, R Installation and

Administration 等链接，这些指南在 R 语言软件的控制台“帮助”菜单下都可以获得。R 语言参考书主要是有关各个程序包的介绍说明、搜索引擎和关键词的链接，其中搜索引擎和关键词的链接特别有用，因为通过它可以为使用的函数提供一个高层次的概念列表。也可以通过下述命令的形式寻求相关帮助：

```
demo(graphics)                           #演示 R 作出的图形
help.search("mean")                      #搜索与 mean 有关的其他内容
example("mean")                          #mean 函数应用举例
RSiteSearch("mean")                      #启动 R site 中与 mean 有关的搜索和结果
apropos("mean", mode = "function")       #列出所有包含 mean 的函数
vignette("arules")                       #提供关于名为 arules 包的理论说明和应用 pdf 文档
```

6.1.1 数据类型、结构与运算

R 语言的对象包括数值型、逻辑型、字符型、复数型、原始型，此外也可能是缺省值。

（1）数值型（numeric）：这种数据的形式是实数。可以写成整数（integers）、小数（decimal fractions），或是科学记数（scientific notation）的方式。数值型实际上是两种独立模式的混合，即整数型（integers）和双精度型（double - precision）。该种类型数据默认是双精度数据（double - precision）。

（2）逻辑型（logical）：这种数据只能取 TRUE（T）或 FALSE（F）。

（3）字符型（character）：这种数据的形式是夹在双引号“”或单引号‘’之间的字符串，如“MR”。

（4）复数型（complex）：这种数据是形如 $a+bi$ 形式的复数。

（5）原始型（raw）：这种类型以二进制形式保存数据。

（6）缺省值（missing value）：有些统计资料是不完整的。当一个元素或值在统计的时候是“不可得到”（not available）或“缺失值”（missing value），相关位置可能会被保留并且赋予一个特定的 NA（not available）。任何 NA 的运算结果都是 NA。

各种类型的数据将通过 is. 函数进行辨识，并用 as. 函数进行转换。

表 6.1 辨别和转换数据对象类型的函数

类型	辨别	转换
character	is.character( )	as.character( )
complex	is.complex( )	as.complex( )
double	is.double( )	as.double( )
integer	is.integer( )	as.integer( )
logical	is.logical( )	as.logical( )
NA	is.na( )	as.na( )
numeric	is.numeric( )	as.numeric( )

R语言里的数据对象主要有6种构造：向量（vector）、矩阵（matrix）、数组（array）、列表（list）、因子（factor）和数据框（data frame）。

1. 向量

R语言是在指定的数据结构上起作用。最简单的结构就是由一系列数值构成的数值向量。向量是由有相同基本类型元素组成的序列，相当于一维数组。若创建一个由5个数值组成的向量 x，这5个值分别是1、3、5、7、9，用函数c()完成向量赋值命令。

```
x=c(1,3,5,7,9)
x
```

```
[1] 1 3 5 7 9
```

向量里元素的个数称为向量的长度（length）。函数length()返回向量的长度，mode()返回向量的数据类型。

```
length(x)
mode(x)
```

```
[1] 5
[1] "numeric"
```

为了产生满足特殊需求的向量，可以通过运算或函数完成。如下所示：

```
x=1:8                    #产生递增整数
x=8:1                    #产生递减整数
x=1:7.5                  #从1开始以整数1递增
x=-2.5:7.5               #从-2.5开始以整数1递增
```

```
[1] 1 2 3 4 5 6 7 8
[1] 8 7 6 5 4 3 2 1
[1] 1 2 3 4 5 6 7
[1] -2.5 -1.5 -0.5  0.5  1.5  2.5  3.5  4.5  5.5  6.5  7.5
```

```
x=2*(1:5)                #先运算括号内
x=2*1:5                  #先运算向量产生
x=2*1:5-1                #先运算向量产生,再运算乘法,最后运算减法
```

```
[1]  2  4  6  8 10
[1]  2  4  6  8 10
[1]  1  3  5  7  9
```

```
seq(from=1, to=3, by=0.5)           #从1开始间隔为0.5的向量
seq(from=2, by=0.3, length=10)      #从2开始间隔为0.3、长度为10的向量
```

```
[1] 1.0  1.5  2.0  2.5  3.0
[1] 2.0  2.3  2.6  2.9  3.2  3.5  3.8  4.1  4.4  4.7
```

```
rep(c(1,3),times=4)                 #向量重复4次
rep(c(1,3),each=4)                  #向量每个元素重复4次
```

```
[1] 1 3 1 3 1 3 1 3
[1] 1 1 1 1 3 3 3 3
```

向量可以通过 R 内置函数进行运算，常用函数如表 6.2 所示。

表 6.2 向量运算常用函数

函数	用途	函数	用途
sum()	和	rev()	反排序
max()	最大值	rank()	求秩
min()	最小值	append()	添加
range()	极差（全矩）	replace()	替换
mean()	均值	match()	匹配
median()	中位数	pmatch()	部分匹配
var()	样本方差	all()	判断所有
sd()	样本标准差	any()	判断部分
sort()	排序	prod()	积

2. 矩阵

矩阵是将数据用行和列排列的长方形表格，它是二维的数组，其单元必须是相同的数据类型。通常用列表示不同的变量，用行表示各个对象。R 语言生成矩阵的函数是 matrix()，其表达为：

matrix(data = NA, nrow = 1, ncol = 1, byrow = FALSE, dimnames = NULL)

其中，data 是必需的，其他几个是选择参数。nrow 表示矩阵的行数，ncol 表示矩阵的列数，byrow 默认为 FALSE，表示矩阵按列排列，如设置为 T，表示按行排列。dimnames 可以更改矩阵行列名字。

```
matrix(c(1,2,3,4,5,6),nrow=2,ncol=3)                  #产生 2*3 矩阵,默认按列排序
```

```
     [,1] [,2] [,3]
[1,]    1    3    5
[2,]    2    4    6
```

```
matrix(c(1,2,3,4,5,6),nrow=2,ncol=3,byrow=TRUE)       #产生 2*3 矩阵,按行排序
```

```
     [,1] [,2] [,3]
[1,]    1    2    3
[2,]    4    5    6
```

```
matrix(c(1,2,3,4,5,6),nrow=2,ncol=3, dimnames=list(c("R1","R2"),c("C1","C2","C3")))
                                                      #为行列添加名称
```

```
    C1 C2 C3
R1   1  3  5
R2   2  4  6
```

```
diag(1:4)                                    #产生对角矩阵,对角线元素分别为1:4
```

```
     [,1] [,2] [,3] [,4]
[1,]    1    0    0    0
[2,]    0    2    0    0
[3,]    0    0    3    0
[4,]    0    0    0    4
```

```
diag(4)                                      #产生4阶单位矩阵
```

```
     [,1] [,2] [,3] [,4]
[1,]    1    0    0    0
[2,]    0    1    0    0
[3,]    0    0    1    0
[4,]    0    0    0    1
```

矩阵可以进行各种运算，需注意运算过程中关于行数和列数的限制条件。

```
A=matrix(1:16,4,4)                           #产生矩阵A
A
```

```
     [,1] [,2] [,3] [,4]
[1,]    1    5    9   13
[2,]    2    6   10   14
[3,]    3    7   11   15
[4,]    4    8   12   16
```

```
A*2                                          #矩阵每个元素与2相乘
```

```
     [,1] [,2] [,3] [,4]
[1,]    2   10   18   26
[2,]    4   12   20   28
[3,]    6   14   22   30
[4,]    8   16   24   32
```

```
A+A                                          #矩阵对应元素相加
```

```
     [,1] [,2] [,3] [,4]
[1,]    2   10   18   26
[2,]    4   12   20   28
[3,]    6   14   22   30
[4,]    8   16   24   32
```

```
A-A                                          #矩阵对应元素相减
```

```
     [,1] [,2] [,3] [,4]
[1,]    0    0    0    0
[2,]    0    0    0    0
[3,]    0    0    0    0
[4,]    0    0    0    0
```

```
A*A                                        #矩阵对应元素相乘
```

```
     [,1] [,2] [,3] [,4]
[1,]    1   25   81  169
[2,]    4   36  100  196
[3,]    9   49  121  225
[4,]   16   64  144  256
```

```
A%*%A                                      #矩阵相乘
```

```
     [,1] [,2] [,3] [,4]
[1,]   90  202  314  426
[2,]  100  228  356  484
[3,]  110  254  398  542
[4,]  120  280  440  600
```

```
t(A)                                       #矩阵转置
```

```
     [,1] [,2] [,3] [,4]
[1,]    1    2    3    4
[2,]    5    6    7    8
[3,]    9   10   11   12
[4,]   13   14   15   16
```

除上述矩阵运算外，常用的矩阵运算可以通过相应的函数来完成，函数如表 6.3 所示。

表 6.3　矩阵运算常用函数

函数	用途	函数	用途
as. matrix( )	把非矩阵转换成矩阵	eigen( )	特征值和特征向量
is. matrix( )	辨别是否为矩阵	solve( )	逆矩阵
diag( )	返回对角元素或生成对角矩阵	chol( )	Choleskey 分解
dim( )	返回行列数	svd( )	奇异值分解
t( )	矩阵转置	qr( )	QR 分解
apply( )	对矩阵应用函数	det( )	行列式
colSums( )	列和	colMeans( )	列均值
rbind( )	按行合并	cbind( )	按列合并
nrow( )	行数	ncol( )	列数

矩阵和向量有很多运算函数是通用的，需根据具体运算内容选择合适的运算函数。尤其要注意的是，当向量结构数据参与到矩阵运算时，可以通过 as. matrix( ) 变换以保证

符合矩阵运算要求。

3. 数组

数组可以看作是带有多个下标的类型相同的元素的集合，也可以看作是向量和矩阵的推广，一维数组就是向量，二维数组就是矩阵。数组的生成函数是 array( )，其表达是：

array(data = NA, dim = length(data) , dimnames = NULL)

类似于矩阵的表示方法，其中 data 表示数据，可以为空，dim 表示维数，dimnames 可以更改数组各维度的名称。

```
x=array(1:24,c(3,4,2))                              #产生维数为(3,4,2)的3维数组
, , 1
     [,1] [,2] [,3] [,4]
[1,]    1    4    7   10
[2,]    2    5    8   11
[3,]    3    6    9   12
, , 2
     [,1] [,2] [,3] [,4]
[1,]   13   16   19   22
[2,]   14   17   20   23
[3,]   15   18   21   24
```

若将已知的向量转化为数组，可以通过 dim( ) 函数，这一函数通常是给出数据的维数。

```
x=c(2,5,6,8,1,4,6,9,10,7,3,5)
dim(x)=c(2,2,3)                                   #规定维数,注意2*2*3=length(x)
x
, , 1
     [,1] [,2]
[1,]    2    6
[2,]    5    8
, , 2
     [,1] [,2]
[1,]    1    6
[2,]    4    9
, , 3
     [,1] [,2]
[1,]   10    3
[2,]    7    5
```

数组可以用“+”、“-”、“*”、“/”以及函数等进行运算，其方法和矩阵类似。需要注意的是，用向量产生数组时，数据各维数乘积与向量长度相等才能产生数组。

4. 列表

向量、矩阵和数组的单元都是同一类型的数据。如果一个数据对象需要含有不同的数据类型，可以采用列表（list）这种数据对象的形式。列表是一个对象的有序集合构成的对象，列表中包含的对象又称为分量（components），分量可以是不同的模式或类型，

如一个列表可以包括数值向量、逻辑向量、矩阵、字符数组等。创建列表的函数是 list()，其表达为：

list（变量1=分量1，变量2=分量2，…）

```
svd(A)                                  #奇异值分解
----------------------------------------------------------------
$d
[1] 3.862266e+01  2.071323e+00  2.076990e-15  4.119458e-16
$u
          [,1]       [,2]        [,3]       [,4]
[1,] -0.4284124 -0.7186535  0.43803202  0.3288281
[2,] -0.4743725 -0.2738078 -0.82913672 -0.1119477
[3,] -0.5203326  0.1710379  0.34417739 -0.7625890
[4,] -0.5662928  0.6158835  0.04692732  0.5457086
$v
          [,1]        [,2]       [,3]       [,4]
[1,] -0.1347221  0.82574206  0.5322301 -0.1293488
[2,] -0.3407577  0.42881720 -0.6132292  0.5691660
[3,] -0.5467933  0.03189234 -0.3702319 -0.7502855
[4,] -0.7528288 -0.36503251  0.4512310  0.3104683
```

针对矩阵介绍中的 A 矩阵进行奇异值分解，其结果用列表表示。其中 d 为向量，u 和 v 为矩阵。列表方法是一种常用结果表达形式，由于列表支持多种格式的结果并存，R 中函数结果多用列表表示。

```
x=c(1,1,2,2,3,3,3)
y=c("女","男","男","女","女","女","男")
z=c(80,85,92,76,61,95,83)
LST=list(class=x, sex=y, score=z)
LST
----------------------------------------------------------------
$class
[1] 1 1 2 2 3 3 3
$sex
[1] "女" "男" "男" "女" "女" "女" "男"
$score
[1] 80 85 92 76 61 95 83
mode(LST$class)
----------------------------------------------------------------
[1] "numeric"
```

在形成的列表对象 LST 中，包含了字符型和数值型两类。其中，class 被认为是数值型，而该变量实际是表示班级，应为字符型，不能参与数值运算。对于此类变量，应采用因子结构表达。

5. 因子

分类数据经常要把数据分成不同的水平或因子（factor）。例如，上例中学生的性别包含男和女两个因子。生成因子的命令是 factor()，其表达为：

factor（data，levels，labels，order）

其中 data 表示数据，levels 是因子水平向量，labels 是因子的标签向量。

```
y=c("女","男","男","女","女","女","男")
mode(y)
[1] "character"
table(y)
y
男 女
3  4
fy=factor(y)                                #无序因子
fy
[1]女 男 男 女 女 女 男
Levels:男 女
x=c(1,1,2,2,3,3,3)                          #作为数值型数据处理
sum(x)
[1] 15
fx=factor(x,levels=c(1,2,3),order=T)        #有序因子
fx
[1] 1 1 2 2 3 3 3
Levels: 1 < 2 < 3
flx=factor(x,levels=c(1,2,3),labels=c("小班","中班","大班"),order=T)
flx                                         #因子符号转换
[1]小班 小班 中班 中班 大班 大班 大班
Levels:小班 < 中班 < 大班
```

对于字符型数据，在运算中，我们通常能够将其作为因子来识别。例如 y，使用 table( )函数获得男女各类频数，若对 y 使用 sum( )函数则会出错。同时，对于 x 使用 sum( )函数，其结果 15 这一数值是无意义的，因此需要将 x 转变为因子结构。其中参数 order 默认为 F，即因子水平无序；若为 T，则通过 levels 参数设置因子水平的有序关系。若要将 x 的各水平用其他内容表达，可以通过参数 labels 进行设置。

6. 数据框

数据框（data frame）是一种矩阵形式的数据，但数据框中各列可以是不同类型的数据。数据框每列是一个变量，每行是一个观测。数据框可以看成是矩阵的推广，也可以看作是一种特殊的列表对象。数据框是 R 语言特有的数据类型，也是进行统计分析最为常用的数据类型。对于可能列入数据框中的数据有一些限制：①分量必须是向量（数值、字符、逻辑）、因子、数值矩阵、列表或者其他数据框。②矩阵、列表和数据框为新的数据框提供了尽可能多的变量，因为它们各自拥有列、元素或者变量。③数值向量、逻辑值、因子保持原有格式，而字符向量会被强制转换成因子并且它的水平就是向量中出现的独立值。④在数据框中以变量形式出现的向量结构必须长度一致，矩阵结构必须有一

样的行数。

R 语言中用 data. frame( )生成数据框，其表达为：

data. frame （data1 = x，data2 = y，…）

```
student=data.frame(class=x,sex=y,score=z)
student
```

```
  class sex  score
1   1    女   80
2   1    男   85
3   2    男   92
4   2    女   76
5   3    女   61
6   3    女   95
7   3    男   83
```

```
row.names(student)=c("王 x","张 x","赵 x","刘 x","黄 x","孙 x","李 x")
student
```

```
     class sex  score
王 x   1    女   80
张 x   1    男   85
赵 x   2    男   92
刘 x   2    女   76
黄 x   3    女   61
孙 x   3    女   95
李 x   3    男   83
```

通过使用 row. names( )函数对数据框赋予行名称，此数据结构成为一个完整的数据形式。每行为一个观测，每列为一个变量。它是参与数据运算的常用结构。

上述 6 种类型数据结构都可以通过“$”、“[ ]”等符号运算获取某些具体值。

```
x=c(1,1,2,2,3,3,3)
x[1:3]                                  #向量第 1 到第 3 个元素
x[-2]                                   #删除向量第 2 个元素的向量
```

```
[1] 1 1 2
[1] 1 2 2 3 3 3
```

```
A[2,3]                                  #矩阵第 2 行第 3 列值
A[1:2,3:4]                              #矩阵第 1 到第 2 行,第 3 到第 4 列结果
```

```
[1] 10
     [,1] [,2]
[1,]   9   13
[2,]  10   14
```

```
x=array(1:24,c(3,4,2))
x[2,3,1]                    #数组取第1维度第2水平,第2维度第3水平,第3维度第1水平值
```

```
[1] 8
```

```
LST$score                   #列表中名为score值
```

```
[1] 80 85 92 76 61 95 83
```

```
fy[c(1,3,5)]                #因子第1、3、5个元素值
```

```
[1]女 男 女
Levels:男 女
```

```
student[2,2]                #数据框第2行第2列值
```

```
[1]男
Levels:男 女
```

```
student[which(student$score>80),]    #数据框满足变量score值大于80的观测
```

```
     class sex score
张x    1    男   85
赵x    2    男   92
孙x    3    女   95
李x    3    男   83
```

在数据对象的命名过程中，为了避免命名相同带来的运算错误，可以查看目前已命名的对象名称，或清除前期的命名对象。

```
ls()                        #查看当前对象
```

```
[1] "flx"     "fx"     "fy"     "LST"     "student" "x"     "y"
[8] "z"
```

```
rm(list=ls())               #清除当前所有对象
ls()                        #查看当前对象
```

```
character(0)
```

原本R语言中共有8个对象，为了避免对象被替代，要避免新的对象用这8个对象名称命名。若要清空以往建立的对象，可以使用rm()函数进行清除。

6.1.2 数据导入

R语言的内置数据包dataset提供了大量的数据，使用R语言的内置数据集是非常方便的，通常只要给出数据集名即可。但有时需要从外部导入数据，外部的数据源很多，格式不一，最为简单的方法是将各种格式的数据文件转化为rdata格式。Stat/Transfer是一款数据格式转换软件，可以将30余种数据格式转化为rdata格式，界面简单，只需选择输入的数据位置和文件格式、文件输出位置和格式。

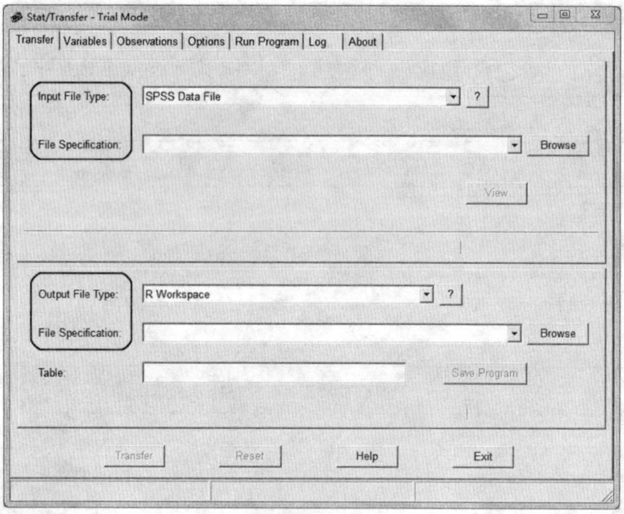

另外给出一些常用格式数据文件导入的 R 函数，如表 6.4 所示。

表 6.4　数据导入

文件类型	命令	程序包
文本	read. table( )、scan( )	—
EXCEL	read. csv( )、odbcConnectExcel2007( )、sqlFetch( )	RODBC
SPSS	read. spss( )	foreign
SAS	read. xport( )	foreign
STATA	read. dta( )	foreign
数据库	odbcConnect （dsn，uid=" "，pwd=" "），sqlFetch( )	RODBC
网络	getURL( )、htmlParse( )、readHTMLTable( )	RCurl，XML

若要对数据进行编辑，可以通过 fix( )命令调出数据，进行修改。

```
fix(student)
```

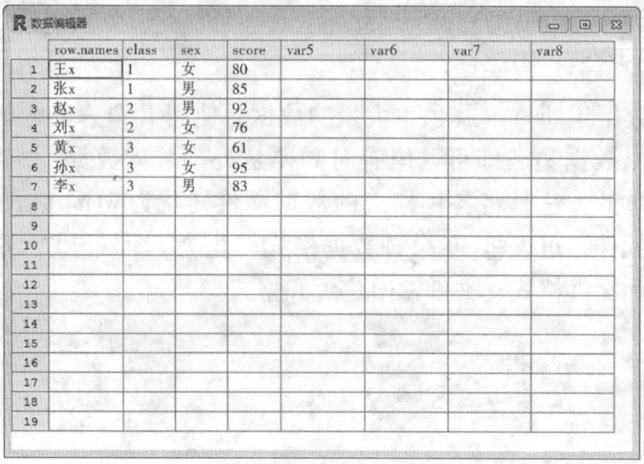

在对数据进行调用和保存前，可以通过命令设置路径，方便各种文件的自动保存。R语言命令如下所示：

```
getwd()                      #查看目前路径
setwd("××××")                #设置路径
dir.create("××××")           #创建路径
history()                    #查看命令历史
savehistory("××××")          #保存命令历史
loadhistory("××××")          #调用命令历史
load("××××")                 #调用文件
source("××××")               #调用文件
```

6.1.3 循环与函数创建

1. for 循环

for 循环允许循环使用向量或数列的每一个值，虽然，在 R 语言里函数编写大多使用向量方法，而不使用 for 循环，但 for 循环因简洁、清晰而被广泛使用。for 循环的句法为：

for（变量 in 取值向量）{
表达式…
}

```
x=c(1,2,3)
s=0
for(i in 1:length(x)) {
 s=s+x[i]                #向量元素加和
 +s
}
s
-----------------------------
[1] 6
```

2. while 循环

while 循环是在满足条件时，持续运行该表达式，直到不满足条件为止。其句法为：

while（条件）{
表达式}

```
x=c(1,2,3)
i=1
s=0
while(i <=length(x)) {
 s=s+x[i]                #向量元素加和
 +s
 i=i+1
}
s
-----------------------------
[1] 6
```

3. if 语句

if 语句是条件表达式根据条件而执行不同的命令，通常可以表示为：

if（条件）{

表达式}

else {

表达式

}

若有多个表达式时，中间部分判断用 else if。

```
x=c(1,-2,3)
if (x[x<0]) {
    x[x<0]=-x[x<0]
    }                          #向量元素取绝对值
x
```
```
[1] 1 2 3
```

4. 函数创建

在较复杂的计算问题中，有时候一个任务可能需要重复多次，这时不妨编写函数，函数内的变量名是局部的，即函数运行结束后它们不再被保存到当前的工作空间，这就可以避免混淆和占用内存空间。编写函数表达为：

函数名 = function（参数 1，参数 2，…）

{

函数体

函数返回值

}

函数名可以是任何值，但要避免与 R 语言中原有函数名重复，因为自编函数会覆盖原有函数。定义函数名后，就可以像 R 语言中的其他函数一样使用。

```
std <- function(x){sqrt(var(x))}        #std 为函数名,x 为参数名
std(x)                                  #自编标准差函数
```
```
[1] 1
```
```
sd(x)                                   #R 中标准差函数
```
```
[1] 1
```

自编标准差函数 std 与 R 语言中的标准差函数 sd 结果一致。

编写函数时一定要标明“function”这个关键词，它使函数名具有函数的意义。函数参数根据实际需要的不同而有不同的参数设置，主要有两种情况：①无参数，即有时编写函数是为了方便，函数每次的返回值都一样，其参数输入并不重要。②有参数，即函数将会根据参数在函数中的具体使用而设置。

```
welcome <- function()print("welcome to use R")      #无参数函数
welcome()
```
```
[1] "welcome to use R"
```

```
sim.t <- function(n,mu=10,sigma=5){                    #3 个参数函数
x=rnorm(n,mu,sigma)
   (mean(x) - mu)/(sd(x)/n)
}
sim.t(10,mu=10,sigma=3)
```
```
[1] 0.8738285
```

大部分的函数都有参数设计，函数 sim. t 具有 3 个参数，在这 3 个参数中，第 1 个参数 n 必须输入，而第 2、3 个参数 mu 和 sigma 可以是默认值 10 与 5，也可以自行输入。若函数中参数表示为 sim. t（10，10），即 $n=10$，mu = 10 和 sigma = 5，按照函数中参数的顺序对应。

6.2　统计基础

6.2.1　探索性数据分析

探索性数据分析（Exploratory Data Analysis，简称 EDA）是通过分析数据集以决定选择哪种方法适合统计推断的过程。对于一维数据，数据的分布特征是观察的重点，包括偏度、峰度在内的具体结果，可以通过统计图形与统计量的计算获取。

主要的图形表示方法有（括号中为 R 语言绘图函数）：①条图（barplot），用于分类数据。②直方图（hist）、点图（dotchart）、茎叶图（stem），用于观察数值型分布的形状。③箱线图（boxplot），给出数值型分布的汇总数据，适用于不同分布的比较和拖尾、截尾分布的识别。④正态概率图（qqnorm），用于观察数据是否近似地服从正态分布。

【例 6.1】收集某沿海发达城市 2005 年 66 个年薪超过 10 万元的大公司的总经理的收入（以 10 万元为单位）。请对这些薪酬的分布状况作出分析，薪酬数据储存在对象 pay 中。

```
pay=c (11,19,14,22,14,28,13,81,12,43,11,16,31,16,23,42,22,26,17,22,13,27,108,
      16,43,82,14,11,51,76,28,66,29,14,14,65,37,16,37,35,39,27,14,17,13,38,
      28,40,85,32,25,26,16,12,54,40,18,27,16,14,33,29,77,50,19,34)
stem(pay)
```
```
  The decimal point is 1 digit(s) to the right of the |

   1 | 111223334444446666677899
   2 | 222356677788899
   3 | 123457789
   4 | 00233
   5 | 014
   6 | 56
   7 | 67
   8 | 125
   9 |
  10 | 8
```

茎叶图与直方图的区别在于其数据的可视性，图形本身已标明数值。在该茎叶图的展示中，显然年薪处于200万以下的人数最多，数据呈现为明显的偏态分布。

```
par(mfrow=c(2,2),mar=c(4,4,2,1),cex=0.75)
hist(pay,freq=F)                                  #直方图
lines(density(pay),col="red",lwd=2)               #核密度函数曲线
dotchart(pay)                                     #点图
boxplot(pay,horizontal=T)                         #箱式图
qqnorm(pay)                                       #正态概率图
qqline(pay)                                       #正态概率线
```

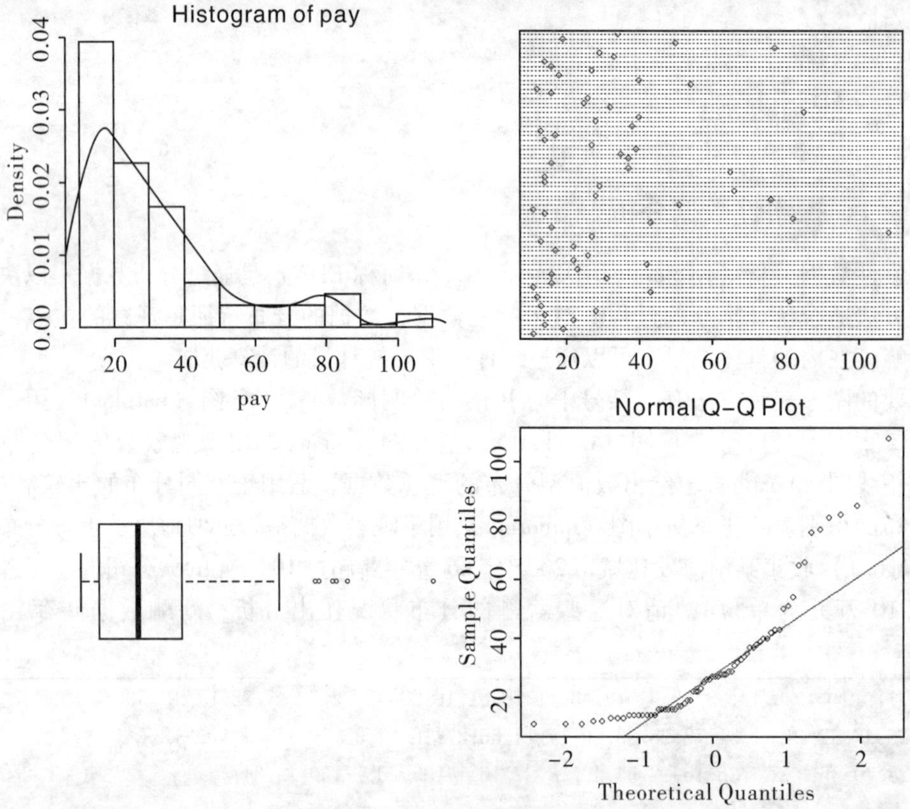

直方图及核密度函数曲线显示数据呈现右偏分布，正态概率图中点未集中在直线附近，同样说明该组数据不服从正态分布。若该数据需要使用在正态分布中的模型，可以通过一些变换使数据满足模型条件，变换后数据较原始数据有一定改善。

```
lpay=log10(pay)
hist(lpay,freq=F)                        #直方图
lines(density(lpay),col="red",lwd=2)     #核密度函数曲线
dotchart(lpay)                           #点图
boxplot(lpay,horizontal=T)               #箱式图
qqnorm(lpay)                             #正态概率图
qqline(lpay)                             #正态概率线
```

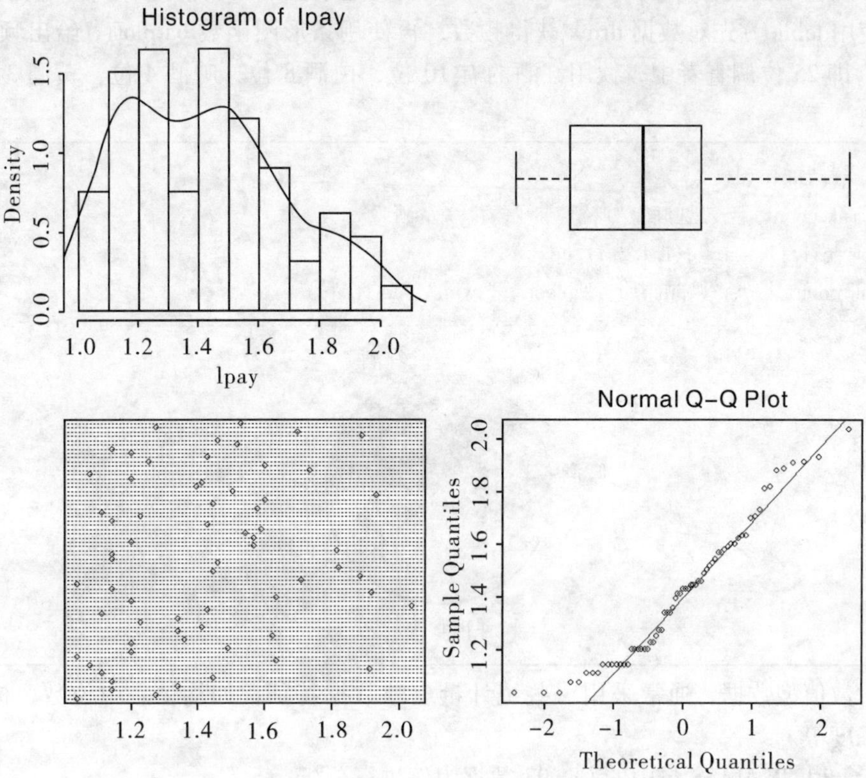

对于分类变量和顺序变量，可以用频数表分析，也可以用条形图和饼图来描述。

【例6.2】对一组25人的饮酒者所饮酒类进行调查，把饮酒者按红酒（1）、啤酒（2）、白酒（3）、黄酒（4）分成四类，数据保存在对象drink中。

```
drink=c(3,4,1,1,3,4,3,3,1,3,2,1,2,1,2,3,2,3,1,1,1,1,4,3,1)
par(mfrow=c(1,2),mar=c(4,4,2,1),cex=0.75)
barplot(drink)                                               #直接作图
barplot(table(drink), col=c("red","yellow","blue","white"))  #频数作图
```

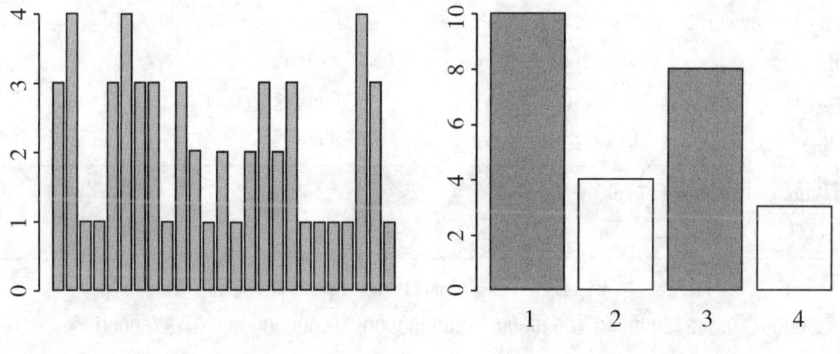

对于该组数据直接作图（左图），drink 被认为是数值型，横轴为 25 个，纵轴为数值结果。使用 table( )先对数据 drink 获得频数，再使用条形图函数 barplot( )给出频数条图（右图）。即 25 位调查者中，饮用红酒的有 10 位，白酒 8 位，啤酒 4 位，黄酒 3 位。众数为红酒。

```
drink.count=table(drink)
names(drink.count)=c("红酒","啤酒","白酒","黄酒")
par(mfrow=c(1,1), mar=c(4,4,2,1),cex=0.75)
pie(drink.count,col=c("purple","green","cyan","white"))
```

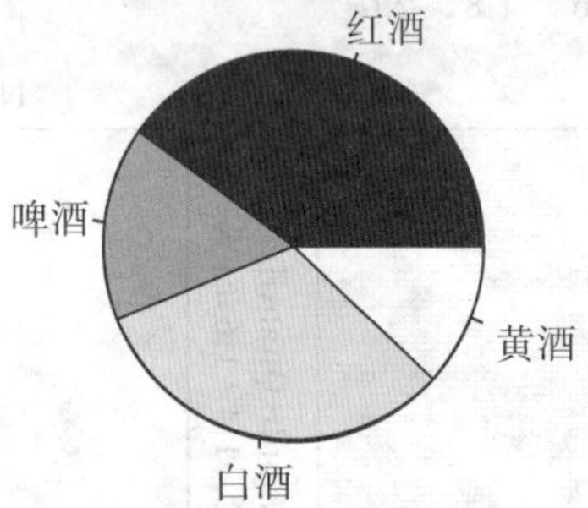

针对数值型数据，通常采用一些统计量反映数据特征，如均值、中位数、标准差、偏度和峰度等。

【例 6.3】以 MASS 包中的 Cars93 数据为例进行分析。

```
library(MASS)        # Car93 数据在 MASS 包中
data(Cars93)
help(Cars93)         #查看数据介绍
attach(Cars93)       #绑定数据
names(Cars93)
```

```
[1] "Manufacturer"     "Model"               "Type"
[4] "Min.Price"        "Price"               "Max.Price"
[7] "MPG.city"         "MPG.highway"         "AirBags"
[10] "DriveTrain"      "Cylinders"           "EngineSize"
[13] "Horsepower"      "RPM"                 "Rev.per.mile"
[16] "Man.trans.avail" "Fuel.tank.capacity"  "Passengers"
[19] "Length"          "Wheelbase"           "Width"
[22] "Turn.circle"     "Rear.seat.room"      "Luggage.room"
[25] "Weight"          "Origin"              "Make"
```

```
tab=table(Man.trans.avail,Type)
prop.table(tab,1)                                    #频率
```

```
    Compact    Large      Midsize    Small      Sporty     Van
No  0.06250000 0.34375000 0.40625000 0.00000000 0.00000000 0.18750000
Yes 0.22950820 0.00000000 0.14754098 0.34426230 0.22950820 0.04918033
```

```
table(Type,Man.trans.avail)                                    #频数
```

```
        No Yes
Compact  2  14
Large   11   0
Midsize 13   9
Small    0  21
Sporty   0  14
Van      6   3
```

```
barplot(table(Type,Man.trans.avail),col=2:6)
```

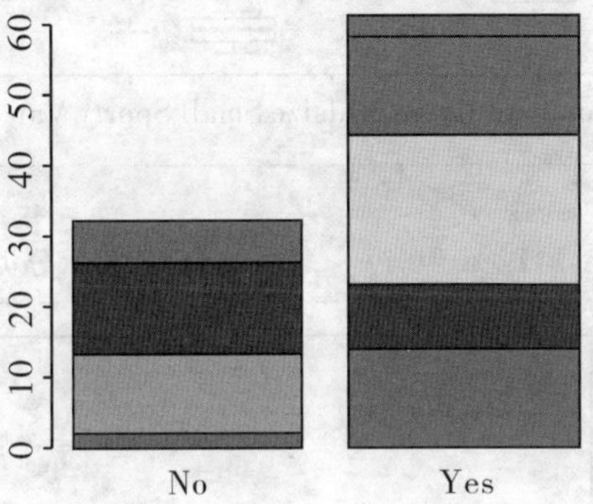


```
ftable(Origin,Man.trans.avail,Type)                            #三维列联表
```

```
                        Type  Compact  Large  Midsize  Small  Sporty  Van
Origin    Man.trans.avail
USA       No                        2     11        9      0       0    4
          Yes                       5      0        1      7       8    1
non-USA   No                        0      0        4      0       0    2
          Yes                       9      0        8     14       6    2
```

```
library(grid)
library(vcd)
mosaic(~Origin+Type+Man.trans.avail)                           #马赛克图
```

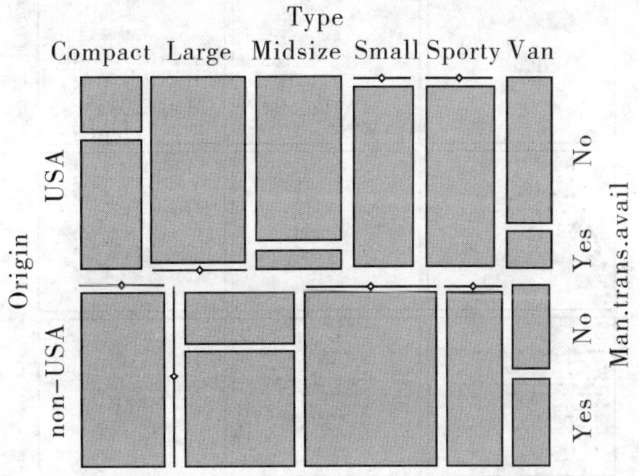

```
boxplot(Price ~ Type)                          # Type 分类条件下 Price 箱线图
```

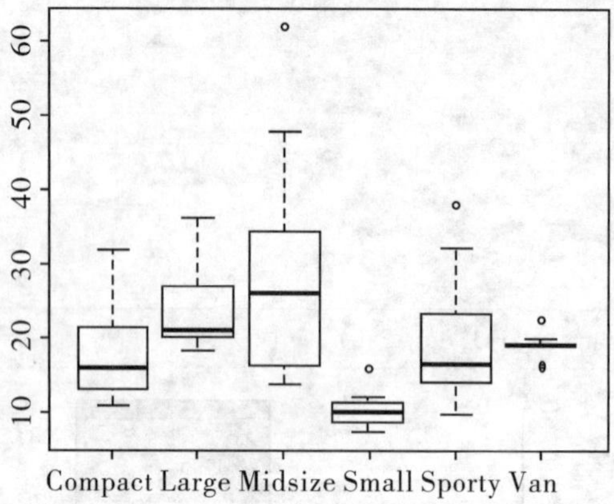


```
plot(Weight,Price,type="n")
text(Weight,Price,Man.trans.avail,cex=0.7)     #显示分类号,缩小字体 cex=0.7
```

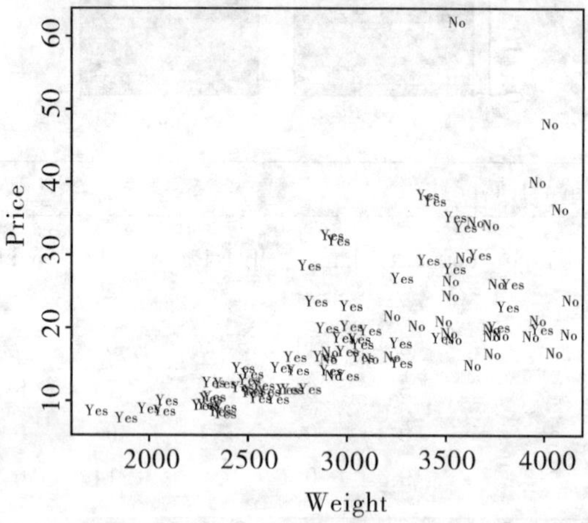


```
cbg=c("red","blue")[unclass(Man.trans.avail)]
pairs(cbind(Price,Weight,RPM),pch=21,bg=cbg)   #散点图颜色与 Man.trans.avail 对应
```

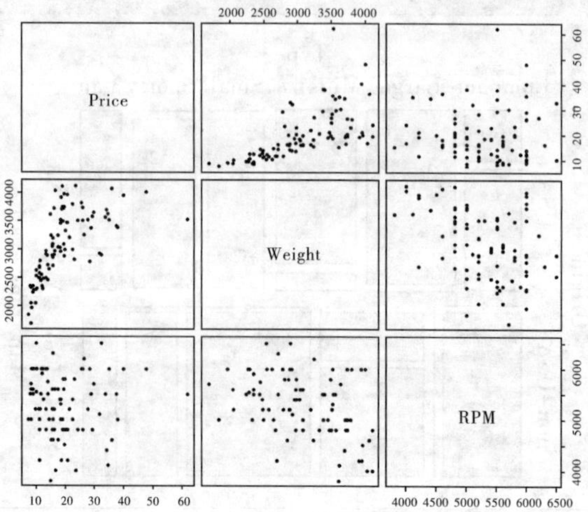

名为 Cars93 的数据集共有 27 个变量，其中 Type 代表车型，共有 Compact，Large，Midsize，Small，Sporty，Van 6 种类型，Man. trans. avail 代表是否为手动变速，有 yes 和 no 两种，Origin 代表原产国，有 USA 和 non－USA 两种。Price 和 RPM 分别为价格和转速，是数值型数据。在图中采用 prop. table( )函数作出频率，ftable( )作出三维及以上的列联表，用函数 mosaic( )给出对应的马赛克图，并由 boxplot （ ） 作出使用分类条件下的箱线图。并通过函数 pairs( )给出散点图，其中颜色作为分类变量标记。

```
summary(Weight)                                                    #基本统计量
summary(Price)
summary(RPM)
```

```
  Min. 1st Qu.  Median   Mean 3rd Qu.    Max.
  1695   2620    3040    3073   3525    4105
  Min. 1st Qu.  Median  Mean 3rd Qu.    Max.
  7.40   12.20   17.70  19.51   23.30   61.90
  Min. 1st Qu.  Median   Mean 3rd Qu.    Max.
  3800   4800    5200    5281   5750    6500
```

```
IQR(Price)                                                         #四分位差
```

```
[1] 11.1
```

```
mad(Price)                                                         #偏差绝对值中位数
```

```
[1] 8.30256
```

```
var(Price)                                                         #样本方差
```

```
[1] 93.30458
```

```
sd(Price)                                                          #样本标准差
```

```
[1] 9.65943
```

```
cor(Weight,RPM)                                                    #相关系数
```

```
[1]-0.4279315
```

```
sk=function(x,n){n/((n-1)*(n-2))*sum((x-mean(x))^3)/sd(x)^3}        #偏度函数
n=length(Price)
sk(Price,n)
```

```
[1] 1.533082
```

```
ku=function(x,n){((n*(n+1))/((n-1)*(n-2)*(n-3))*sum((x-mean(x))^4)/sd(x)^4
-(3*(n-1)^2)/((n-2)*(n-3)))}                                       #峰度函数
ku(Price,n)
```

```
[1] 3.429123
```

```
Z.Price=scale(Price)                                               #Price 标准化
par(mfrow=c(1,2))
hist(Z.Price,freq=F,main="Price 标准化直方图")                      #Price 标准化直方图
lines(density(Z.Price),col="red",lwd=2)                            #核密度函数曲线
x=rnorm(1000)
hist(x,freq=F,main="标准正态分布直方图")                             #标准正态分布直方图
lines(density(x),col="red",lwd=2)                                  #核密度函数曲线
detach()                                                           #解除绑定
```

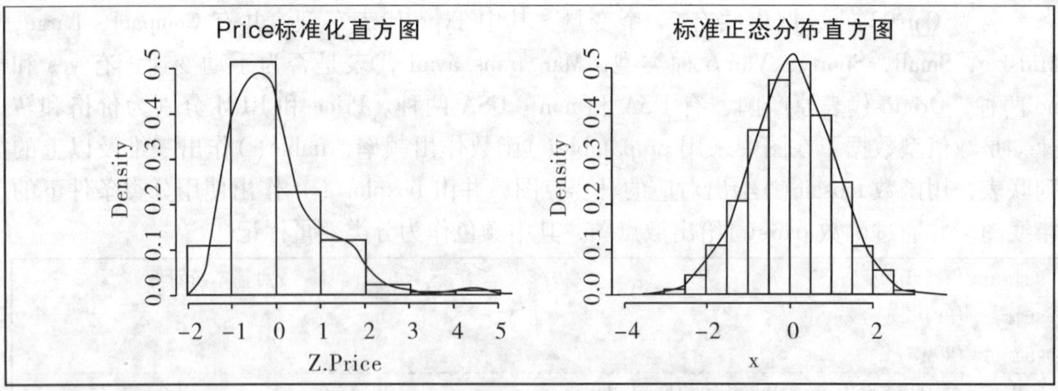

通过函数 summary()给出关于分位数、中位数和均值的统计量结果。以 Price 为例，计算四分位差、偏差绝对值中位数、方差、标准差、相关系数、偏度、峰度。Price 通过计算的统计量偏度 >0 和峰度 >0 显示，该组数据为右偏高峰分布。或使用函数 scale 标准化后，与标准正态分布直方图比较，其具体计算方法与 R 函数如表 6.5 所示：

表 6.5　常用统计量及 R 函数

名称	公式	R 函数
四分位差	$Q_{3/4}-Q_{1/4}$	IQR()
偏差绝对值中位数	$M_e[\,\lvert x_i-M_e(x_i)\rvert\,]$	mad()
方差	$\dfrac{\sum_{i=1}^{n}(x_i-\bar{x})^2}{n-1}$	var()
标准差	$\sqrt{\dfrac{\sum_{i=1}^{n}(x_i-\bar{x})^2}{n-1}}$	sd()
相关系数	$\dfrac{\sum_{i=1}^{n}(x_i-\bar{x})(y_i-\bar{y})}{\sqrt{\sum_{i=1}^{n}(x_i-\bar{x})^2}\sqrt{\sum_{i=1}^{n}(y_i-\bar{y})^2}}$	cor()
偏度	$\dfrac{\dfrac{n}{(n-1)(n-2)}\sum_{i=1}^{n}(x_i-\bar{x})^3}{\left[\sum_{i=1}^{n}(x_i-\bar{x})^2/(n-1)\right]^{3/2}}$	自编 sk()
峰度	$\dfrac{\dfrac{n(n+1)}{(n-1)(n-2)(n-3)}\sum_{i=1}^{n}(x_i-\bar{x})^4}{\left[\sqrt{\sum_{i=1}^{n}(x_i-\bar{x})^2/(n-1)}\right]^4}-\dfrac{3(n-1)^2}{(n-2)(n-3)}$	自编 ku()

注：R 语言中偏差绝对值中位数在公式基础上除以标准正态分布 $Q_{3/4}$。

6.2.2　参数估计与假设检验

第 2 章已介绍过关于矩法估计和极大似然估计这两种点估计方法，本章重点介绍区间估计。设 θ 是总体的一个参数，$(x_1, x_2, \cdots, x_n)$ 是来自该总体的样本，对一个给定

置信水平 $1-\alpha$，若有两个统计量 $\hat{\theta}_L=\hat{\theta}_L(x_1, x_2, \cdots, x_n)$ 和 $\hat{\theta}_U=\hat{\theta}_U(x_1, x_2, \cdots, x_n)$，对任意的 θ 有

$$P(\hat{\theta}_L \leqslant \theta \leqslant \hat{\theta}_U) \geqslant 1-\alpha$$

则称随机区间 $[\hat{\theta}_L, \hat{\theta}_U]$ 是置信水平为 $1-\alpha$ 的双侧置信区间。通常采用等尾置信区间。对应单侧置信区间由 $P(\hat{\theta}_L \leqslant \theta) \geqslant 1-\alpha$ 得到 $[\hat{\theta}_L, +\infty)$，及由 $P(\theta \leqslant \hat{\theta}_U) \geqslant 1-\alpha$ 得到 $(-\infty, \hat{\theta}_U]$。针对分布和样本容量给出的双侧置信区间如表6.6所示：

表6.6　单样本双侧置信区间

θ	分布	条件	双侧置信区间
μ	正态分布	σ^2 已知	$\left[\bar{x}-Z_{1-\alpha/2}\frac{\sigma}{\sqrt{n}}, \bar{x}+Z_{1-\alpha/2}\frac{\sigma}{\sqrt{n}}\right]$
		σ^2 未知	$\left[\bar{x}-t_{1-\alpha/2}(n-1)\frac{s}{\sqrt{n}}, \bar{x}+t_{1-\alpha/2}(n-1)\frac{s}{\sqrt{n}}\right]$
	大样本($n\geqslant30$)	两点分布	$\left[\bar{x}-z_{1-\alpha/2}\sqrt{\frac{\bar{x}(1-\bar{x})}{n}}, \bar{x}+z_{1-\alpha/2}\sqrt{\frac{\bar{x}(1-\bar{x})}{n}}\right]$
σ^2	正态分布		$\left[\frac{(n-1)s^2}{x^2_{1-\alpha/2}(n-1)}, \frac{(n-1)s^2}{x^2_{\alpha/2}(n-1)}\right]$

以下分别模拟在正态分布、方差已知和方差未知条件下，均值与方差的置信区间。均值和标准差的真值分别设定为 $\mu=2$，$\sigma=5$。模拟样本容量为 $n=15$，置信水平为0.95。根据表6.6，方差已知条件下均值双侧置信区间为[−0.0261，5.0346]，方差未知条件下均值双侧置信区间为[−0.3137，5.3221]，方差置信区间为[13.8787，64.4010]。三个置信区间均包含真值，其中方差未知的均值双侧置信区间宽度较方差已知情况下更宽。

```
set.seed(1)
n=15;sigma=5;conf.level=0.95
alpha=1-conf.level
X1=rnorm(n,2,sigma)
```

```
X1bar=mean(X1)
za=qnorm(1-alpha/2)
c("置信下限"=X1bar-za*sigma/sqrt(n),"置信上限"=X1bar+za*sigma/sqrt(n))
```

```
置信下限    置信上限
 -0.0260884   5.0345168
```

```
X2bar=mean(X1)
s=sd(X1)
ta=qt(1-alpha/2,n-1)
c("置信下限"=X2bar-ta*s/sqrt(n),"置信上限"=X2bar+ta*s/sqrt(n))
```

```
置信下限    置信上限
-0.3136881  5.3221166
```

```
ca.l=qchisq(1-alpha/2,n-1)
ca.r=qchisq(alpha/2,n-1)
s2=var(X1)
c("置信下限"=(n-1)*s2 /ca.l, "置信上限"=(n-1)*s2 /ca.r)
```

```
置信下限   置信上限
13.87865    64.40104
```

以下模拟来自两点分布数据600个，参数 $p=0.5$。形成关于比例（视为两点分布均值）的置信区间为［0.4350，0.5150］，包含真值0.5。

```
n=600
X3=rbinom(n,1,0.5)
X3bar=sum(X3)/n
c("置信下限"=X3bar-za*sqrt(X3bar*(1-X3bar)/n), "置信上限"=X3bar+za*sqrt(X3bar*(1-X3bar)/n))
```

```
置信下限   置信上限
0.4350424  0.5149576
```

针对 $\mu_1-\mu_2$ 和 σ_1^2/σ_2^2 的置信区间需要具有正态分布的前提条件。$(x_1, x_2, \cdots, x_m)$ 来自正态分布 $N(\mu_1, \sigma_1^2)$；$(y_1, y_2, \cdots, y_n)$ 来自正态分布 $N(\mu_2, \sigma_2^2)$。双侧置信区间为：

表6.7　双样本双侧置信区间

θ	条件	双侧置信区间
$\mu_1-\mu_2$	σ_1^2 和 σ_2^2 已知	$\left[\bar{x}-\bar{y}-z_{1-\alpha/2}\sqrt{\frac{\sigma_1^2}{m}+\frac{\sigma_2^2}{n}}, \bar{x}-\bar{y}+z_{1-\alpha/2}\sqrt{\frac{\sigma_1^2}{m}+\frac{\sigma_2^2}{n}}\right]$
	$\sigma_1^2=\sigma_2^2=\sigma^2$ 未知	$\left[\bar{x}-\bar{y}-t_{1-\alpha/2}(m+n-2)\sqrt{\frac{m+n}{mn}}S_W, \bar{x}-\bar{y}+t_{1-\alpha/2}(m+n-2)\sqrt{\frac{m+n}{mn}}S_W\right]$
	$\sigma_2^2/\sigma_1^2=\delta$ 已知	$\left[\bar{x}-\bar{y}-t_{1-\alpha/2}(m+n-2)\sqrt{\frac{m\delta+n}{mn}}S_t, \bar{x}-\bar{y}+t_{1-\alpha/2}(m+n-2)\sqrt{\frac{m\delta+n}{mn}}S_t\right]$
	m 和 n 较大	$\left[\bar{x}-\bar{y}-z_{1-\alpha/2}\sqrt{\frac{S_x^2}{m}+\frac{S_y^2}{n}}, \bar{x}-\bar{y}+z_{1-\alpha/2}\sqrt{\frac{S_x^2}{m}+\frac{S_y^2}{n}}\right]$
	其他	$[\bar{x}-\bar{y}-t_{1-\alpha/2}(l)S_0, \bar{x}-\bar{y}+t_{1-\alpha/2}(l)S_0]$
σ_1^2/σ_2^2		$\left[\frac{S_x^2}{S_y^2F_{1-\alpha/2}(m-1,n-1)}, \frac{S_x^2}{S_y^2F_{\alpha/2}(m-1,n-1)}\right]$

其中 $S_W=\sqrt{\frac{(m-1)S_x^2+(n-1)S_y^2}{m+n-2}}$，$S_t=\sqrt{\frac{(m-1)S_x^2+(n-1)S_y^2/\delta}{m+n-2}}$，$S_0=\sqrt{\frac{S_x^2}{m}+\frac{S_y^2}{n}}$，

$$l=\frac{S_0^4}{\frac{S_x^4}{m^2(m-1)}+\frac{S_y^4}{n^2(n-1)}}$$

以下分别模拟表6.7两总体均值差置信区间，其中第一种标准差已知，分别为$\sigma_1=2$，$\sigma_2=3$，来自均值$\mu_1=\mu_2=2$的正态分布数据20和15个，$\mu_1-\mu_2$理论值为0，置信区间为［-1.1472，2.3589］，包含真值0。第二种标准差未知但相等，分别为$\sigma_1=\sigma_2=2$，来自均值$\mu_1=2$，$\mu_2=3$的正态分布数据20和15个，$\mu_1-\mu_2$理论值为-1，置信区间为［-2.7737，-0.1438］，包含真值-1。第三种标准差未知但$\delta=\frac{\sigma_1^2}{\sigma_2^2}=0.11$，来自均值$\mu_1=2,\mu_2=3$，$\sigma_1=3$，$\sigma_2=1.5$的正态分布数据20和15个，$\mu_1-\mu_2$理论值为-1，置信区间为［-2.2582，0.3704］，包含真值-1。第四种来自均值$\mu_1=\mu_2=2$，$\sigma_1=0.5$，$\sigma_2=1.5$的正态分布数据75和60个，$\mu_1-\mu_2$理论值为0，置信区间为［-0.2767，0.5531］，包含真值0。第五种来自均值$\mu_1=2$，$\mu_2=3$，$\sigma_1=2$，$\sigma_2=3$的正态分布数据15和8个，$\mu_1-\mu_2$理论值为-1，置信区间为［-3.5404，2.2099］，包含真值-1，由于模拟方差较大，该置信区间更宽。

```
m=20;n=15;sigma1=2;sigma2=3;conf.level=0.95;alpha=1-conf.level
X1=rnorm(m,2,sigma1);X2=rnorm(n,2,sigma2)#理论均值差等于0
```

```
X1bar=mean(X1);X2bar=mean(X2)
za=qnorm(1-alpha/2)
c("置信下限"=X1bar-X2bar-za*sqrt(sigma1^2/m+sigma2^2/n), "置信上限"=X1bar-X2bar + za*
sqrt(sigma1^2/m+sigma2^2/n))
```

```
置信下限   置信上限
-1.147191  2.358900
```

```
m=20;n=15;sigma1=2;sigma2=sigma1;conf.level=0.95;alpha=1 - conf.level
X1=rnorm(m,2,sigma1);X2=rnorm(n,3,sigma2) #理论均值差小于0
```

```
X1bar=mean(X1);X2bar=mean(X2);sw=sqrt(((m-1)*var(X1) + (n-1)*var(X2))/(m+n-2))
ta=qt(1-alpha/2,m+n-2)
c("置信下限"=X1bar-X2bar-ta*sqrt((m+n)/(m*n))*sw, "置信上限"=X1bar-X2bar+ta*sqrt((m+
n)/(m*n))*sw)
```

```
置信下限    置信上限
-2.7736898 -0.1438265
```

```
m=20; n = 15; sigma1 = 0.5; sigma2 = 1.5; delta = sigma1 ^2/sigma2 ^2; conf.level = 0.95; alpha = 1 -
conf.level
X1=rnorm(m,2,sigma1);X2=rnorm(n,3,sigma2) #理论均值差小于0
```

```
X1bar=mean(X1);X2bar=mean(X2); st=sqrt(((m-1)*var(X1)+(n-1)*var(X2)/delta)/(m+n-2))
ta=qt(1-alpha/2,m+n-2)
c("置信下限"=X1bar-X2bar-ta*sqrt((m*delta+n)/(m*n))*st, "置信上限"=X1bar-X2bar+ta*
sqrt((m*delta+n)/(m*n))*st)
```

```
置信下限   置信上限
-2.258170  0.370445
```

```
m=75;n=60;sigma1=0.5;sigma2=1.5;conf.level=0.95;alpha=1-conf.level
X1=rnorm(m,2,sigma1);X2=rnorm(n,2,sigma2) #理论均值差等于0
```

```
X1bar=mean(X1);X2bar=mean(X2)
za=qnorm(1-alpha/2)
c("置信下限"=X1bar-X2bar-za*sqrt(var(X1)/m+var(X2)/n), "置信上限"=X1bar-X2bar+za*sqrt
(var(X1)/m+var(X2)/n))
```

```
置信下限    置信上限
-0.2767203  0.5530951
```

```
m=15;n=8;sigma1=2;sigma2=3;conf.level=0.95;alpha=1-conf.level
X1=rnorm(m,2,sigma1);X2=rnorm(n,3,sigma2) #理论均值差小于0
```

```
X1bar=mean(X1);X2bar=mean(X2)
s0=sqrt(var(X1)/m+var(X2)/n)
l=s0^4/(sd(X1)^4/(m^2*(m-1)) + sd(X2)^4/( n^2*(n-1)))
ta=qt(1-alpha/2,l)
c("置信下限"=X1bar-X2bar-ta*s0, "置信上限"=X1bar-X2bar+ta*s0)
```

```
置信下限   置信上限
-3.540444  2.209896
```

以下模拟表6.7两总体方差比置信区间，数据来自 $\sigma_1=\sigma_2=2$，$\mu_1=\mu_2=2$ 的正态分布数据20和15个，$\frac{\sigma_1^2}{\sigma_2^2}$理论值为1，置信区间为［0.5918，4.4809］，包含真值1。

```
m=20;n=15;sigma1=2;sigma2=sigma1;conf.level=0.95;alpha=1-conf.level
X1=rnorm(m,2,sigma1);X2=rnorm(n,2,sigma2)#理论方差比差等于1
```

```
s12=var(X1); s22=var(X2)
f1a=qf(1-alpha/2,m-1,n-1); fa=qf(alpha/2,m-1,n-1)
c("置信下限"=s12/(s22*f1a), "置信上限"=s12/(s22*fa))
```

```
置信下限   置信上限
0.5917563  4.4808518
```

【例6.4】某送信服务公司登出广告，声称它的本地信件传送时间不长于6小时（所花时间为标准差为2的正态分布），随机抽样其传送一包裹到一指定地址所花时间如对象X所示，求平均传送时间的95%置信度的置信区间。

```
X=c(7.2,3.5,4.3,6.2,10.1,5.4,6.8,4.5,5.1,6.6,3.8,8.2)
sigma=2
conf.level=0.95
n=length(X)
xbar=mean(X)
alpha=1-conf.level
ua=qnorm(1-alpha/2)
data.frame("置信下限"=xbar-ua*sigma/sqrt(n), "置信上限"=xbar+ua*sigma/sqrt(n))
```

```
    置信下限   置信上限
1   4.8434     7.1066
```

【例6.5】某保险公司对其当月的车险索赔进行了抽样调查，数据（单位：元）保存在对象X中。求索赔额方差置信水平为95%的置信区间。假定该数据服从正态分布。

```
X=c(17440,14372,34456,10423,28900,22408,14402,28487,19194,16740,12312, 21240,20965, 19989,34961)
conf.level=0.95
n=length(X)
alpha=1-conf.level
s2=var(X)
tl=qchisq(1-alpha/2,n-1)
tu=qchisq(alpha/2,n-1)
data.frame("置信下限"=(n-1)*s2/tl, "置信上限"=(n-1)*s2/tu)
```

```
  置信下限     置信上限
  130870017    143245976
```

当给定一组样本时，计算某个参数的置信区间要么包含参数真值，要么不包含参数真值。给出的置信水平是指在多次抽样的情况下，包含参数真值的置信区间所占比例。若同时抛35枚硬币，共抛100次，每次正面概率均为0.5，那么，

```
n=100
m=35
X=matrix(0,nrow=n,ncol=m)
for(i in 1:n){
  X[i,]=rbinom(m,1,0.5)
}
p.bar=rowMeans(X)
conf.level=0.95
alpha=1-conf.level
ua=qnorm(1-alpha/2)
se=sqrt(p.bar*(1-p.bar)/m)
matplot(rbind(p.bar-ua*se, p.bar+ua*se),rbind(1:n,1:n),type="l",lty=1,xlab="置信区间",
ylab="模拟次数")
abline(v=0.5)                                    #画直线 p=0.5
```

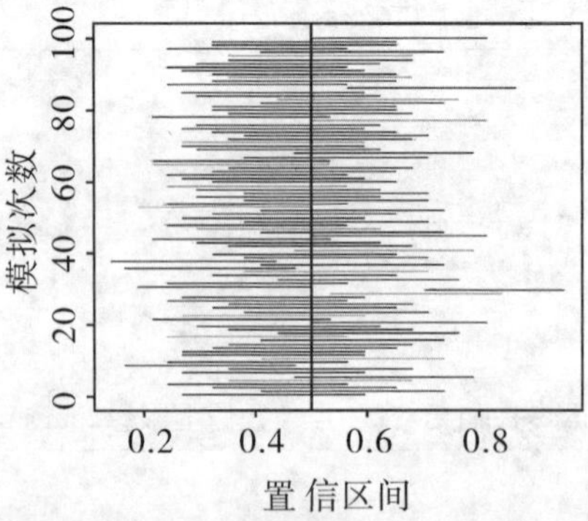


```
sum(p.bar+ua* se <0.5)+ sum(p.bar - ua* se >0.5)                 #未包括参数真值 0.5 的置信区间数量
[1] 6
```

在模拟的 100 个置信区间中，有 6 个不包括真值 0.5。

假设检验是用来判断样本与样本、样本与总体的差异是由抽样误差引起还是由本质差别所造成的统计推断方法，其基本思想是小概率反证法。小概率是指小概率事件（$p<0.01$或$p<0.05$）在一次试验中基本上不会发生。反证法是先提出假设（原假设 H_0），再用适当的统计量确定原假设成立的可能性大小，如果可能性小，则认为原假设不成立；若可能性大，则不能否定原假设。

首先介绍总体分布类型已知，用样本统计量对总体参数进行推断或假设检验的统计分析方法。根据建立的原假设 H_0：$\theta\in\Theta_0$ 和备择假设 H_1：$\theta\in\Theta_1$，通过统计量计算，获得拒绝域 $W=\{\hat{\theta}(x_1, x_2, \cdots, x_n)\geqslant c_U$ 或 $\hat{\theta}(x_1, x_2, \cdots, x_n)\leqslant c_L\}$，若 $\hat{\theta}(x_1, x_2, \cdots, x_n)$ 满足拒绝域条件，则拒绝原假设，否则接受原假设。该拒绝域是双边假设检验。同样，根据该方法可以建立单边假设检验拒绝域 $W=\{\hat{\theta}(x_1, x_2, \cdots, x_n)\geqslant c_U\}$ 和 $W=\{\hat{\theta}(x_1, x_2, \cdots, x_n)\leqslant c_L\}$。

在方法上，区间估计与假设检验有本质不同。对于区间估计，是通过数据断定未知参数的取值范围；假设检验，是作出一个关于未知参数的假设，根据观察到的数据计算所作假设对应的概率。而在数学推导上，假设检验是与区间估计问题相联系的。在 R 语言中，区间估计和假设检验使用同一个函数。

针对正态分布参数数学期望 μ 的检验为：

表 6.8 单样本均值假设检验

检验法	H_0	H_1	统计量	拒绝域
z 检验（σ 已知）	$\mu\leqslant\mu_0$	$\mu>\mu_0$	$z=\dfrac{\bar{x}-\mu_0}{\sigma/\sqrt{n}}$	$z\geqslant z_{1-\alpha}$
	$\mu\geqslant\mu_0$	$\mu<\mu_0$		$z\leqslant z_{\alpha}$
	$\mu=\mu_0$	$\mu\neq\mu_0$		$\lvert z\rvert\geqslant z_{1-\alpha/2}$
t 检验（σ 未知）	$\mu\leqslant\mu_0$	$\mu>\mu_0$	$t=\dfrac{\bar{x}-\mu_0}{s/\sqrt{n}}$	$t\geqslant t_{1-\alpha}(n-1)$
	$\mu\geqslant\mu_0$	$\mu<\mu_0$		$t\leqslant t_{\alpha}(n-1)$
	$\mu=\mu_0$	$\mu\neq\mu_0$		$\lvert t\rvert\geqslant t_{1-\alpha/2}(n-1)$

以下模拟表6.8单总体均值假设检验，首先模拟方差已知情况。$\sigma=0.7$，$\mu_1=4.5$的正态分布数据20个，$\mu_0=5$。理论上$\mu_1<\mu_0$，原假设$\mu_1=\mu_0$，模拟得到z统计量落入拒绝域。第二组$\mu_2=2$，理论上$\mu_2<\mu_0$，原假设$\mu_2\leqslant\mu_0$，模拟得到z统计量落入接受域。第三组$\mu_3=8$，理论上$\mu_3>\mu_0$，原假设$\mu_3\geqslant\mu_0$，模拟得到z统计量落入接受域。三组模拟结果如图所示，细虚线表示临界值，粗虚线表示z统计量。

```
n=25;mu0=5;sigma=0.7;alpha=0.05
```

```
x=rnorm(n,4.5,sigma)
zx=(mean(x)-mu0)/(sigma/sqrt(n));zax=qnorm(1-alpha/2)
abs(zx)>=zax
```

```
[1] TRUE
```

```
y=rnorm(n,2,sigma)
zy=(mean(y)-mu0)/(sigma/sqrt(n));zay=qnorm(1-alpha)
zy>=zay
```

```
[1] FALSE
```

```
z=rnorm(n,8,sigma)
zz=(mean(z)-mu0)/(sigma/sqrt(n));zaz=qnorm(alpha)
zz<=zaz
```

```
[1] FALSE
```

```
par(mfcol=c(1,3),mar=c(4.5,4.2,2,1),cex=0.8)
w=seq(-5,5,0.01)
plot(w,dnorm(w),type="l",col=2,xlab="zx",ylab="密度函数")
abline(v=c(-zax,zax,zx),col=c(1,1,3),lty=c(2,2,6),lwd=c(1,1,2))
w=seq(-25,25,0.01)
plot(w,dnorm(w),type="l",col=2,xlab="zy",ylab="密度函数")
abline(v=c(zay,zy),col=c(1,3),lty=c(2,6),lwd=c(1,2))
plot(w,dnorm(w),type="l",col=2,xlab="zz",ylab="密度函数")
abline(v=c(zaz,zz),col=c(1,3),lty=c(2,6),lwd=c(1,2))
```

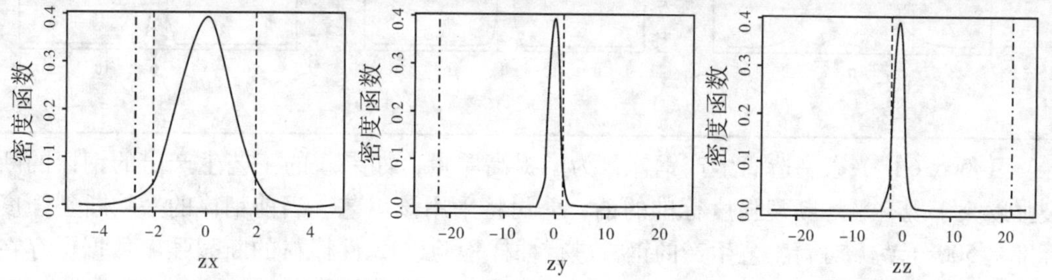

接下来模拟方差未知情况，模拟参数及假设检验与前相同。第一组模拟得到t统计量落入拒绝域。第二组模拟得到t统计量落入接受域。第三组模拟得到t统计量落入接受域。三组模拟结果如图所示，细虚线表示临界值，粗虚线表示t统计量。

```
n=25;mu0=5; alpha=0.05
x=rnorm(n,4.5,0.7)
tx=(mean(x)-mu0)/(sd(x)/sqrt(n));tax=qt(1-alpha/2, n-1)
abs(tx) >=tax
[1] TRUE
y=rnorm(n,2,0.7)
ty=(mean(y)-mu0)/(sd(x)/sqrt(n)); tay=qt(1-alpha, n-1)
ty >=tay
[1] FALSE
z=rnorm(n,8,0.7)
tz=(mean(z)-mu0)/(sd(x)/sqrt(n)); taz=qt(alpha, n-1)
tz <=taz
[1] FALSE
par(mfcol=c(1,3),mar=c(4.5,4.2,2,1),cex=0.8)
w=seq(-5,5,0.01)
plot(w,dt(w,n-1),type="l",col=2,xlab="tx",ylab="密度函数")
abline(v=c(-tax,tax,tx),col=c(1,1,3),lty=c(2,2,6),lwd=c(1,1,2))
w=seq(-25,25,0.01)
plot(w,dt(w,n-1),type="l",col=2,xlab="ty",ylab="密度函数")
abline(v=c(tay,ty),col=c(1,3),lty=c(2,6),lwd=c(1,2))
plot(w,dt(w,n-1),type="l",col=2,xlab="tz",ylab="密度函数")
abline(v=c(taz,tz),col=c(1,3),lty=c(2,6),lwd=c(1,2))
```

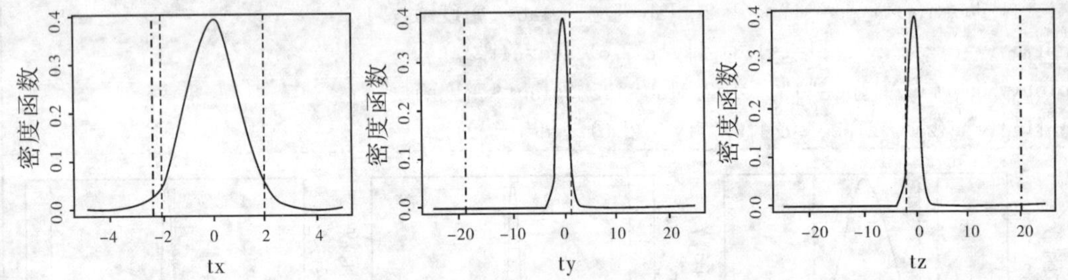

【例 6.6】一家制造商生产钢棒，为了提高质量，如果新的工艺生产出的钢棒的断裂强度大于现有平均断裂强度标准的话，公司将采用该工艺。当前钢棒的平均断裂强度标准是 500 千克，对新工艺生产的钢棒进行抽样检验，12 件棒材的断裂强度数据保存在对象 X 中。假设断裂强度的分布为正态分布，判断新工艺是否提高了平均断裂强度。

对于该问题，不能轻易肯定新工艺提高了平均断裂强度。原假设 H_0：$\mu \leq 500$，备择假设 H_1：$\mu > 500$。由于方差未知，采用 t 检验。

```
X=c(502,496,510,508,506,498,512,497,515,503,510,506)
t.test(X,mu=500,alternative="greater")
```

```
        One Sample t-test
data:  X
t=2.9564, df=11, p-value=0.006529
alternative hypothesis: true mean is greater than 500
95 percent confidence interval:
502.06      Inf
sample estimates:
mean of x
   505.25
```

在 $\alpha=0.05$ 的显著性水平下，p 值为 0.007，小于 α，落入拒绝域。从而认为新工艺提高了平均断裂强度。同时计算平均断裂强度 95% 置信水平的单侧置信区间为 $[502.06,\ +\infty]$。

在大样本条件下，样本均值近似服从正态分布，由此可以给出假设检验结果。例如两点分布 $B(1,\ p_0)$，在抽取一组数据后，为判定 $p=p_0$，可以采用统计量 $z=\dfrac{\bar{x}-p_0}{\sqrt{p_0\ (1-p_0)\ /n}}$建立假设检验。对于泊松分布 $P(\lambda_0)$，统计量 $z=\dfrac{\bar{x}-\lambda_0}{\sqrt{\lambda_0/n}}$。

以下模拟大样本伯努利试验近似正态均值假设检验，第一组模拟参数分别为$n=1$，$p=0.5$的二项分布数据 180 个，$p_0=0.6$。理论上 $p<p_0$，原假设 $p=p_0$，模拟得到 z 统计量落入拒绝域。第二组模拟参数 $p=0.3$，理论上 $p<p_0$，原假设 $p\leqslant p_0$，模拟得到 z 统计量落入接受域。第三组模拟参数 $p=0.8$，理论上 $p>p_0$，原假设 $p\geqslant p_0$，模拟得到 z 统计量落入接受域。三组模拟结果如图所示，细虚线表示临界值，粗虚线表示 z 统计量。

```
n=180;p0=0.6;alpha=0.05
x=rbinom(n,1,0.5)
zx=(sum(x)/n-p0)/sqrt(p0*(1-p0)/n);zax=qnorm(1-alpha/2)
abs(zx)>=zax
```

```
[1] TRUE
```

```
y=rbinom(n,1,0.3)
zy=(sum(y)/n-p0)/sqrt(p0*(1-p0)/n);zay=qnorm(1-alpha)
zy>=zay
```

```
[1] FALSE
```

```
z=rbinom(n,1,0.8)
zz=(sum(z)/n-p0)/sqrt(p0*(1-p0)/n);zaz=qnorm(alpha)
zz<=zaz
```

```
[1] FALSE
```

```
par(mfcol=c(1,3),mar=c(4.5,4.2,2,1),cex=0.8)
w=seq(-5,5,0.01)
plot(w,dnorm(w),type="l",col=2,xlab="zx",ylab="密度函数")
abline(v=c(-zax,zax,zx),col=c(1,1,3),lty=c(2,2,6),lwd=c(1,1,2))
w=seq(-25,25,0.01)
plot(w,dnorm(w),type="l",col=2,xlab="zy",ylab="密度函数")
abline(v=c(zay,zy),col=c(1,3),lty=c(2,6),lwd=c(1,2))
plot(w,dnorm(w),type="l",col=2,xlab="zz",ylab="密度函数")
abline(v=c(zaz,zz),col=c(1,3),lty=c(2,6),lwd=c(1,2))
```

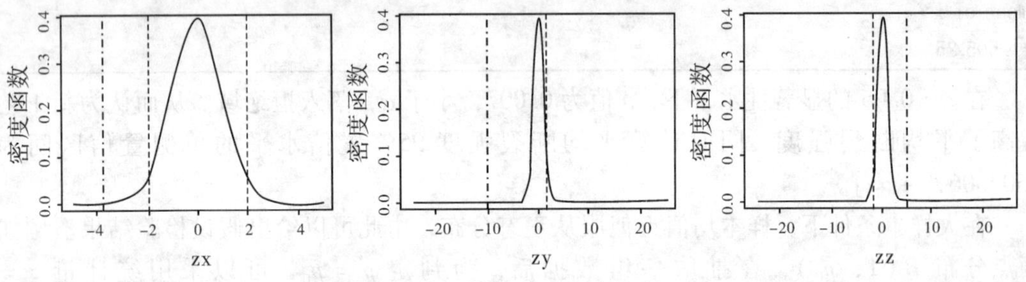

【例 6.7】对 1000 个人进行电视节目调查，有 450 人回答喜爱该节目，请问节目喜爱率 $p=0.5$ 是否成立？

```
prop.test(450,1000,p=0.5)
```

```
        1-sample proportions test with continuity correction
data:  450 out of 1000, null probability 0.5
X-squared=9.801, df=1, p-value=0.001744
alternative hypothesis: true p is not equal to 0.5
95 percent confidence interval:
0.41892 0.48147
sample estimates:
   p
0.45
```

```
binom.test(450,1000,p=0.5)
```

```
        Exact binomial test
data:  450 and 1000
number of successes=450, number of trials=1000, p-value=0.001731
alternative hypothesis: true probability of success is not equal to 0.5
95 percent confidence interval:
0.41885 0.48144
sample estimates:
probability of success
                  0.45
```

函数 prop. test( ) 通过参数 correct 为 T 或 F，选择是否使用 Yates 连续修正卡方统计量，该函数并未使用一般的正态近似方法进行假设检验。函数 binom. test( ) 是通过二项分布精确值方法，进行假设检验。两个函数结果显示，在 $\alpha=0.05$ 的显著性水平下，都拒绝原假设，因而不能认为该电视节目喜爱率 $p=0.5$。

针对正态分布参数方差 σ^2 的检验为：

表 6.9 单样本方差假设检验

检验法	H_0	H_1	统计量	拒绝域
χ^2 检验	$\sigma^2 \leqslant \sigma_0^2$	$\sigma^2 > \sigma_0^2$	$\chi^2=\frac{(n-1)s^2}{\sigma_0^2}$	$\chi^2 \geqslant \chi_{1-\alpha}^2(n-1)$
	$\sigma^2 \geqslant \sigma_0^2$	$\sigma^2 < \sigma_0^2$		$\chi^2 \leqslant \chi_{\alpha}^2(n-1)$
	$\sigma^2 = \sigma_0^2$	$\sigma^2 \neq \sigma_0^2$		$\chi^2 \geqslant \chi_{1-\alpha/2}^2(n-1)$ 或 $\chi^2 \leqslant \chi_{\alpha/2}^2(n-1)$

以下模拟表 6.9 单总体方差假设检验，模拟参数 $\sigma_0=2$，$n=25$。首先模拟原假设 $\sigma_1^2=\sigma_0^2$ 情况。$\sigma_1=1.5$，理论上 $\sigma_1<\sigma_0$，模拟得到卡方统计量落入拒绝域。第二组模拟原假设 $\sigma_2^2 \leqslant \sigma_0^2$ 情况。$\sigma_2=0.7$，理论上 $\sigma_2<\sigma_0$，模拟得到卡方统计量落入接受域。第三组模拟原假设 $\sigma_3^2 \geqslant \sigma_0^2$ 情况。$\sigma_3=2.3$，理论上 $\sigma_3>\sigma_0$，模拟得到卡方统计量落入接受域。三组模拟结果如图所示，细虚线表示临界值，粗虚线表示卡方统计量。

```
n=25;mu=5;sigma0=2; alpha=0.05
```

```
x=rnorm(n,mu,1.5)
cx=(n-1)*var(x)/sigma0^2;caxu=qchisq(1-alpha/2, n-1);caxl=qchisq(alpha/2, n-1)
cx >=caxu | cx <=caxl
```

```
[1] TRUE
```

```
y=rnorm(n,mu,0.7)
cy=(n-1)*var(y)/sigma0^2; cay=qchisq(1-alpha, n-1)
cy >=cay
```

```
[1] FALSE
```

```
z=rnorm(n,mu,2.3)
cz=(n-1)*var(z)/sigma0^2; caz=qchisq(alpha, n-1)
cz <=caz
```

```
[1] FALSE
```

```
par(mfcol=c(1,3),mar=c(4.5,4.2,2,1),cex=0.8)
w=seq(0, 50,0.01)
plot(w,dchisq (w,n-1),type="l",col=2,xlab="cx",ylab="密度函数")
abline(v=c(caxl,caxu,cx),col=c(1,1,3),lty=c(2,2,6),lwd=c(1,1,2))
plot(w,dchisq (w,n-1),type="l",col=2,xlab="cy",ylab="密度函数")
abline(v=c(cay,cy),col=c(1,3),lty=c(2,6),lwd=c(1,2))
plot(w,dchisq(w,n-1),type="l",col=2,xlab="cz",ylab="密度函数")
abline(v=c(caz,cz),col=c(1,3),lty=c(2,6),lwd=c(1,2))
```

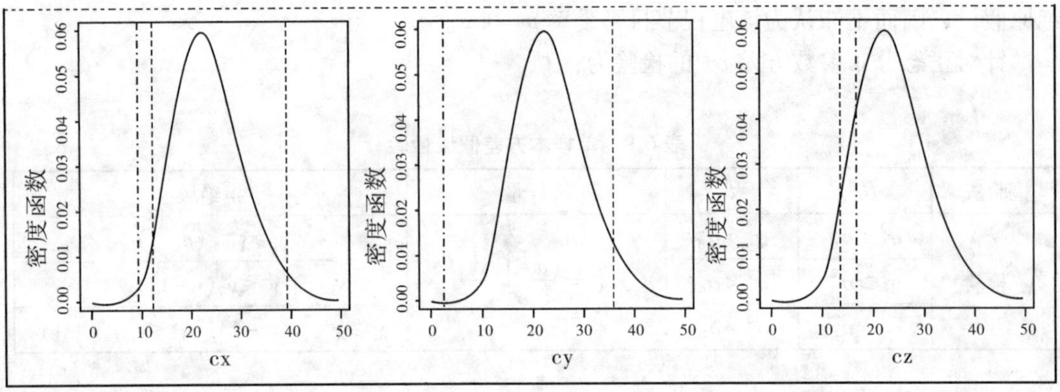

在对两个正态分布的数学期望进行假设检验前，若无任何假设条件，往往需要在验证两者方差是否相等后，再决定使用何种数学期望检验方法。两个正态分布方差检验如表 6.10 所示：

表 6.10　双样本方差假设检验

检验法	H_0	H_1	统计量	拒绝域
F 检验	$\sigma_1^2 \leqslant \sigma_2^2$	$\sigma_1^2 > \sigma_2^2$	$F=\frac{s_x^2}{s_y^2}$	$F \geqslant F_{1-\alpha}(m-1,n-1)$
	$\sigma_1^2 \geqslant \sigma_2^2$	$\sigma_1^2 < \sigma_2^2$		$F \leqslant F_{\alpha}(m-1,n-1)$
	$\sigma_1^2 = \sigma_2^2$	$\sigma_1^2 \neq \sigma_2^2$		$F \geqslant F_{1-\alpha/2}(m-1,n-1)$ 或 $F \leqslant F_{\alpha/2}(m-1,n-1)$

以下模拟表 6.10 两总体方差假设检验，模拟参数 $\sigma_1=2$，$\sigma_2=4$，$m=36$，$n=25$，理论上 $\sigma_1<\sigma_2$。首先模拟原假设 $\sigma_1^2=\sigma_2^2$ 情况，模拟得到 F 统计量落入拒绝域。第二组模拟原假设 $\sigma_1^2 \leqslant \sigma_2^2$ 情况，模拟得到 F 统计量落入接受域。第三组模拟原假设 $\sigma_1^2 \geqslant \sigma_2^2$ 情况，模拟得到 F 统计量落入拒绝域。三组模拟结果如图所示，细虚线表示临界值，粗虚线表示卡方统计量。

```
m=36;n=25;mu=5; sigma1=2;sigma2=4;alpha=0.05
x=rnorm(n,mu,sigma1); y=rnorm(n,mu,sigma2)
```

```
f1=var(x)/ var(y);f1au=qf(1-alpha/2, m-1,n-1); f1al=qf(alpha/2, m-1,n-1)
f1 >=f1au | f1 <=f1al
```

```
[1] TRUE
```

```
f2=var(x)/ var(y);f2a=qf(1-alpha, m-1,n-1)
f2 >=f2a
```

```
[1] FALSE
```

```
f3=var(x)/ var(y);f3a=qf(alpha, m-1,n-1)
f3 <=f3a
```

```
[1] TRUE
```

```
par(mfcol=c(1,3),mar=c(4.5,4.2,2,1),cex=0.8)
w=seq(0, 3,0.01)
plot(w,df (w, m-1,n-1),type="l",col=2,xlab="f1",ylab="密度函数")
abline(v=c(f1al,f1au,f1),col=c(1,1,3),lty=c(2,2,6),lwd=c(1,1,2))
plot(w,df (w, m-1,n-1),type="l",col=2,xlab="f2",ylab="密度函数")
abline(v=c(f2a,f2),col=c(1,3),lty=c(2,6),lwd=c(1,2))
plot(w,df(w, m-1,n-1),type="l",col=2,xlab="f3",ylab="密度函数")
abline(v=c(f3a,f3),col=c(1,3),lty=c(2,6),lwd=c(1,2))
```

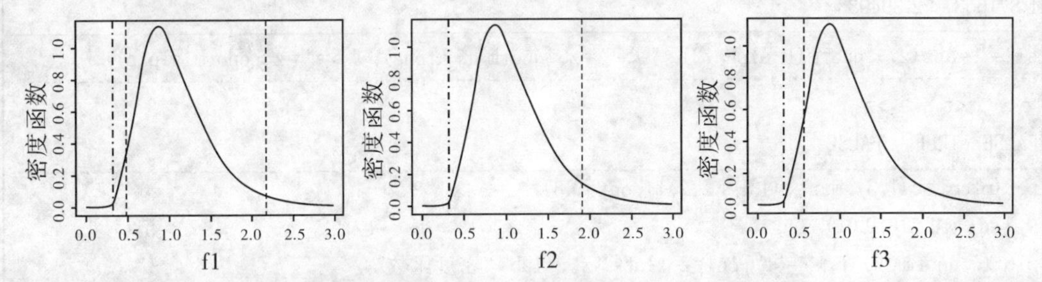

若 $(x_1, x_2, \cdots, x_m)$ 来自正态分布 $N(\mu_1, \sigma_1^2)$，$(y_1, y_2, \cdots, y_n)$ 来自正态分布 $N(\mu_2, \sigma_2^2)$，关于数学期望的假设检验为：

表 6.11 双样本均值假设检验

检验法	条件	H_0	H_1	统计量	拒绝域
z 检验	σ_1^2 和 σ_2^2 已知	$\mu_1 \leqslant \mu_2$	$\mu_1 > \mu_2$	$z=\dfrac{\bar{x}-\bar{y}}{\sqrt{\dfrac{\sigma_1^2}{m}+\dfrac{\sigma_2^2}{n}}}$	$z \geqslant z_{1-\alpha}$
		$\mu_1 \geqslant \mu_2$	$\mu_1 < \mu_2$		$z \leqslant z_\alpha$
		$\mu_1 = \mu_2$	$\mu_1 \neq \mu_2$		$\lvert z\rvert \geqslant z_{1-\alpha/2}$
t 检验	σ_1^2 和 σ_2^2 未知 $\sigma_1^2=\sigma_2^2=\sigma^2$	$\mu_1 \leqslant \mu_2$	$\mu_1 > \mu_2$	$t=\dfrac{\bar{x}-\bar{y}}{s_w\sqrt{\dfrac{1}{m}+\dfrac{1}{n}}}$	$t \geqslant t_{1-\alpha}(m+n-2)$
		$\mu_1 \geqslant \mu_2$	$\mu_1 < \mu_2$		$t \leqslant t_\alpha(m+n-2)$
		$\mu_1 = \mu_2$	$\mu_1 \neq \mu_2$		$\lvert t\rvert \geqslant t_{1-\alpha/2}(m+n-2)$
z 检验	σ_1^2 和 σ_2^2 未知 m 和 n 较大	$\mu_1 \leqslant \mu_2$	$\mu_1 > \mu_2$	$z=\dfrac{\bar{x}-\bar{y}}{\sqrt{\dfrac{s_x^2}{m}+\dfrac{s_y^2}{n}}}$	$z \geqslant z_{1-\alpha}$
		$\mu_1 \geqslant \mu_2$	$\mu_1 < \mu_2$		$z \leqslant z_\alpha$
		$\mu_1 = \mu_2$	$\mu_1 \neq \mu_2$		$\lvert z\rvert \geqslant z_{1-\alpha/2}$
近似 t 检验	σ_1^2 和 σ_2^2 未知 m 和 n 不很大	$\mu_1 \leqslant \mu_2$	$\mu_1 > \mu_2$	$t=\dfrac{\bar{x}-\bar{y}}{\sqrt{\dfrac{s_x^2}{m}+\dfrac{s_y^2}{n}}}$	$t \geqslant t_{1-\alpha}(l)$
		$\mu_1 \geqslant \mu_2$	$\mu_1 < \mu_2$		$t \leqslant t_\alpha(l)$
		$\mu_1 = \mu_2$	$\mu_1 \neq \mu_2$		$\lvert t\rvert \geqslant t_{1-\alpha/2}(l)$

注：s_w、s_x、s_y 和 l 与参数区间估计表 6.7 一致。

首先模拟表 6.11 中两总体均值假设检验的方差已知情况。模拟参数 $\sigma_1 = 0.5$，$\sigma_2 = 0.8$，$\mu_1 = \mu_2 = 2$，$m = 20$，$n = 15$。理论上 $\mu_1 = \mu_2$，模拟结果表明 $\bar{x}_1 = 1.8717$，$\bar{x}_2 = 2.3941$，得到 z 统计量。对于原假设 $\mu_1 = \mu_2$，落入拒绝域；原假设 $\mu_1 \leqslant \mu_2$，落入接受域；原假设 $\mu_1 \geqslant \mu_2$，落入拒绝域。三组模拟结果如图所示，细虚线表示临界值，粗虚线表示

z 统计量。尽管针对原假设 $\mu_1 = \mu_2$, $\mu_1 \geqslant \mu_2$ 落入拒绝域,但距离临界值较近。

```
m=20;n=15;sigma1=0.5;sigma2=0.8;alpha=0.05
X1=rnorm(m,2,sigma1);X2=rnorm(n,2,sigma2)          #理论均值无差别
```

```
X1bar=mean(X1);X2bar=mean(X2);
z=(X1bar-X2bar)/sqrt(sigma1^2/m+sigma2^2/n)
c("X1bar "=X1bar, "X2bar "=X2bar)
```

```
  X1bar     X2bar
1.871658   2.394083
```

```
c("="=abs(z)<qnorm(1-alpha/2), "<="=z<qnorm(1-alpha), ">="=z>qnorm(alpha))
```

```
 =      <=      >=
FALSE  TRUE   FALSE
```

```
par(mfcol=c(1,3),mar=c(4.5,4.2,2,1),cex=0.8)
w=seq(-10, 10,0.01)
plot(w,dnorm (w),type="l",col=2,xlab="z",ylab="密度函数")
abline(v=c(-qnorm(1-alpha/2), qnorm(1-alpha/2),z),col=c(1,1,3),lty=c(2,2,6),lwd=c(1,1,
2))
plot(w,dnorm (w),type="l",col=2,xlab="z",ylab="密度函数")
abline(v=c(qnorm(1-alpha),z),col=c(1,3),lty=c(2,6),lwd=c(1,2))
plot(w,dnorm (w),type="l",col=2,xlab="z",ylab="密度函数")
abline(v=c(qnorm(alpha), z),col=c(1,3),lty=c(2,6),lwd=c(1,2))
```

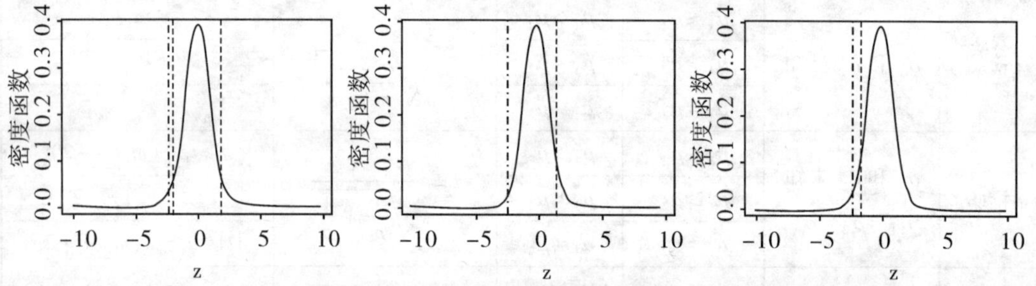

接下来模拟方差未知但相等的情况。模拟参数 $\sigma_1 = \sigma_2 = 0.5$, $\mu_1 = 2$, $\mu_2 = 3$, $m = 20, n = 15$ 。理论上 $\mu_1 < \mu_2$ ，模拟结果表明 $\bar{x}_1 = 1.7744$, $\bar{x}_2 = 2.9185$ ，得到 t 统计量。对于原假设 $\mu_1 = \mu_2$ ，落入拒绝域；原假设 $\mu_1 \leqslant \mu_2$ ，落入接受域；原假设 $\mu_1 \geqslant \mu_2$, 落入拒绝域。三组模拟结果如图所示，细虚线表示临界值，粗虚线表示 t 统计量。

```
m=20;n=15;sigma1=0.5;sigma2=sigma1;alpha=0.05
X1=rnorm(m,2,sigma1);X2=rnorm(n,3,sigma2)          #理论均值 X1<X2
```

```
X1bar=mean(X1);X2bar=mean(X2);sw=sqrt(((m-1)*var(X1) + (n-1)*var(X2))/(m+n-2))
tv=(X1bar-X2bar)/(sw*sqrt(1/m+1/n))
c("X1bar "=X1bar,"X2bar "=X2bar)
```

```
  X1bar     X2bar
1.774414   2.918484
```

```
c("="=abs(tv)<qt(1-alpha/2,m+n-2), " <="=tv<qt(1-alpha, m+n-2), " >="=tv>qt(alpha,
m+n-2))
```

```
   =      <=      >=
FALSE  TRUE  FALSE
```

```
par(mfcol=c(1,3),mar=c(4.5,4.2,2,1),cex=0.8)
w=seq(-10, 10,0.01)
plot(w,dt (w,m+n-2),type="l",col=2,xlab="t",ylab="密度函数")
abline(v=c(-qt(1-alpha/2, m+n-2), qt(1-alpha/2, m+n-2),tv),col=c(1,1,3),lty=c(2,2,6),
lwd=c(1,1,2))
plot(w,dt (w,m+n-2),type="l",col=2,xlab="t",ylab="密度函数")
abline(v=c(qt(1-alpha, m+n-2),tv),col=c(1,3),lty=c(2,6),lwd=c(1,2))
plot(w,dt (w,m+n-2),type="l",col=2,xlab="t",ylab="密度函数")
abline(v=c(qt(alpha, m+n-2), tv),col=c(1,3),lty=c(2,6),lwd=c(1,2))
```

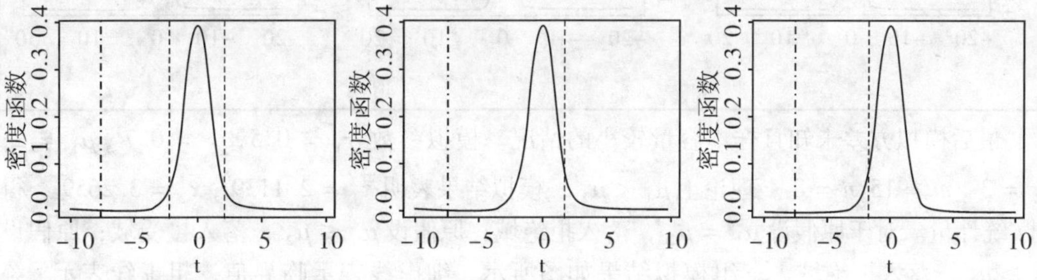

以下模拟方差未知但样本容量较大的情况。模拟参数 $\sigma_1 = 0.5, \sigma_2 = 0.7$，$\mu_1 = 2$，$\mu_2 = 3$，$m = n = 100$。理论上 $\mu_1 < \mu_2$，模拟结果表明 $\bar{x}_1 = 2.0087$，$\bar{x}_2 = 2.9962$，得到 z 统计量。对于原假设 $\mu_1 = \mu_2$，落入拒绝域；原假设 $\mu_1 \leqslant \mu_2$，落入接受域；原假设 $\mu_1 \geqslant \mu_2$，落入拒绝域。三组模拟结果如图所示，细虚线表示临界值，粗虚线表示 t 统计量。

```
m=100;n=100;sigma1=0.5;sigma2=0.7; alpha=0.05
X1=rnorm(m,2,sigma1);X2=rnorm(n,3,sigma2)                #理论均值差小于0
```

```
X1bar=mean(X1);X2bar=mean(X2)
s0=sqrt(var(X1)/m+var(X2)/n)
z=(X1bar-X2bar)/s0
c("X1bar "=X1bar,"X2bar "=X2bar)
```

```
   X1bar     X2bar
2.008686  2.996179
```

```
c("="=abs(z)<qnorm(1-alpha/2)," <="=z<qnorm(1-alpha)," >="=z>qnorm(alpha))
```

```
   =      <=      >=
FALSE  TRUE  FALSE
```

```
par(mfcol=c(1,3),mar=c(4.5,4.2,2,1),cex=0.8)
w=seq(-20, 20,0.01)
plot(w,dnorm (w),type="l",col=2,xlab="z",ylab="密度函数")
abline(v=c(-qnorm(1-alpha/2), qnorm(1-alpha/2),z),col=c(1,1,3),lty=c(2,2,6),lwd=c(1,1,2))
plot(w,dnorm(w),type="l",col=2,xlab="z",ylab="密度函数")
abline(v=c(qnorm(1-alpha),z),col=c(1,3),lty=c(2,6),lwd=c(1,2))
plot(w,dnorm(w),type="l",col=2,xlab="z",ylab="密度函数")
abline(v=c(qnorm(alpha), z),col=c(1,3),lty=c(2,6),lwd=c(1,2))
```

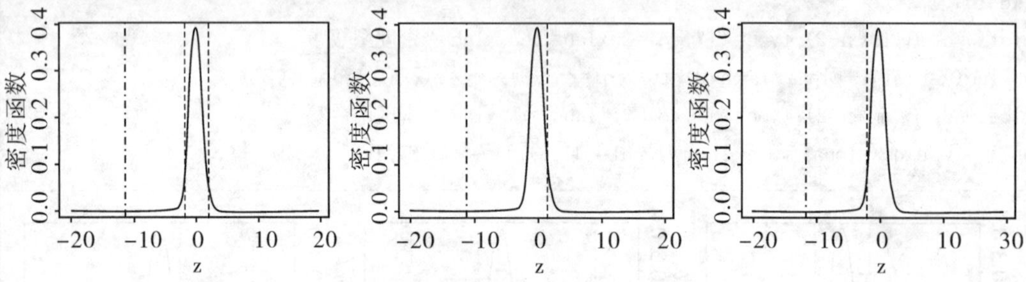

最后模拟方差未知且样本容量较小的情况。模拟参数 $\sigma_1 = 0.5, \sigma_2 = 0.7$ ，$\mu_1 = 2$，$\mu_2 = 3$ ，$m = 15, n = 8$ 。理论上 $\mu_1 < \mu_2$ ，模拟结果表明 $\bar{x}_1 = 2.1139$ ，$\bar{x}_2 = 3.2659$ ，得到 t 统计量。对于原假设 $\mu_1 = \mu_2$ ，落入拒绝域；原假设 $\mu_1 \leqslant \mu_2$ ，落入接受域；原假设 $\mu_1 \geqslant \mu_2$ ，落入拒绝域。三组模拟结果如图所示，细虚线表示临界值，粗虚线表示 t 统计量。

```
m=15;n=8;sigma1=0.5;sigma2=0.7; alpha=0.05
X1=rnorm(m,2,sigma1);X2=rnorm(n,3,sigma2)                #理论均值差小于0
```

```
X1bar=mean(X1);X2bar=mean(X2)
s0=sqrt(var(X1)/m+var(X2)/n)
l=s0^4/(sd(X1)^4/(m^2*(m-1)) + sd(X2)^4/( n^2*(n-1)))
tv=(X1bar-X2bar)/s0
c("X1bar "=X1bar,"X2bar "=X2bar)
```

```
   X1bar     X2bar
2.113914  3.265895
```

```
c("="=abs(tv) < qt(1-alpha/2,l)," <="=tv < qt(1-alpha, l)," >="=tv > qt(alpha, l))
```

```
    =     <=     >=
FALSE  TRUE  FALSE
```

```
par(mfcol=c(1,3),mar=c(4.5,4.2,2,1),cex=0.8)
w=seq(-10, 10,0.01)
plot(w,dt (w,1),type="l",col=2,xlab="t",ylab="密度函数")
abline(v=c(-qt(1-alpha/2, 1), qt(1-alpha/2, 1),tv),col=c(1,1,3),lty=c(2,2,6),lwd=c(1,1,
2))
plot(w,dt (w,1),type="l",col=2,xlab="t",ylab="密度函数")
abline(v=c(qt(1-alpha, 1),tv),col=c(1,3),lty=c(2,6),lwd=c(1,2))
plot(w,dt (w,1),type="l",col=2,xlab="t",ylab="密度函数")
abline(v=c(qt(alpha, 1), tv),col=c(1,3),lty=c(2,6),lwd=c(1,2))
```

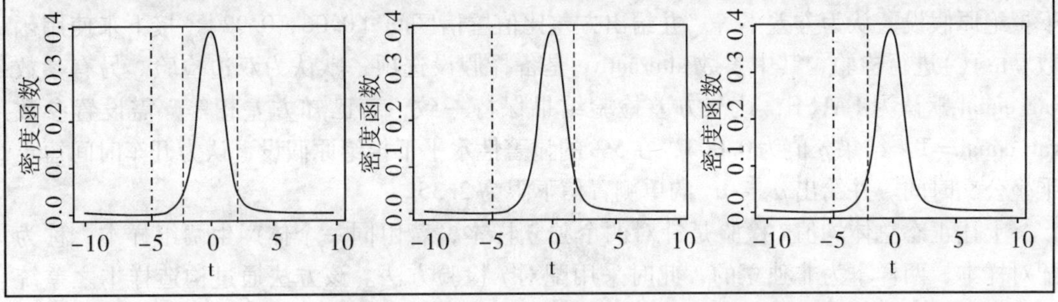

【例 6.8】一员工对乘当地公交车上班快还是自己开车快产生了兴趣。在一次试验中，他使用两种交通方式进行了 10 天，每一种方式的天数是随机选取的，每天同一时刻离开家，然后记录到达工作地的时间。坐公交车的时间（单位：分钟）保存在对象 X 中，自己开车去的时间（单位：分钟）保存在对象 Y 中。假设乘车时间服从正态分布。显著性水平为 5%。这些数据能提供充分的证据说明自己开车去的平均时间短吗？

对于该问题，不能轻易肯定自己开车时间更短。原假设 $H_0: \mu_1 \leq \mu_2$，备择假设 $H_1: \mu_1 > \mu_2$。由于方差未知，首先对方差进行检验，且样本容量不大，采用近似 t 检验。

```
X=c(48,47,44,45,46,47,43,47,42,48)
Y=c(36,45,47,38,39,42,36,42,46,35)
```

```
var.test(X,Y)
```

```
        F test to compare two variances
data:  X and Y
F=0.2273, num df=9, denom df=9, p-value=0.03793
alternative hypothesis: true ratio of variances is not equal to 1
95 percent confidence interval:
0.05646413 0.91520616
sample estimates:
ratio of variances
         0.2273243
```

```
t.test(X,Y,alternative="greater")
```

```
        Welch Two Sample t-test
data:  X and Y
t=3.2882, df=12.891, p-value=0.00297
alternative hypothesis: true difference in means is greater than 0
95 percent confidence interval:
2.351527        Inf
sample estimates:
mean of x mean of y
    45.7       40.6
```

使用函数 var. test( )检验两个样本方差是否相等，p 值为 0.04，在 5% 的显著性水平下拒绝原假设，认为方差不等。并给出方差比值置信区间［0.06，0.92］。接下来使用函数 t. test( )进行检验，其中参数 alternative 是备择假设选项，默认为双边检验。另有参数 var. equal 默认为 FALSE，这与方差检验结果保持一致，若已知方差相等，需设置参数 var. equal = T。结果 p 值为 0.003，在 5% 的显著性水平下拒绝原假设，认为开车时间短于乘坐公交时间。并给出 $\mu_1 - \mu_2$ 的单侧置信下限为 2.35。

上述正态总体均值 t 检验是针对两个独立样本，若由同一个体产生两组样本，称为配对样本。两样本为非独立的，此时采用配对 t 检验方法。该方法通过构造样本之差统计量服从 t 分布进行假设检验，其统计量为：

$$t = \frac{\bar{d}}{s_d / \sqrt{n}}, df = n - 1$$

其中 $\bar{d}$ 为配对样本差值的均值，s_d 为配对样本差值的样本方差。

【例 6.9】一个以减肥为主要目标的健美俱乐部声称，参加其训练班可以使肥胖者平均体重减轻 8.5kg 以上。为了验证该宣称是否可信，调查人员随机抽取了 10 名参加者，得到他们的体重记录分别为对象 B. W 和 A. W。

对于该问题，不能轻易肯定体重能减轻。原假设 $H_0: d \leqslant 0$，备择假设 $H_1: d > 0$。由于两组数据来自同样的 10 个人，采用配对 t 检验。

```
B.W=c(94.5,101,110,103.5,97,88.5,96.5,101,104,116.5)
A.W=c(85,89.5,101.5,96,86,80.5,87,93.5,93,102)
```

```
t.test(B.W, A.W,paired=T, alternative="greater")
```

```
        Paired t-test
data:  B.W and A.W
t=14.1641, df=9, p-value=9.272e-08
alternative hypothesis: true difference in means is greater than 0
95 percent confidence interval:
8.575214        Inf
sample estimates:
mean of the differences
                   9.85
```

在该假设检验中，设置函数 t. test( ) 参数 paired = T，即为配对 t 检验。p 值为 0，远小于显著性水平 0.05。因此认为训练班确实可以使参加者体重减轻。同时计算体重差值置信下限为 8.58，因而声称“参加其训练班可以使肥胖者平均体重减轻 8.5kg 以上”是可信的。

针对两个比例是否相等的假设检验，可以使用函数 prop. test( )完成。

【例 6.10】两项调查：民意测验专家对某广告是否使观众对产品产生明显影响进行为期两周的调查，第一周为投放广告前调查，第二周为投放广告后调查。数据如下：

	第一周	第二周
喜欢	45	56
不喜欢	35	47

对于该问题，研究对象为观众喜欢产品的比例，不能轻易肯定广告投放能使喜欢产品的观众比例增加。原假设 $H_0:\pi_1 \geqslant \pi_2$，备择假设 $H_1:\pi_1 < \pi_2$。

```
prop.test(c(45,56),c(45+35,56+47),alternative = "less")
```

```
        2-sample test for equality of proportions with continuity
        correction
data:  c(45, 56) out of c(45+35, 56+47)
X-squared=0.0108, df=1, p-value=0.5414
alternative hypothesis: less
95 percent confidence interval:
 -1.0000000  0.1517323
sample estimates:
   prop 1     prop 2
0.5625000  0.5436893
```

p 值为 0.54，远大于显著性水平 0.05。因而认为原假设成立，即广告投放并未使观众对产品产生明显喜欢。

上述假设检验在总体分布已知条件下进行，当总体分布未知时，通常只能对数据的分布形式进行假设检验。如 Shapiro - Wilk 检验是针对正态性检验方法，用 R 函数 shapiro. test( )表示，在 R 语言中，要求样本容量处于 3 到 5000 之间。另一个常用的分布检验是 Kolmogorov - Smirnov 检验，用 R 函数 ks. test( )表示，它检验一组样本是否服从某个分布或两组样本是否来自同一分布。

```
X=rnorm(100)
Y=runif(100)
plot.ecdf(X,xlim=range(c(X, Y)))
plot.ecdf(Y,add=TRUE,col=2)
```

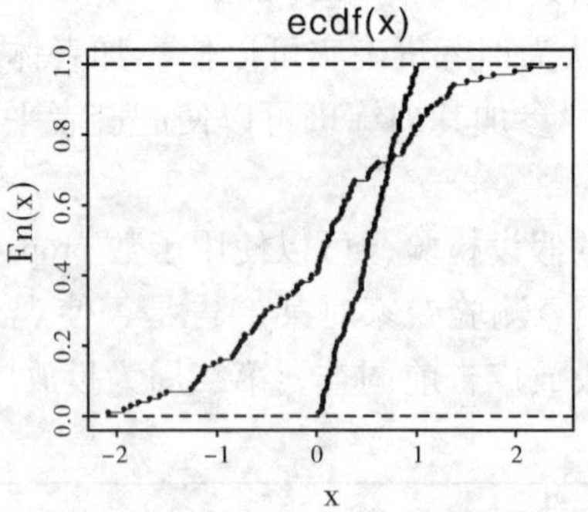


```
shapiro.test(X)

        Shapiro-Wilk normality test
data:   X
W=0.9903, p-value=0.6903
```

```
shapiro.test(Y)

        Shapiro-Wilk normality test
data:   Y
W=0.9308, p-value=5.492e-05
```

```
ks.test(X,Y)

        Two-sample Kolmogorov-Smirnov test
data:   X and Y
D=0.5, p-value=2.778e-11
alternative hypothesis: two-sided
```

```
ks.test(X,"pnorm",0 ,1)

        One-sample Kolmogorov-Smirnov test
data:   X
D=0.0664, p-value=0.7696
alternative hypothesis: two-sided
```

```
ks.test(Y,"punif",0 ,1)

        One - sample Kolmogorov-Smirnov test
data:   Y
D=0.109, p-value=0.1857
alternative hypothesis: two-sided
```

图中两条线分别代表来自标准正态分布随机数 X 和来自（0，1）均匀分布随机数 Y 的经验分布函数，显然两者不是来自同一分布。使用 shapiro. test( ) 对 X 检验时，p 值为 0.69，不能否认原假设，即 X 来自正态分布。对 Y 检验时，p 值为 0，拒绝原假设，即 Y 不满足正态分布。同时，使用函数 ks. test( ) 检验 X 和 Y 是否来自同一个分布（参数相同），p 值为 0，拒绝原假设，X 和 Y 并非来自同一分布。另外检验 X 和 Y 是否分别来自标准正态分布和（0，1）均匀分布，两者 p 值都大于 0.05，不否认原假设。其中，当检验某组数据是否来自一个已知分布时，需输入该分布概率函数如 pnorm，以及分布的具体参数值，如 0 和 1 分别代表数学期望与标准差。

另一个较为常用的分布假设检验为卡方检验。它通过对样本和某已知分布进行拟合优度检验，也可对列联表数据进行独立性检验。R 函数为 chisq. test( )。它通过构造实际频数与理论频数之间的卡方统计量 $\chi^2 = \sum_{i=1}^{n} \frac{(f_i - e_i)^2}{e_i}$，原假设为样本来自理论分布。

【例 6.11】如果掷一骰子 150 次并得到以下分布数据，此骰子是均匀的吗？

点数	1	2	3	4	5	6	合计
出现次数 f_i	22	21	22	27	22	36	150

若骰子是均匀的，则各面出现的概率都一样（1/6），即在 150 次投掷中骰子的每一面将期望出现 25 次。因此，理论频数为：

点数	1	2	3	4	5	6	合计
理论次数 e_i	25	25	25	25	25	25	150

对应卡方检验为：

```
freq=c(22,21,22,27,22,36)
chisq.test(freq)
```

```
        Chi-squared test for given probabilities
data:  freq
X-squared=6.72, df=5, p-value=0.2423
```

函数 chisq. test( )中的参数 p 为设置理论频率，其默认值为均匀分布概率。若理论分布非均匀分布，可以通过参数 p 值输入。该例中 p 值大于 0.05，不能否认原假设，即认为骰子是均匀的。

【例 6.12】英语中最常用的 5 个字母近似地服从下述分布：

字母	E	T	N	R	O
频数	29	21	17	17	16

现分析一篇文章，计算字母 E、T、N、R 和 O 的出现次数，得到如下频数分布：

字母	E	T	N	R	O
频数	100	110	80	55	14

据此能否得出该篇文章是用英文撰写的结论？

```
freq=c(100,110,80,55,14)
probs=c(29, 21, 17, 17, 16)/100
chisq.test(freq,p=probs)
```

```
        Chi - squared test for given probabilities
data:  freq
X - squared=55.3955, df=4, p - value=2.685e - 11
```

该例中 p 值为 0，否认原假设，即认为该文章不是用英文撰写的。

【例 6.13】通过交通部门得到关于交通事故的调查情况，乘客有系安全带和没系安全带时受到的冲击力，分为 4 种情况。试问安全带与受伤情况是否相关？

受伤情况		无	轻微	较重	严重
安全带	系	12813	647	359	42
	没系	65963	4000	2642	303

该假设检验的原假设为安全带与受伤情况是独立的，备择假设是两者相关。

```
yesbelt=c(12813,647,359,42)
nobelt=c(65963,4000,2642,303)
chisq.test(rbind(yesbelt,nobelt))
```

```
        Pearson's Chi-squared test
data:  rbind(yesbelt, nobelt)
X-squared=59.224, df=3, p-value=8.61e-13
```

该例中 p 值为 0，否认原假设，即认为安全带与受伤情况相关。

如果列联表一个单元格内的数据小于 5，此时应该使用 Fisher 精确检验。R 函数为 fisher. test( )，如果列联表是针对相关样本时，需使用 McNemar 检验。R 函数为 mcnemar. test( )。以下为常用非参数检验方法及 R 函数。

表 6.12　常用非参数检验方法及 R 函数

检验	R 函数
符号检验	binom. test( )
相关检验	cor. test（x，y，method="spearman"）
	cor.test（x，y，method="kendall"）
Wilcoxon 符号秩检验	wilcox.test（x，y）
	wilcox.test（x，y，paired=TRUE）
Kruskal-Wallis 秩和检验（独立样本）	kruskal.test（x，y）
Friedman 秩和检验（相关样本）	friedman.test（x，y，z）

6.2.3 回归与方差分析

回归分析是统计学的重要工具。回归分析包括对现象间具体的形式分析，在回归分析中根据研究的目的，区分出自变量和因变量，并研究确定自变量和因变量之间的具体关系的方程形式。常用的一元线性回归模型为：

$$y_i = \beta_0 + \beta_1 x_i + \varepsilon_i, i = 1,2,\cdots,n$$

其中 $\varepsilon_i \sim N(0,\sigma^2)$，并由最小二乘法计算系数 β_0 和 β_1 估计值。

$$Q(\beta_0,\beta_1) = \sum_{i=1}^{n}(y_i - \beta_0 - \beta_1 x_i)^2$$

对应 $\hat{\beta}_1 = \dfrac{\sum(x_i - \bar{x})(y_i - \bar{y})}{\sum(x_i - \bar{x})^2}$，$\hat{\beta}_0 = \bar{y} - \hat{\beta}_1\bar{x}$，$\hat{y}_i = \hat{\beta}_0 + \hat{\beta}_1 x_i$。

【例 6.14】一个人的最大心率和年龄有关。有 15 个来自不同年龄层的人接受了最大心率测试，数据分别保存在对象 y 和 x 中。用 R 作回归分析。

```
x=c(18,23,25,35,65,54,34,56,72,19,23,42,18,39,37)
y=c(202,186,187,180,156,169,174,172,153,199,193,174,198,183,178)
plot(x,y)
fm=lm(y~x)                                  #拟合线性回归模型
abline(fm)                                  #绘制回归方程
fm
```

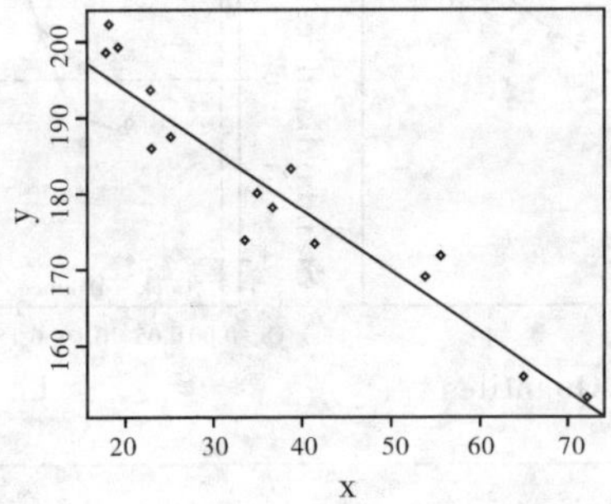


```
Call:
lm(formula=y~x)
Coefficients:
(Intercept)          x
   210.0485      -0.7977
```

```
resid(fm)
```

```
     1        2        3        4        5        6        7        8       9
6.3106  -5.7007  -3.1053  -2.1280  -2.1962   2.0288  -8.9258   6.6242  0.3879
    10       11       12       13       14       15
4.1083   1.2993  -2.5439   2.3106   4.0629  -2.5326
```

在回归模型中，理论残差服从正态分布。为进一步验证残差是否满足假设条件，使用函数 plot( )对模型进行诊断。4 个关于残差的图形分别为：

（1）预测残差图（Residuals vs. fitted）：画预测值和残差值的图形，检查直线 $y=0$ 四周的点，看是否无明显的趋势。

（2）QQ 正态检验图（Normal Q－Q）：如果所有的点近似呈直线，那么残差就是正态分布的。

（3）尺度—位置诊断图：给出标准化残差的平方根，高的点对应较大的残差。

（4）Cook 距离（Cook's distance）：给出对回归线影响较大的点。

```
plot(fm)
```

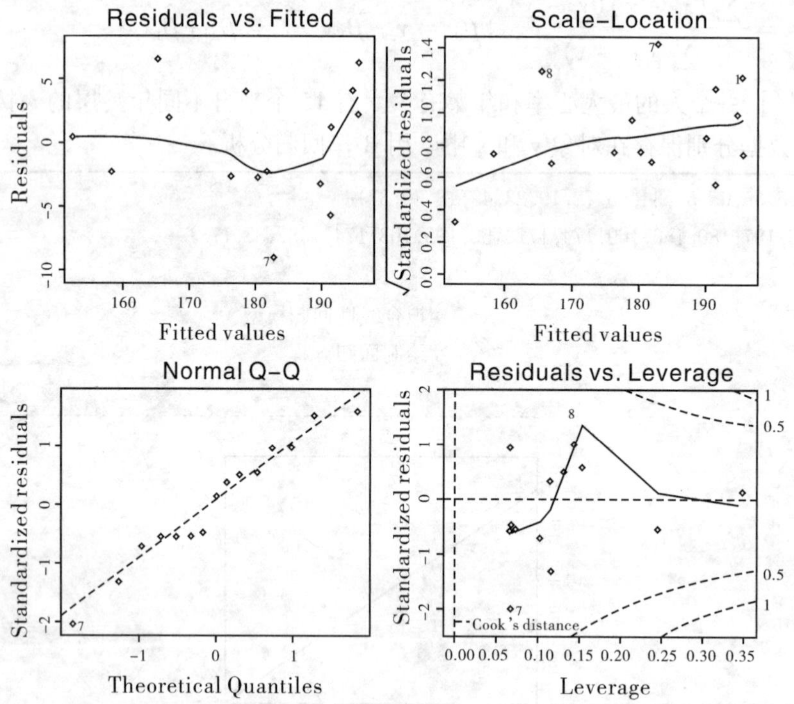


```
shapiro.test(resid(fm))

        Shapiro-Wilk normality test
data:  resid(fm)
W=0.963, p-value=0.7447
```

进一步对系数 β_0 和 β_1 假设检验。根据回归模型，$\hat{\beta}_0$、$\hat{\beta}_1$ 和 $\hat{y}_i$ 的分布为：

$$\hat{\beta}_1 \sim N(\beta_1, \frac{\sigma^2}{\sum (x_i - \bar{x})^2})$$

$$\hat{\beta}_0 \sim N(\beta_0, [\frac{1}{n} + \frac{\bar{x}^2}{\sum (x_i - \bar{x})^2}]\sigma^2)$$

给定 x_i，$\hat{y}_i = \hat{\beta}_0 + \hat{\beta}_1 x_i \sim N(\beta_0 + \beta_1 x_i, [\frac{1}{n} + \frac{(x_i - \bar{x})^2}{\sum (x_j - \bar{x})^2}]\sigma^2)$

令 $S_T = \sum (y_i - \bar{y})^2$ ，$S_R = \sum (\hat{y}_i - \bar{y})^2$ 和 $S_E = \sum (y_i - \hat{y}_i)^2$ ，有表6.13的参数假设检验。

表6.13　一元线性回归假设检验

检验法	H_0	H_1	统计量	拒绝域
F 检验	$\beta_1 = 0$	$\beta_1 \neq 0$	$F = \dfrac{S_R}{S_E/(n-2)}$	$F \geqslant F_{1-\alpha}(1, n-2)$
t 检验	$\beta_1 = 0$	$\beta_1 \neq 0$	$t = \dfrac{\hat{\beta}_1}{\hat{\sigma}/\sqrt{\sum (x_i - \bar{x})^2}}$	$\lvert t \rvert \geqslant t_{1-\alpha/2}(n-2)$
t 检验	$\beta_0 = 0$	$\beta_0 \neq 0$	$t = \dfrac{\hat{\beta}_0}{\hat{\sigma}\sqrt{\left[\dfrac{1}{n} + \dfrac{\bar{x}^2}{\sum (x_j - \bar{x})^2}\right]}}$	$\lvert t \rvert \geqslant t_{1-\alpha/2}(n-2)$

注：$\hat{\sigma} = \sqrt{S_E/(n-2)}$ 。

上述检验可以通过函数summary()获得。如例6.14中，系数检验结果为：

```
summary(fm)
```

```
Call:
lm(formula=y~x)
Residuals:
   Min      1Q    Median     3Q     Max
-8.926  -2.538   0.388   3.187   6.624
Coefficients:
            Estimate  Std. Error  t value  Pr(>|t|)
(Intercept) 210.048   2.867       73.3     <2e-16 ***
x            -0.798   0.070      -11.4     3.8e-08 ***
---
Signif. codes:  0"***"0.001 "**"0.01 "*"0.05 "."0.1 ""1
Residual standard error: 4.58 on 13 degrees of freedom
Multiple R-squared:0.909,      Adjusted R-squared:0.902
F-statistic:130 on 1 and 13 DF,   p-value: 3.85e-08
```

t 检验和 F 检验显示 p 值为零，即系数 β_1 显著不为0，同时关于系数 β_0 的 t 检验 p 值为0，即系数 β_0 显著不为0。

根据回归模型，给定 x_i ，有 $E(y_i) = \beta_0 + \beta_1 x_i$ 。而 $\hat{y}_i$ 服从正态分布，且 $E(\hat{y}_i) = \beta_0 + \beta_1 x_i$ ，因此 $\hat{y}_i$ 可以作为 $E(y_i)$ 的一个估计。由此建立 t 统计量为

$$\frac{\hat{y}_i - E(y_i)}{\hat{\sigma}\sqrt{\left[\frac{1}{n} + \frac{(x_i - \bar{x})^2}{\sum (x_j - \bar{x})^2}\right]}} \sim t(n-2)$$

从而 $E(y_i)$ 的置信区间表示为：$\hat{y}_i \pm t_{1-\alpha/2}(n-2)\hat{\sigma}\sqrt{\left[\frac{1}{n} + \frac{(x_i - \bar{x})^2}{\sum (x_j - \bar{x})^2}\right]}$。

由于 $y_i \sim N(\beta_0 + \beta_1 x_i, \sigma^2)$，而 $\hat{y}_i$ 作为 y_i 的估计值，满足正态分布，从而建立 t 统计量

$$\frac{\hat{y}_i - y_i}{\hat{\sigma}\sqrt{\left[1 + \frac{1}{n} + \frac{(x_i - \bar{x})^2}{\sum (x_j - \bar{x})^2}\right]}} \sim t(n-2)$$

从而 y_i 的预测区间表示为：$\hat{y}_i \pm t_{1-\alpha/2}(n-2)\hat{\sigma}\sqrt{\left[1 + \frac{1}{n} + \frac{(x_i - \bar{x})^2}{\sum (x_j - \bar{x})^2}\right]}$。因此，$y_i$ 预测区间较 $E(y_i)$ 置信区间宽一些。

```
predict(fm, data.frame(x=50), interval="confidence")
predict(fm, data.frame(x=50), interval="prediction")
```

```
  fit    lwr   upr
1 170.2  167   173.4
  fit    lwr   upr
1 170.2  159.8  180.6
```

```
sx=sort(x)                                                  #先将 x 值排序
pred=predict(fm, data.frame(x=sx), interval="confidence")   #计算置信区间
conf=predict(fm, data.frame(x=sx), interval="prediction")   #计算预测区间
plot(x, y)                                                  #散点图
abline(fm)                                                  #回归方程
lines(sx, conf[,2])                                         #95%置信区间下限
lines(sx, conf[,3])                                         #95%置信区间上限
lines(sx, pred[,2], lty=3)                                  #95%预测区间下限
lines(sx, pred[,3], lty=3)                                  #95%预测区间上限
```

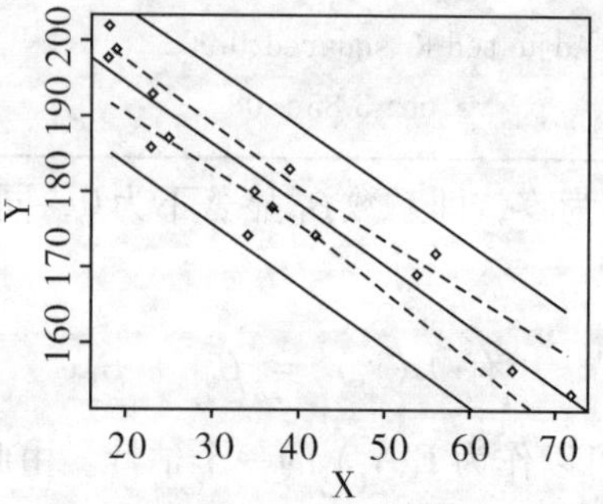

图中中心实线为回归方程，两侧虚线为 $E(y_i)$ 置信区间，两侧实线为 y_i 预测区间。使用函数 predict( )给出预测值，其中，需要自变量参数 x 为数据框格式。可以通过参数 interval 选择为"confidence"或"prediction"以分别计算置信区间与预测区间。

一元线性回归是用来度量一个自变量对因变量的影响程度的。多元线性回归类似，其表达式为 $y_i = \beta_0 + \beta_1 x_{i1} + \beta_2 x_{i2} + \cdots + \beta_p x_{ip} + \varepsilon_i, i = 1,2,\cdots,n$ 。对于已知数据，通过最小二乘方法得到系数估计，F 检验和 t 检验结果，以及残差、置信区间等。其 R 函数为 lm( )，只在公式表达中与一元线性回归有所差别。例如：

```
x1=1:20
x2=sample(1:100,20)
y=x1+x2+rnorm(20,0,2)
fm=lm(y~x1+x2)                                    #建立多元线性回归
summary(fm)
```

```
Call:
lm(formula=y~x1+x2)
Residuals:
   Min      1Q    Median    3Q     Max
 -2.024  -0.807  -0.332    0.441  3.512
Coefficients:
            Estimate    Std.Error    t value     Pr(>|t|)
(Intercept) 0.2075      0.9734       0.21        0.83
x1          1.0749      0.0547       19.65       4e-13 ***
x2          0.9787      0.0111       88.41       <2e-16 ***
---
Signif. codes:  0 "***" 0.001 "**" 0.01 "*" 0.05 "."0.1 "" 1
Residual standard error: 1.41 on 17 degrees of freedom
Multiple R-squared:0.998,      Adjusted R-squared:0.998
F-statistic: 4.02e+03 on 2 and 17 DF,   p-value:<2e-16
```

```
fm1=lm(y~x1+x2-1)                                 #去掉常数项
summary(fm1)
```

```
Call:
lm(formula=y~x1+x2-1)
Residuals:
  Min     1Q   Median   3Q    Max
-1.966 -0.751 -0.339 0.516  3.511
Coefficients:
  Estimate  Std. Error  t value  Pr(>|t|)
x1 1.08224   0.04150    26.1     9.4e-16 ***
x2 0.98045   0.00724    135.4    <2e-16 ***
---
Signif. codes:  0 "***" 0.001 "**" 0.01 "*" 0.05 "." 0.1 ""1
Residual standard error: 1.37 on 18 degrees of freedom
Multiple R-squared: 1,      Adjusted R-squared:1
F-statistic: 3.23e+04 on 2 and 18 DF,  p-value: <2e-16
```

在模拟的第一个模型 fm 中，由于常数项不显著，因而在对象为 fm1 的多元线性回归中将其略去，通常在公式中使用 -1 表示省略常数项，两个变量的系数显著。

R 函数 lm( )除可以作线性回归外，也可以作多项式回归，其表达形式与多元线性回归类似。

【例 6.15】1609 年，伽利略证明了一个物体在一个水平力的作用下，其下落轨道为一抛物线。为了验证这一事实，他做了一项实验并度量了两个变量——高度和距离，数据如下：

高度：x	100	200	300	450	600	800	1000
距离：y	253	337	395	451	495	534	574

通过数据描点，数据分布呈抛物线，因而采用二次函数拟合。

```
X=c(100,200,300,450,600,800,1000)
Y=c(253,337,395,451,495,534,574)
fm=lm(Y~X+I(X^2))
summary(fm)
```

```
Call:
lm(formula=Y~X+I(X^2))
Residuals:
     1       2       3       4       5       6       7
-14.42    9.19   13.62    2.06   -6.16  -12.91    8.61
Coefficients:
              Estimate   Std. Error  t value  Pr(>|t|)
(Intercept)  2.00e+02   1.70e+01    11.81    0.00029 ***
X            7.06e-01   7.57e-02     9.33    0.00073 ***
I(X^2)      -3.41e-04   6.75e-05    -5.05    0.00724 **
---
Signif. codes:  0"***"0.001"**"0.01"*"0.05"."0.1""1
Residual standard error: 13.8 on 4 degrees of freedom
Multiple R-squared:0.99,       Adjusted R-squared:0.985
F-statistic:201 on 2 and 4 DF,   p-value: 9.7e-05
```

```
plot(X,Y)                                                   #散点图
Z=100:1000
lines(Z,coef(fm)[1]+coef(fm)[2]*Z+coef(fm)[3]*Z^2,col=2,lwd=2)   #拟合二次曲线
```

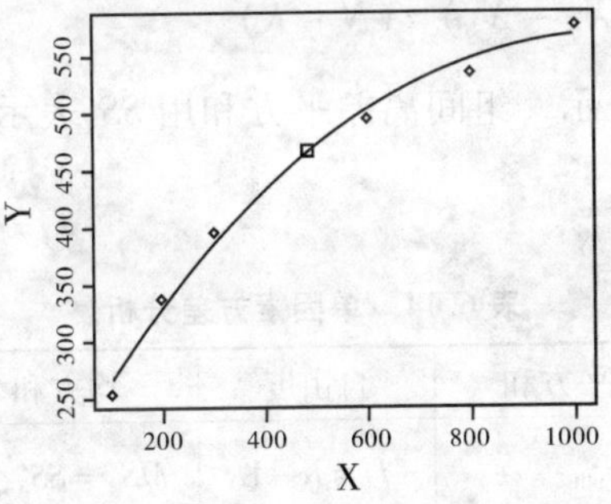

拟合二次函数曲线为：$\hat{y} = 200 + 0.706x - 0.00034x^2$，各系数均显著。

方差分析也是一种假设检验。它是对全部样本观察值的差异进行分解，将某种因素下各样本观察值之间可能存在的系统性误差与随机误差加以比较，据以推断各总体之间是否存在显著性差异，若存在显著性差异，说明该因素的影响是显著的。影响因素分为以下几类：

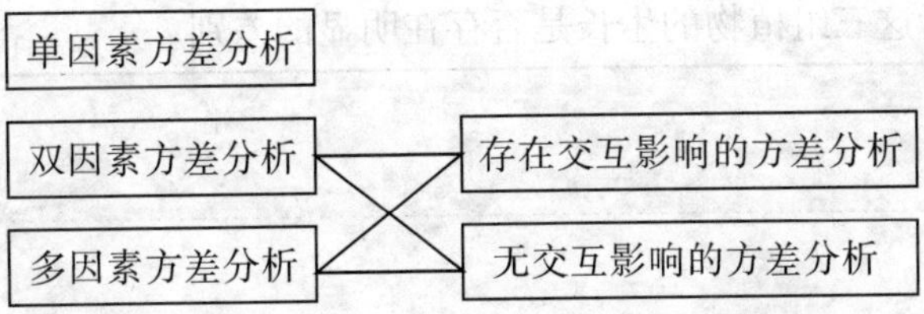

假定有 K 组数据 $X_1, X_2, \cdots, X_K$，第 j 组 X_j 有 n_j 个数据。接着，令 x_{ij} 为 X_j 的第 i 个值（通常在数据框中 i 代表行，j 代表列）。假定：x_{ij} 服从均值为 μ_j，方差为 σ^2 的正态分布，x_{ij} 相互独立。用公式表示为：

$$x_{ij} = \mu_j + \varepsilon_{ij}, \varepsilon_{ij}\ iid, \varepsilon_{ij} \sim N(0, \sigma^2)$$

对单因素方差分析，原假设为：$H_0: \mu_1 = \mu_2 = \cdots = \mu_K$，备择假设为 $H_1: \mu_1, \mu_2, \cdots, \mu_K$ 不全相等。总的离差平方和为 $\sum_{j=1}^{K}\sum_{i=1}^{n_j}(X_{ij} - \bar{X})^2$，组内离差平方和为 $\sum_{j=1}^{K}\sum_{i=1}^{n_j}(X_{ij} - \bar{X}_{.j})^2$，组间离差平方和为 $\sum_{j=1}^{K}\sum_{i=1}^{n_j}(\bar{X}_{.j} - \bar{X})^2$，三者满足等式关系：

$$\sum_{j=1}^{K}\sum_{i=1}^{n_j}(X_{ij} - \bar{X})^2 = \sum_{j=1}^{K}\sum_{i=1}^{n_j}(X_{ij} - \bar{X}_{.j})^2 + \sum_{j=1}^{K}\sum_{i=1}^{n_j}(\bar{X}_{.j} - \bar{X})^2$$

即总离差平方和 = 组内离差平方和 + 组间离差平方和。

根据方差分析模型，有 $\sum_{j=1}^{K}\sum_{i=1}^{n_j}(X_{ij} - \bar{X}_{.j})^2/\sigma^2 \sim \chi^2(N-K)$，且在原假设成立条件下，有 $\sum_{j=1}^{K}\sum_{i=1}^{n_j}(\bar{X}_{.j} - \bar{X})^2/\sigma^2 \sim \chi^2(K-1)$，其中 $N = \sum_{j=1}^{K} n_j$。对应 F 统计量为：

$$\frac{\sum_{j=1}^{K}\sum_{i=1}^{n_j}(\bar{X}_{.j} - \bar{X})^2/(K-1)}{\sum_{j=1}^{K}\sum_{i=1}^{n_j}(X_{ij} - \bar{X}_{.j})^2/(N-K)} \sim F(K-1, N-K)$$

若总离差平方和用 SS_T 表示，组间离差平方和用 SS_A 表示，组内离差平方和用 SS_E 表示。方差分析为：

表 6.14　单因素方差分析

来源	离差平方和	自由度	均方和	F
因子 A	SS_A	$f_A = K-1$	$MS_A = SS_A/f_A$	$F_A = MS_A/MS_E$
误差 E	SS_E	$f_E = N-K$	$MS_E = SS_E/f_E$	
总计 T	SS_T	$f_T = N-1$		

当 $F \geqslant F_{1-\alpha}(K-1, N-K)$ 时，认为该因素 A 显著。R 语言中使用函数 oneway. test( ) 进行假设检验；也可以使用函数 anova( ) 和 aov( )。

【例 6. 16】以 dataset 的内置数据 PlantGrowth 为例进行单因素方差分析，这是关于植物生长的数据。分析这三组植物的生长是否存在明显的差别。

```
data(PlantGrowth)
PlantGrowth
```

```
  weight group
1  4.17  ctrl
2  5.58  ctrl
3  5.18  ctrl
4  6.11  ctrl
5  4.50  ctrl
6  4.61  ctrl
........................
```

该数据共有三个样本，分成 ctrl（对照组）、trt1（处理组 1）、trt2（处理组 2），每组十个样本。

```
oneway.test(weight~group,data=PlantGrowth,var.equal=T)
--------------------------------------------------------------
        One-way analysis of means
data:   weight and group
F=4.846,num df=2,denom df=27,p-value=0.01591
```

单因素方差分析中，p 值为 0.016，在 0.05 显著性水平下，因而认为三组植物生长存在显著差异。

若将影响因素由一个增加到两个，需采用两因素方差分析，在不考虑交互作用的情况下，检验两个因素各自的变异对观察结果有无显著影响。设两个因素 A、B 分别有 K 个水平和 H 个水平。由于不考虑 A、B 间的交互作用，对每种水平组合 (A_i, B_j) 只进行一次独立观察，故又称为无重复观察的两因素方差分析。

A 因素检验的假设为：

$$H_0: \mu + a_1 = \mu + a_2 = \cdots = \mu + a_K$$

$$H_1: \mu + a_1, \mu + a_2, \cdots, \mu + a_K \text{不全相等。}$$

B 因素检验的假设为：

$$H_0: \mu + b_1 = \mu + b_2 = \cdots = \mu + b_H$$

$$H_1: \mu + b_1, \mu + b_2, \cdots, \mu + b_H \text{不全相等。}$$

计算 A 因素第 i 个水平的平均值为 $\bar{x}_{i\cdot} = \frac{1}{H}\sum_{j=1}^{H} x_{ij} (i = 1,2,\cdots,K)$，$B$ 因素第 j 个水平的平均数为 $\bar{x}_{\cdot j} = \frac{1}{K}\sum_{i=1}^{K} x_{ij} \quad (j = 1,2,\cdots,H)$。总平均值为 $\bar{x} = \frac{1}{KH}\sum_{i=1}^{K}\sum_{j=1}^{H} x_{ij}$。对应总离差平方和为 $SS_T = \sum_{i=1}^{K}\sum_{j=1}^{H} (x_{ij} - \bar{x})^2$，因素 A 引起的离差平方和为 $SS_A = H\sum_{i=1}^{K} (\bar{x}_{i\cdot} - \bar{x})^2$，因素 B 引起的离差平方和为 $SS_B = K\sum_{j=1}^{H} (\bar{x}_{\cdot j} - \bar{x})^2$，误差为 $SS_E = \sum_{i=1}^{K}\sum_{j=1}^{H} (x_{ij} - \bar{x}_{i\cdot} - \bar{x}_{\cdot j} + \bar{x})^2$。有等式 $SS_T = SS_A + SS_B + SS_E$ 成立。由此建立两因素无交互作用方差分析为：

表 6.15 两因素无交互作用方差分析

来源	平方和	自由度	均方和	F
因子 A	SS_A	$f_A = K-1$	$MS_A = SS_A/f_A$	$F_A = MS_A/MS_E$
因子 B	SS_B	$f_B = H-1$	$MS_B = SS_B/f_B$	$F_B = MS_B/MS_E$
误差 E	SS_E	$f_E =(K-1)(H-1)$	$MS_E = SS_E/f_E$	
总计 T	SS_T	$f_T = KH-1$		

当 $F \geqslant F_{1-\alpha}$ 时，认为该因素显著。R 语言中使用函数 aov( )。

【例 6.17】使用 4 种燃料、3 种推进器做火箭射程试验，每一种组合情况做一次试验，将得到的火箭射程范围列在下表中，试分析各种燃料 A 与各种推进器 B 对火箭射程有无显著影响。

	A_1	A_2	A_3	A_4
B_1	582	491	601	758
B_2	562	541	709	582
B_3	653	516	392	487

首先，在录入数据时要注意因子与值的对应输入。

```
range=c(582,562,653,491,541,516,601,709,392,758,582,487)
A=c(1,1,1,2,2,2,3,3,3,4,4,4)
B=c(1,2,3,1,2,3,1,2,3,1,2,3)
A=factor(A)
B=factor(B)
summary(aov(range~A+B))
```

```
          Df  Sum Sq  Mean Sq  F value  Pr(>F)
A         3   15759   5253     0.43     0.74
B         2   22385   11192    0.92     0.45
Residuals 6   73198   12200
```

根据 p 值结果都大于 0.05 显著性水平，认为这 4 种燃料和 3 种推进器对火箭射程并无显著影响。

如果 A、B 两因素存在交互影响，这种交互作用也可能对各观察值组水平的差异产生影响，这就需要对每种水平的组合 (A_i, B_j) 进行若干次独立观察。故这种方差分析也称为重复观察的两因素方差分析。假设对两个因素的各种水平组合 (A_i, B_j) 分别重复 L 次观测，其观测值记为 x_{ijl}，其中 $i=1,2,\cdots,K$；$j=1,2,\cdots,H$；$l=1,2,\cdots,L$。针对 A 和 B 两因素的均值检验与无交互作用的原假设与备择假设相同，同时增加了关于交互作用的假设检验，原假设和备择假设分别为：

H_0 (AB)：A、B 不存在交互影响的作用。

H_1 (AB)：A、B 存在交互影响的作用。

首先计算各因素水平的均值与总平均值为：

因素 A 第 i 个水平组的平均值：$\bar{x}_{i..} = \frac{1}{HL}\sum_{j=1}^{H}\sum_{l=1}^{L} x_{ijl}$；

因素 B 第 j 个水平组的平均值：$\bar{x}_{.j.} = \frac{1}{KL}\sum_{i=1}^{K}\sum_{l=1}^{L} x_{ijl}$；

因素 A、B 各水平搭配进行 L 次试验的组平均值：$\bar{x}_{ij.} = \frac{1}{L}\sum_{l=1}^{L} x_{ijl}$；

总平均值：$\bar{x} = \frac{1}{K \cdot H \cdot L}\sum_{i=1}^{K}\sum_{j=1}^{H}\sum_{l=1}^{L} x_{ijl}$。

接下来计算离差平方和分别为：

因素 A 的离差平方和：$SS_A = H \cdot L \sum_{i=1}^{K} (\bar{x}_{i..} - \bar{x})^2$；

因素 B 的离差平方和：$SS_B = K \cdot L \sum_{j=1}^{H} (\bar{x}_{.j.} - \bar{x})^2$；

交互影响的离差平方和：$SS_{AB} = L\sum_{i=1}^{K}\sum_{j=1}^{H} (\bar{x}_{ij.} - \bar{x}_{i..} - \bar{x}_{.j.} + \bar{x})^2$；

误差的平方和：$SS_E = \sum_{i=1}^{K}\sum_{j=1}^{H}\sum_{l=1}^{L} (x_{ijl} - \bar{x}_{ij.})^2$；

总离差平方和：$SS_T = \sum_{i=1}^{K}\sum_{j=1}^{H}\sum_{l=1}^{L} (x_{ijl} - \bar{x})^2$。

从而有等式 $SS_T = SS_A + SS_B + SS_{AB} + SS_E$ 成立。

表 6.16　两因素交互作用方差分析

来源	平方和	自由度	均方和	F
因子 A	SS_A	$f_A = K-1$	$MS_A = SS_A/f_A$	$F_A = MS_A/MS_E$
因子 B	SS_B	$f_B = H-1$	$MS_B = SS_B/f_B$	$F_B = MS_B/MS_E$
交互 AB	SS_{AB}	$f_{AB} = (K-1)(H-1)$	$MS_{AB} = SS_{AB}/f_{AB}$	$F_{AB} = MS_{AB}/MS_E$
误差 E	SS_E	$f_E = KH(L-1)$	$MS_E = SS_E/f_E$	
总计 T	SS_T	$f_T = KHL-1$		

当 $F \geqslant F_{1-\alpha}$ 时，认为该因素显著。

【例6.18】在某化学工程中，为了提高原料利用率，选定辅料的供给速度（A）及其浓度（B）两个因子进行实验。各因子的水平及实验数据如下所示：

A：　A_1（5kg/h）　A_2（15kg/h）　A_3（25kg/h）

B：　B_1（5%）　B_2（10%）　B_3（15%）　B_4（20%）

	B_1	B_2	B_3	B_4
A_1	60.7 61.1	61.5 61.3	61.6 62.0	61.7 61.1
A_2	61.5 60.8	61.7 61.2	62.2 62.8	62.1 61.7
A_3	60.6 60.3	60.6 61.0	61.4 61.5	60.7 60.9

使用R中函数aov()进行有交互作用的两因素方差分析。

```
Y=c(60.7,61.1,61.5,61.3,61.6,62.0,61.7,61.1,61.5,60.8,61.7,61.2,62.2,62.8,62.1,61.7, 60.6,60.3,
60.6,61.0,61.4,61.5,60.7,60.9)
A=c(1,1,1,1,1,1,1,1,2,2,2,2,2,2,2,2,3,3,3,3,3,3,3,3)
B=c(1,1,2,2,3,3,4,4,1,1,2,2,3,3,4,4,1,1,2,2,3,3,4,4)
A=factor(A)
B=factor(B)
summary(aov(Y~A+B+A*B))
```

```
            Df   Sum Sq   Mean Sq   F value   Pr(>F)
A           2    3.08     1.542     16.23     0.00039 ***
B           3    3.63     1.210     12.74     0.00049 ***
A:B         6    0.30     0.050     0.53      0.77829
Residuals   12   1.14     0.095
---
Signif. codes:  0 "***" 0.001 "**"0.01 "*" 0.05 "."0.1 " "1
```

结论：由于 $p_A<0.05$，$p_B<0.05$，$p_{AB}>0.05$，所以，A、B 之间交互作用效果不显著，故可以认为 A 与 B 之间不存在交互作用，但 A、B 因子的效果均高度显著。

参考文献

［1］罗斯．统计模拟（第4版）．王兆军等译．北京：人民邮电出版社，2007.

［2］薛毅，陈立萍．统计建模与R软件．北京：清华大学出版社，2007.

［3］肖枝洪，朱强．统计模拟及其R实现．武汉：武汉大学出版社，2010.

［4］茆诗松，程依明，濮晓龙．概率论与数理统计教程（第二版）．北京：高等教育出版社，2011.

［5］Christian P. Robert，George Casella. *Introducing Monte Carlo Methods with R*. Springer Press，2010.

［6］Christian P. Robert，George Casella. *Monte Carlo Statistical Methods*（2nd *Edition*）. Springer Press，2004.

［7］Robert I. Kabacff. *R in Action Data Analysis and Graphics with R*. Manning Publications Co. 2011.

［8］James E. Gentle，Wolfgang K. Härdle，Yuichi Mori. *Handbooks of Computational Statistics – Concepts and Methods*. Springer Press，2012.

［9］James E. Gentle. *Elements of Computational Statistics*. Springer Press，2002.

［10］James E. Gentle. *Computational Statistics*. Springer Press，2009.

［11］W. John Braun，Duncan J. Murdoch. *A First Course in Statistical Programming with R*. Cambridge University Press，2007.

［12］W. N. Venables，B. D. Ripley. *Statistics with S*（4th *Edition*）. Springer Press，2002.

［13］Owen Jones，Robert Maillardet，Andrew Robinson. *Introductlon to Scientific Programming and Simulation Using R*. CRC Press，2009.

［14］Steve Brooks，Andrew Gelman，Galin Jones，Xiao – Li Meng. *Handbook of Markov Chain Monte Carlo*. CRC Press，2011.

［15］B. Efron，R. J. Tibshirani. *An Introduction to Bootstrap*. Chapman & Hall，1998.

［16］Thomas J. DiCiccio，Bradley Efron. Bootstrap Confidence Intervals. *Statistical Science*，1996，11（3）：189 – 228.

［17］A. P. Dempster，N. M. Laird，D. B. Rubin. Maximum Likelihood from Incomplete Data Via the EM Algorithm. *Journal of the Royal Statistical Society. Series B*（*Methodological*），1977，39（1）：1 – 38.

［18］Miller，Rupert. G. The jackknife：a review. *Biometrika*，1974，61：1 – 15.

［19］Robert Gray. Advanced Statistical Computing. http：//www. stat. wisc. edu/mchung/teaching/stat 471/stat_ computing. pdf，2001.

［20］Brian Ripley. Package "boot". http：//cran. r-project. org/web/pachages/boot/boot. pdf，2014.

［21］Christophe Dutang etc. Package "randtoolbox". http：//cran. r-project. org/web/packages/rand tool box/rand tool box. pdf，2014.

